# ANDREAS BOPPART

# NEU..
# LÄND
# ISCH

## in die Weite glauben

**SCM**

Hänssler

# SCM

## Stiftung Christliche Medien

SCM Hänssler ist ein Imprint der SCM Verlagsgruppe,
die zur Stiftung Christliche Medien gehört, einer gemeinnützigen
Stiftung, die sich für die Förderung und Verbreitung christlicher
Bücher, Zeitschriften, Filme und Musik einsetzt.

© 2018 SCM Hänssler in der SCM Verlagsgruppe GmbH
Max-Eyth-Straße 41 · 71088 Holzgerlingen
Internet: www.scm-haenssler.de; E-Mail: info@scm-haenssler.de

Gesamtgestaltung: Kathrin Spiegelberg, Weil im Schönbuch
Collage Titelbilder: Profil Andreas Boppart: Joel Waldvogel,
Landschaft: Eutah Mizushima, Sternenhimmel: Dino Reichmut
Druck und Verarbeitung: Druck und Verarbeitung: GGP Media GmbH, Pößneck
Gedruckt in Deutschland
ISBN 978-3-7751-5797-1
Bestell-Nr. 395.797

# WIDMUNG

Dankbare Umarmungen gehen an Tamara,
meine vier Mädels, Angi und Joni, Peter und Silke.
Ohne euch gäbe es nicht wirklich viel
Neuländisches hier zu lesen.

Mögen die vorliegenden unter viel Schweiß
entstandenen Zeilen auch dich innerlich
aufwühlen, begeistern, herausfordern,
inspirieren, bewegen und ab und zu zum Schwitzen
bringen – vor allem aber die Sehnsucht
nach einem neuländischen Inneren wecken.

# INHALT

# FAN TAST ISCH

## Der Prolog

»Das ist ein kleiner Schritt für einen Menschen, ein riesiger Sprung für die Menschheit.« Mit diesem markigen Satz setzte Neil Armstrong am 21. Juli 1969 als erster Mensch einen Fuß auf den Mond. Man mag denken, dass dieser bedeutende Schritt überhaupt nichts mit einem zu tun hat. Und liegt damit völlig daneben. Der Raumfahrt werden eine schier endlose Liste von Erfindungen und Weiterentwicklungen zugeschrieben: Schaumstoff, natürlicher Zusatz für Säuglingsnahrungen, durchsichtige Zahnspangen, Ohr-Fiebermesser, Sonnenbrillengläser, Akkuwerkzeug, Rauchmelder, kratzfeste Gläser, präzise GPS-Systeme, digitale Bildsensoren für Kameras, Flugzeugoptimierungen, Areodynamik-Designs bei LKWs, Dämpfungen bei Gebäuden und Brücken, internationales Rettungssystem etc.[1] Vieles davon beeinflusst unseren Alltag direkt oder indirekt.

Wie sähe dein Leben aus, wenn vor dir Menschen nicht immer wieder mutig Neuland betreten hätten? Ohne Entdeckerinnen und Abenteurer würden nicht nur Gewürze in deiner Küche fehlen. Es wäre so ziemlich alles weg, auf dem dein Leben aufbaut und das es so angenehm macht. Wir stehen auf den Schultern von Neuland-Gängerinnen und Neuland-Reisenden der Vergangenheit. Und: Wir selber brauchen immer wieder Neuland!

Ich beobachte bei Menschen zwei Entwicklungsrichtungen, was den persönlichen Glauben betrifft: Entweder wir werden unterwegs durchs Leben »geistlich fitter« oder aber »geistlos bitter«. Mich inspirieren all jene, die mit zunehmendem Alter zu einem tiefen Glauben und einem weiten Herz gefunden und die eine Gelassenheit, eine »Altersgroßzügigkeit« entwickelt haben. In ihnen wummert ein »neuländischer« Spirit, weil sie nie aufgehört haben, Neuland zu betreten.

Es ist heikel, dem Gedanken zu verfallen, dass Gott mit uns, unserer Persönlichkeit und unserem Glauben irgendwann fertig ist. Er hat das Leben als Abenteuer konzipiert, in dem wir an der Seite von Jesus immer wieder von Gott vorbereitetes Neuland entdecken sollen und dürfen.

Dein Glaube gehört nicht in eine sauber abgemessene Box, die du bis zum Lebensende abgeschlossen verstaust, sondern muss sich frei immer weiter entwickeln können.

Wir brauchen mehr denn je diese mutigen Menschen, die aktiv nach diesem weit werdenden Glauben suchen. Die nicht nur nett glauben, sondern herzhaft nachfolgen. Die nicht nur rückwärtsgewandt leben, sondern sich nach vorne orientieren und diese neuländische Art zu denken, zu handeln, zu fühlen und zu glauben, selbst leben und ansteckend weiterverbreiten. »Neuländisch« möchte die abgestumpfte Neugierde stimulieren und die totgelebte Sehnsucht wiederbeleben.

Ich habe das Buch im Bündnerland begonnen und hier in der Region Zürich fertiggeschrieben, wo wir eigentlich nicht hinwollten, Gott uns aber hingeführt hat. Noch immer weint ein Auge über den Wegzug, aber das andere strahlt voller Vorfreude auf das, was Gott mit uns am neuen Ort vorhat. Denn was er für uns vorbereitet hat, ist immer gut – nicht immer einfach und nicht immer angenehm, aber immer gut und richtig. Und weil es sich dermaßen richtig anfühlt, erfüllt mich dieser berühmte und so oft ersehnte innere Friede. Ich bin mitten im Neuland. Prickelnd unangenehm. Aber genau da, wo ich sein möchte, weil ich hier hingehöre. Und weil es meinen neuländischen Geist nährt. Bist du bereit, dich zu bewegen? Bereit für Neuland? »Das Leben ist entweder ein großes Abenteuer oder nichts«, hat die taub-blinde Schriftstellerin Helen Keller festgehalten. Das Abenteuer erwartet dich!

# MUSKELMASSE

Es gibt ein universelles Lebenskonzept: Was sich nicht bewegt, stirbt. Unser Herzmuskel erinnert uns mit jedem einzelnen Pulsschlag daran. Gerade kürzlich bin ich über einen asketischen Inder gestolpert (also nicht vor der Haustür, sondern online), der über Jahre einen Arm in die Luft streckte, bis dieser tatsächlich abstarb und sich nicht mehr bewegen ließ.[2] Unbewegtes stirbt. Wenn in einem System Gleichgewicht herrscht – was biologische Systeme natürlicherweise anstreben – und sich die Moleküle darin nicht mehr bewegen, dann bedeutet das biologisch gesehen den Tod. Auch wir selbst müssen uns immer wieder vorwärtsbewegen. Du könntest dich entscheiden, mit dem Atmen, Essen oder Trinken aufzuhören, aber dein Körper würde das nicht lange mitmachen. Genauso verkümmern auch dein Glaube und dein Geist, wenn du aufhörst, dich zu bewegen. »Wer nichts verändern will, wird auch das verlieren, was er bewahren möchte«, sagte Gustav Heinemann. Zuallererst führt Stillstand zu Rückbildungen.

Auch das Gehirn muss trainiert und immer wieder mit Neuem gefüttert werden. Wenn die Zellen nicht stimuliert werden, bleiben sie nicht einfach auf ihrem Leistungsniveau, sondern bauen sich ab. Die gute Nachricht ist jedoch, dass ein menschliches Gehirn sogar nach einer Beschädigung durch richtige Stimulation wieder expandieren kann. Es ist so angelegt, dass es lernen muss – ein Leben lang. Wenn wir es nicht benutzen, dann nehmen unsere geistigen Fähigkeiten ab. Use it or lose it![3]

Meine Kinder haben von der Urgroßmutter eine Holzkuh auf Rädern geerbt – ein Familienerbstück, das schon mehr als ein Jahrhundert auf dem Buckel hat. Die Kuh ist super erhalten und man sieht ihr an, dass mit ihr nur ganz selten gespielt wurde, weil sie so wertvoll war. Meine Kinder hatten auch Freude an der Kuh – aber sie wollten sie nicht nur anschauen, sondern mit ihr herumfahren, was zur Folge hatte, dass der Kuh nach weniger als einer Woche schon ein Fuß und die Glocke fehlten. Ich weiß nicht, was frustrierender ist: Der Gedanke, dass die Spielzeug-Kuh nach über einem Jahrhundert in wenigen Stunden von meinem Nachwuchs verstümmelt wurde, oder die Tatsache, dass dieses Spielzeug wohl über hundert Jahre kaum zum Spielen benutzt worden ist, weil es zu kostbar schien. Wir sollten es mit dem Hirn nicht wie mit dieser Kuh machen: Es ist kein Museumsstück, das schön bleibt, weil man es wegschließt und auf keinen Fall gebraucht. Vielmehr bleibt es gut, gerade weil man es einsetzt und gebraucht. Und mit gebrauchen meine ich vor allem, dass wir dazulernen und Neues ausprobieren – auch im Glauben. Gebrauchen wir den während Wochen oder Monaten nicht, beginnt die »Glaubensmasse« zu schrumpfen. Genau deshalb ist es zentral, dass wir ihn immer wieder anwenden, trainieren und aufbauen. Und das geschieht, indem wir Neuland betreten. Indem wir uns bewusst Situationen aussetzen, in denen wir Gottes Zutun brauchen. Bei der Mystikerin Teresa von Ávila klingt das so: »Ich meine, dass es der Liebe nicht möglich ist, irgendwo stehen zu bleiben. Wer nicht wächst, schrumpft.«

Der Wachstumsgedanke basiert auf dem simplen biblischen Prinzip von Matthäus 25,14-30. Jesus erzählt hier die Geschichte von einem Mann, der auf Reisen ging und seinen Knechten ihren Fähigkeiten entsprechend unterschiedlich hohe Geldbeträge (»Talente Silber«) anvertraute. Zwei davon vermehrten diese in seiner Abwesenheit, während einer sein Talent vergrub, um es bei der Rückkehr seines Chef wieder vorweisen zu können. Dieser lobte die ersten beiden und beschenkte sie; den dritten bezeichnete er als »böse« und »faul« und nahm ihm das eine Talent noch weg.

Jesus spricht hier von Talenten als Gewichtseinheit. Letztlich lässt es sich jedoch auf alle von Gott geschenkten Dinge anwenden. Das können deine Fähigkeiten sein, aber auch dein Charisma oder dein Glauben. Wenn du das, was dir als dein persönliches »Kapital« von Gott geschenkt worden ist, nicht anwendest und vermehrst, dann lebst du an deiner Bestimmung vorbei. Du läufst Gefahr, am Ende genau das zu verlieren, was du vielleicht verzweifelt bewahren wolltest.

Viele Christen bewegen sich glaubensmäßig nicht in Neuland hinein, weil sie entweder denken, dass Glaube etwas Unveränderliches ist, das man sich überstülpt, oder weil sie insgeheim große Angst haben, was das Unbekannte mit ihrem Glauben machen könnte. Neuland kann an unserem Fundament rütteln und uns zwingen, Grundlegendes in unserem Glauben zu überdenken, zu hinterfragen und neu zu sortieren. Aus Angst vor dieser unsicheren und vielleicht unbequemen Situation beginnen viele unweigerlich, alles Andersartige, Fremde und Neue abzublocken – mit dem Resultat, dass sie genau das erreichen, was sie eigentlich vermeiden wollten: das Verkümmern oder gar Absterben ihres Glaubens.

Wenn du deinen Glauben bewahren willst, dann darfst du ihn nicht einbuddeln, bis er erstickt. Du musst ihn einsetzen, ihn sich vermehren lassen. Das geschieht, indem du dich immer wieder in Bereiche und Situationen hineinwagst, in denen du dich voll und ganz auf Gott stützen musst. Und indem du dich immer wieder mit Menschen umgibst, die dir in ihrer Art, wie sie mit Gott unterwegs sind, fremd sind. Denn so besteht die Chance, dass du Gott auf neue Art und Weise erlebst. Nur dort im Unbequemen und Unbekannten entdeckst du Seiten an Gott, die dir bis dahin völlig unbekannt waren – und es wird deinen Glauben weiten, ohne dass du dich sorgen musst, etwas zu verlieren. Du gewinnst vielmehr dazu.

**Wann hast du das letzte Mal in deinem Leben Neuland betreten? Und wo war das in den letzten Wochen oder Monaten der Fall? Wo hast du etwas entdeckt, neu gelernt? Nimm dir einmal Zeit, je einen Lernschritt konkret zu benennen: Ich habe etwas Neues gelernt über**

**1. mich,**

**2. andere Menschen,**

**3. Gott.**

Falls dir nichts in den Sinn kommt, solltest du unbedingt weiterlesen. Und falls dir etwas oder sogar mehrere Sachen eingefallen sind … auch. Es lohnt sich, sich auf diese Reise zu begeben. Allein das Unterwegssein produziert in dir drin ganz viel Neuland und ein Reisender kehrt nicht unverändert wieder nach Hause zurück. Neuland verändert dich.

# TERRA INCOGNITA

Wer nicht bereit ist, sich im Glauben auf Neuland einzulassen, riskiert auch, den bisherigen Boden preisgeben zu müssen. Wer stehen bleibt und nicht mehr in seine Beziehung mit Gott investiert, wird bald auch mit Veränderungen um sich herum Mühe bekommen – in der Kirche, im eigenen Leben und in der Begegnung mit anderen. Man ist nicht mehr eine Quelle »des lebendigen Wassers«, das andere bewässert und Wachstum schenkt.

Menschen um einen herum vertrocknen, verkümmern und verbittern – genau wie man selbst.

Die Bibel erzählt immer wieder von Menschen, die sich glaubensmäßig nicht vorwärtsbewegen wollten. Von einigen Schriftgelehrten beispielsweise, die ihr traditionelles Gottes- und Glaubensbild nicht loslassen wollten. Oder auch von einem jungen Mann, der einen netten Glauben hatte und sauber alle Gebote einhielt – aber als ihn Jesus herausforderte, Dinge loszulassen, die ihm sehr viel bedeuteten, und ihm dann nachzufolgen, ging er traurig weg. Er wollte sich in seinem Glauben nicht weiterbewegen (Matthäus 19,16-26).

Oftmals gehen dem Frustrationen, Enttäuschungen oder Verletzungen voraus, die man nicht sorgfältig aufgearbeitet hat. Stattdessen hat man begonnen, sich innerlich abzuschotten, um nicht noch frustrierter, enttäuschter oder verletzter zu werden. Dadurch hat man wichtige Prozesse unterbunden, die vielleicht unangenehm gewesen wären, die einen aber auch heilsam in die Arme Gottes getrieben hätten.

Vielleicht möchtest du wirklich ins Neuland aufbrechen, bist aber desillusioniert. Du hast schon mehrfach erfolglose Versuche unternommen, aber es hat nicht geklappt. Oder du bist die vollmundigen Versprechungen leid, dass Großes passieren wird, wenn du nur mehr glaubst, betest, fastest. Schließlich ist am Ende nie was passiert. Keine Angst: Ich möchte dich nicht euphorisch in etwas hineinrufen, das nicht existiert. Und es braucht nicht einfach »mehr«. Es geht darum, dass wir in unserem Leben und Glauben grundsätzlich einen »neuländischen Spirit« etablieren. Ich will dich ermutigen, dort Schritte zu tun, wo du spürst, dass Gott etwas vorbereitet haben könnte. Lass dich nicht durch negative Erfahrungen oder die eigene Trägheit ausbremsen!

Vielleicht scheint dir in Sachen Glaube aber auch alles Entdeckbare schon entdeckt zu sein, genau wie man annehmen könnte, dass Abenteuer im 21. Jahrhundert nicht mehr wirklich möglich sind. Ich beneide die alten Seefahrer und Entdecker manchmal um ihre Unwissenheit, da sie noch so viel »Terra Incognita« vor sich hatten. Dieser Begriff kennzeichnete früher auf Landkarten unbekannte Gebiete, die man noch nicht kartographiert oder beschrieben hatte.

Tatsächlich aber ist auch heute das Unentdeckte noch ungleich viel größer als das, was der Mensch schon entdeckt hat. Je mehr wir wissen, umso größer werden die Rätsel. Wie ein Hirn funktioniert, was ein schwarzes Loch ist, wo genau die Seele sitzt – niemand weiß es genau. Das Universum ist ein einziges gewaltiges Fragezeichen, mit noch 90 Prozent vermuteten unentdeckten Galaxien. Und während immerhin zwölf Menschen auf dem Mond waren, haben es erst drei auf den tiefsten Punkt der Weltmeere im Marianengraben geschafft. Es sind wohl 1,43 Millionen Landtiere bekannt, doch im Meer vermutet man um die 10 bis 30 Millionen Lebewesen. Große Gebiete der Sahara und der Arktis wie auch der Antarktis wurden bisher erst vom Satelliten aus fotografiert und in den Regenwäldern am Amazonas, am Kongo oder auch auf Papua-Neuguinea gibt es noch viele Flecken, auf die noch nie ein Forscher seinen Fuß gesetzt hat. Zwar sind im Himalaja die Achttausender alle bezwungen worden – die Sechstausender in Ost-Tibet sind hingegen noch weitgehend unberührt.[4]

Auch wenn auf den Landkarten »Terra Incognita« nicht mehr zu finden ist, existiert das Unbekannte nach wie vor und will entdeckt werden. Dafür musst du nicht mal zwingend körperliche Anstrengungen unternehmen, denn das mit Abstand spannendste Terra Incognita findet sich nicht irgendwo dort draußen – sondern vielmehr in deinem Inneren. Weil Gott in uns wohnt, gibt es da unglaublich viel zu entdecken. Er ist es außerdem, der auch in uns unglaublich viel Neuland schafft, das darauf wartet, entdeckt und betreten zu werden.

Das Terra Incognita in dir ist Gott natürlich alles andere als unbekannt – er hat es längst durchwandert, da er es angelegt hat. Deshalb ist es absolut zentral, dass du dich aufmachst, Gott in dir zu begegnen; dass du ihn suchst und das, was er in dir geschaffen hat. Wer nach Gott sucht, wird immer mehr erkennen, wer er selber ist.

Dieses Buch soll dich dazu ermutigen, die Entdeckerin, den Abenteurer in dir zu beleben und dich neugierig auf die Reise zu machen, die Gott noch mit dir vorhat. Wer er ist, wer du sein könntest und welches Terra Incognita er für dich bereit hat und mit dir noch einnehmen will. Denn dieser neuländisch tickende Gott will uns immer neu herausfordern, formen, zu neuen Ufern führen.

Ich wünsche dir, dass du Ähnliches durchleben darfst wie ich, wenn ich mit Gott an der Seite in Neuland aufbreche: Ängste verblassen und mein Glaube wird weit, befreiend weit. Ich kann plötzlich durchatmen, als wäre ich nach jahrzehntelangem Großstadt-Smog eines Morgens überraschend auf einem Bündner Maiensäß aufgewacht und würde reine, Schweizer Bergluft einatmen. Gib Gott die Chance, dein Inneres neuländisch zu gestalten und deinen Glauben weit werden zu lassen!

# 1

# TRANS FORMA TOR ISCH

## Der neuländische Gott

Ich bin nicht Gott. Das darf dich schon mal mit hoffnungsvoller Erleichterung erfüllen. Aber zumindest bin ich Gott ähnlich. Dasselbe gilt auch für dich. Wobei so manch einer dieses Gott-ähnlich-Sein in einem Anflug von Überheblichkeit mit Gott-gleich-Sein verwechselt. Worum es mir hier geht: Weil wir Gott ähnlich geschaffen wurden, ist es so zentral herauszufinden, wer Gott ist, wie er tickt, denkt und fühlt – denn manches davon könnte auch in uns angelegt sein! Jesus hat gesagt: »Wer mich sieht, sieht den Vater!« (Johannes 14,9). Wenn wir also wissen wollen, wie Gottes Wesen ist, müssen wir seinen Sohn betrachten.

Ein Charakterzug Gottes ist es, dass er neuländisch tickt. In Christus hat er sich immer wieder in Neuland hineingewagt – seine Menschwerdung ist nur eines von vielen Beispielen. Und es spiegelt sich in der gesamten Schöpfung wider, die bereits durch die Jahreszeiten auf ein ständiges Neuwerden und Neu-schaffen ausgerichtet ist. Dabei schmeißt er nicht einfach Altes weg, um etwas völlig Neues zu schaffen, sondern lässt Altes neu werden. Recycling ist Gottes Erfindung.

Nachfolge bedeutet, Neuland zu betreten. Falls du das nicht tun willst, drehst du dich einfach nur im Kreis. Unumstößlich steht für dich und mich fest: Egal, auf welchem Boden deine Füße stehen, Gott hat Neuland für dich vorbereitet. Er tickt neu-ländisch und deshalb entspricht es auch deinem Wesen, dich im-mer wieder auf Neuland einzulassen und unterwegs zu bleiben.

## GOTT SPRICHT NEULÄNDISCH

Weil Gottes Wesen neuländisch ist, ist auch sein Dialekt neu-ländisch. Es lohnt sich, herauszufinden, was das für dein Leben bedeutet. Viele große Lebensmissverständnisse haben damit zu tun, dass wir übersehen, dass Gott Neuländisch spricht, indem er uns immer wieder in neue Bereiche unseres Lebens hineinführt und wir dadurch mehr und mehr entdecken, wer er ist und wer wir sind.

Er stellt unsere Füße immer wieder auf neues Land – oder »auf weiten Raum«, wie der Psalmist sagt (Psalm 31,9; LUT). Das ständige Erneuern entspricht dem Lebenskonzept, das er für uns Menschen entworfen hat. Er selber liebt es, Neues zu schaffen – »Seht, ich mache alles neu« (Offenbarung 21,5) heißt es über die Zukunft, die uns bevorsteht. Aber es beginnt schon im Hier und Jetzt. Kolosser 3,10 sagt über den neuen Menschen in uns, dass er fortwährend erneuert wird, »damit ihr Gott immer besser kennenlernt und seinem Bild ähnlich werdet.« Dieser Erneuerungsprozess dauert ein Leben lang und geschieht täglich.

Du bist Neuländerin, Neuländer. Das ist vor Beginn deines Seins festgelegt worden. Damit steht auch die Aufforderung, nach diesem neuen Menschen zu forschen und nach Verwandlung zu streben. Gott möchte dein Inneres beständig formen, prägen und weiten. Das ist es, was ich wohl zusammenfassend als die stärkste Wahrnehmung von Gottes Gegenwart in meinem Leben ansehe: Gottes transformatorische Kraft in mir.

Ich habe persönlich erlebt, wie Gott mein oft hartherziges Wesen verwandelt hat, und sehe das als das wohl größte Wunder, das ich miterleben durfte. Noch immer bin ich nicht die liebevollste Person, die empathisch jedes Mal vor Mitleid in Tränen ausbricht, wenn ihr andere von ihren Leidensgeschichten erzählen. Kürzlich hat mich eine Person am Bahnhof erkannt und mich angesprochen, ob sie mit mir reden und ich für sie beten könne. Mein »Passt jetzt gerade schlecht« hat sie hartnäckig ignoriert und begonnen, mir ihre ganze Leidensgeschichte zu erzählen. Alle meine unmissverständlichen Signale hat sie ignoriert. Ich hatte Kopfschmerzen, einen tierischen Hungerast und wollte weder zuhören noch beten. Erst nach ganzen zwanzig Minuten und einem abspeisenden Proforma-Gebet konnte ich mich hungrig und verzweifelt auf eine Parkbank flüchten, wo ich mich bis zur Zugeinfahrt versteckte. Womöglich hätte Gott etwas mit dem Gespräch vorgehabt – schließlich hatte ich die Person nur getroffen, weil ich meinen Zug knapp verpasst hatte und eine Stunde lang auf den nächsten warten musste. Aber ich bin nicht immer bereit für Gottes Ideen und in solchen Momenten nimmt der alte Boppi den neuen in den Würgegriff, bis dieser blau anläuft und umkippt.

Auch wenn ich mich in dieser Situation hartnäckig dem Neuland verweigert habe: Gott hat mich verwandelt und mein steinernes Herz über die Jahre sehr viel weicher gemacht und einen Geist in mich eingepflanzt, der fähig ist, sich täglich zu erneuern (Hesekiel 36,26). Es ist ein Prozess. Und das ist gut so. Gott schafft in mir diesen neuländischen Spirit und richtet mein Herz auf Neuland aus, das er mir Tag für Tag zeigen will. Das ist es auch, was Römer 12,2 ausdrückt:

»Richtet euch nicht länger nach den Maßstäben dieser Welt, sondern lernt, in einer neuen Weise zu denken, damit ihr verändert werdet und beurteilen könnt, ob etwas Gottes Wille ist – ob es gut ist, ob Gott Freude daran hat und ob es vollkommen ist.«

Ich habe mich in diesen Vers verliebt. Erstens beschreibt er die Erneuerung unseres Denkens, die Gott für uns vorgesehen hat. Es ist das Hineinwachsen in eine neue Denkkultur, eine Kultur, die vom Himmel her geprägt ist. Wenn wir das zulassen, dann geschieht Transformation an uns – »damit ihr verändert werdet«. Transformiert zu werden in das, was wir von Gott her zu sein und zu tun berufen sind, ist unglaublich wohltuend, gerade weil wir so oft versucht sind, Dinge in unserem Leben mit Gewalt hinzubiegen. Vieles wird dann anstrengend, dogmatisch und wirkt übertrieben fromm.

Zweitens finde ich die Wendung: »ob Gott Freude daran hat« unglaublich schön. Ich habe sie zur Grundlage aller meiner Entscheidungen gemacht. Wir fragen uns in Teams: »Was denkt ihr? Hat Gott Freude daran?« Fast immer erlebe ich, dass wir Einheit finden, weil wir nicht mehr nach der Freude unserer Seele fragen – das schwingt ja immer mit –, sondern weil wir uns danach ausstrecken, ob es Gott gefällt. Ob es sich da irgendwo tief in uns drin gut und friedlich anfühlt, wenn wir diese Entscheidung fällen. Je nach Thema ist der Prozess und die Diskussion ein hartes Ringen – aber selbst schwere Entscheidungen hinterlassen schließlich ein angenehmes Gefühl des Friedens, wenn sie auf die Freude von Gott ausgerichtet sind.

Eine der meines Erachtens größten Fallgruben des Christseins besteht darin, dass wir diesen Erneuerungsprozess nicht mehr mitmachen, weil wir unbewusst oder bewusst zur Überzeugung gelangt sind, dass wir »fertig« sind. Dass wir eigentlich verstanden haben, um was es geht, und wissen, wie es geht. Dass unser Glaube und Weltbild komplett sind. Ein Trugschluss, der uns überheblich werden lässt gegenüber anderen Menschen, die Gott vielleicht bisher ganz anders erlebt haben, und der den Prozess der Christusähnlichkeit unterbindet. »Wer glaubt, etwas zu sein, hat aufgehört, etwas zu werden«, hat Sokrates bereits bemerkt.

Als Jugendlicher war ich unbewusst der Überzeugung, dass der christliche Glaube etwas Fixes ist, etwas Statisches. Das hat sich vor allem auch auf meine Beziehungen und Begegnungen ausgewirkt – ich war in meinem Denken nicht flexibel und oft ist es bei unterschiedlichen Weltbildern und Glaubensmeinungen zur Konfrontation gekommen. Mein Grundmuster war: Irgendwann hat man begriffen, wie Gott in das Weltbild hineinpasst und wie man das Weltbild auf Gott passend macht. Ich wusste zum Beispiel klar, wie man moralisch zu leben hatte, und deshalb auch, wer alles falsch lebte. Dabei ist der persönliche Glaube alles andere als etwas Fertiges, etwas, das man einmal backt und dann sauber abgepackt für die nächsten Jahrzehnte im Tiefkühler verstaut, so wie das Atombrot der Schweizer Armee, das auch noch zwei Jahrzehnte später genießbar sein soll. Die Folge von einem statischen Glaubensbild ist die Überzeugung, dass man auf der Wahrheits-Insel gestrandet ist und alle, die etwas anderes meinen oder denken, in falschen Gewässern paddeln. Es macht unfähig, mit anderen in einen ehrlichen Dialog einzutreten, weil man lieber überzeugt als zuhört. Glaube ist jedoch ein Prozess. Er wächst gemeinsam mit uns und verändert sich über die Jahre. Gott wird nicht irgendwann mit unserem Glauben fertig sein, damit wir uns mit ihm auf eine Parkbank setzen und warten können, bis das Leben vorbeigezogen ist. Er führt uns vielmehr immer und immer wieder in Neuland hinein.

Man betritt den Glauben nicht wie einen Kinosaal, um dann in einer Endlosschleife für den Rest des Lebens denselben Film zu schauen.

Glaube verändert sich und damit auch manche Dinge, die wir für wichtig und wahr halten. Nicht alle Wahrheit ist absolut – einige Wahrheiten sind beispielsweise nur für spezielle Lebensphasen gültig. Für meine jüngste, dreijährige Tochter gilt zum Beispiel: Auf der Straße wird nicht gespielt! Das ist sinnvoll, da es dort gefährlich für sie ist, obwohl dort nur wenige Autos fahren. Wird sie dann größer, wird diese Wahrheit revidiert: »Pass auf, wenn du auf der Straße unterwegs bist.«

Später können wir noch einen Schritt weiter gehen und gemeinsam dort Federball spielen.

Natürlich lässt sich das nicht eins zu eins auf den Glauben übertragen. Aber als Jugendlicher hat es mir beispielsweise geholfen, vieles klarer abgegrenzt zu sehen, während ich heutzutage erlebe, wie Gott mich immer wieder aus scheinbar klaren Begrenzungen herausruft und mich »hinaus ins Weite führt« (vgl. Psalm 18,20).

## GOTT LIEBT NEUE BRILLEN

Ein Merkmal von Gottes neuländischem Wesen ist seine Vorliebe für Paradigmenwechsel, die er uns Menschen immer wieder zumutet. Manchmal vergisst man sehr schnell, dass alles, was uns als absolute Realität vorkommt, bloß die durch unsere persönliche Brille gefilterte Version davon ist. Die Brille unserer Geschichte, unserer Erfahrung, unserer Vorstellungen, unserer Wünsche usw. Ein Paradigmenwechsel ist folglich die Veränderung einer gewohnten Sicht- und Denkweise, weil man die Realität plötzlich anders wahrnimmt und herausgefordert wird, entsprechend neu zu denken und zu handeln. Mir ist das immer dann geschehen, wenn ich mich aus meiner Komfortzone, aus meiner gewohnten Umgebung gewagt und dann einen unschuldigen Blick über die Schulter zurück auf mein Leben geworfen habe.

Die Bibel zeugt davon, dass Gott Paradigmenwechsel nicht nur zulässt, sondern geradezu herbeiführt – Paradebeispiele sind die Menschwerdung, die Auferstehung und die Ausgießung des Heiligen Geistes. Mein Freund und Büro-Kollege Peter Höhn meinte einmal:

»Manchmal ist das Leben wie ein Erdbeben: Alles, was richtig schien, gerät aus den Fugen. Das bisherige Weltbild taugt nicht mehr, und man ist gezwungen, die Realität anders zu sehen. Die Bibel zeigt, dass Gott es liebt, den Menschen mit solchen Erfahrungen den Horizont zu erweitern.«

Das kann durch einschneidende und überraschende Erfahrungen passieren, bei denen man eher unfreiwillig auf die Reise geschickt wird, oder aber durch den natürlichen Lebensprozess oder sogar willentliche Entscheidungen wie Heirat, Kinder, Berufswechsel usw.

Ja, natürlich ist Gott ein Gott der Treue und der Verlässlichkeit, der sich in der Bibel als der ewig Gleiche offenbart. Gleichzeitig ist er aber auch einer, der Neues schafft (Jesaja 65,17), der immer wieder unerwartet unsere Pläne durchkreuzt, unsere Mauern sprengt, den Horizont erweitert und mit uns weitergeht, damit wir seine größeren Pläne erkennen. Er spricht in unser Leben hinein, um uns in neuländisches Terrain hineinzubewegen.

Eine Erneuerung des Denkens ist unerlässlich, damit wir als Jesus-Nachfolgerinnen und -Nachfolger charakterlich und geistlich reifen. Und genau deshalb bewegt Gott uns immer wieder in diese Umdenk-Situationen hinein. Es ist gut, wenn wir auch Eigenschaften wie Treue, Stabilität und Zielstrebigkeit hochhalten, gleichzeitig gilt aber, sich nicht in fixen Vorstellungen zu verbeißen, zu verhärten oder zynisch zu werden. Es ist wie bei einem dieser Gummi-Dichtungsringe beim Wasserhahn … Er muss stabil und treu an seinem Platz sein, gleichzeitig aber auch flexibel und weich bleiben. Wenn er sich verhärtet und spröde wird, dichtet er nicht mehr richtig und der Hahn beginnt zu tropfen. Wobei ich damit jetzt nicht sagen will, dass jemand mit einer unflexiblen Persönlichkeit nicht ganz dicht ist … Tatsächlich ist es nicht immer so einfach, etwas neu zu denken.

Als wir drei Monate auf den Philippinen verbrachten, mussten wir als ganze Familie einige Justierungen vornehmen – von der Kultur bis zur Temperatur. Zurück in der Schweiz begann der Adaptierungsprozess von Neuem. Eine meiner Töchter fragte auf dem WC sitzend irritiert, wohin sie mit dem Klopapier solle. Auf den Philippinen hatte sie gelernt, dass man es im offenen Eimer neben der Schüssel entsorgt, weil sonst die Abflussrohre verstopfen. Außerdem getrauten sie sich anfänglich nicht mehr, aus dem Wasserhahn zu trinken, weil das doch »Durchfallwasser« sei. Wir müssen uns im Leben immer wieder auf neue Situationen einstellen – und was vielleicht einmal gegolten hat, rückt plötzlich in den Hintergrund oder ist für die nächste Phase des Lebens sogar unpassend und falsch.

Es hilft definitiv, wenn wir Krisen und Konflikte als Chancen sehen, die uns im Leben weiterbringen. Als Türschwellen in einen neuen Lebensabschnitt hinein, als Chancen für Paradigmenwechsel und die Erneuerung unseres Denkens – auch wenn das zuweilen unangenehm und schmerzhaft sein kann.

**Wo hat Gott dich in etwas hineingeführt, dass dich herausgefordert hat, dein Denken zu erneuern und Veränderung zuzulassen?**

Gott hat mit mir in verschiedenen Bereichen meines Lebens, Denkens und Glaubens immer wieder neuländisch kommuniziert. Und es scheint mir, als gäbe es nicht viel, was er lieber tut, als uns zu ermutigen, die Brille zu wechseln. Darum – wenn wir wissen wollen, was Gott mit uns vorhat – müssen wir lernen, seine Art zu kommunizieren zu verstehen. Und dann müssen wir uns mit ihm dorthin bewegen, wohin er uns schon vorausgegangen ist. Für ihn ist es ja kein Neuland und es ist sehr beruhigend zu wissen, dass wir nie ins Ungewisse laufen, sondern den absoluten Reiseexperten an unserer Seite haben.

## GOTTES NEULAND HÖRT NIE AUF

Weil Gottes Wesen neuländisch ist und du aus ihm heraus geboren bist, bist du auch in deiner Identität Neuländerin oder Neuländer. Ja, vielleicht bist du darüber hinaus empathisch, philosophisch, modisch, manchmal apathisch oder stoisch, lyrisch, zynisch, launisch, ein bisschen exotisch und erotisch, bestimmt auch irdisch. Aber allem voran bist du neuländisch.

Es gibt Menschen, die umgibt ein Entdeckergeruch wie mich der Schweißgeruch nach einem harten Kampf auf dem Tennisplatz. Ernst Tanner, der Gründer der Helimission, ist einer dieser Pioniere und lebenden Legenden, die man sonst nur aus Büchern kennt. Er erzählte mir bei einer Begegnung, wie er als erster Mensch überhaupt die Sahara mit einem Helikopter überquerte. Zu diesem unglaublichen Abenteuer wäre es jedoch um ein Haar nie gekommen, denn unterwegs nach Afrika verflog er sich auf seinem ersten Teilstück von Bern nach Genf schon nach zehn Minuten dermaßen, dass er neben einem Restaurant landen musste, um nachzufragen, wo er eigentlich war. Ich bewundere Ernst, seinen Sohn Simon und die anderen Piloten der Helimission, die unter teils widrigen Umständen Menschen in Not helfen und dabei in all den Jahren unglaubliche Dinge erlebt haben: von Notlandungen, Angriffen und Schüssen auf die Maschine bis zum Absturz aufgrund widriger

Wetterverhältnisse bei dem Bestreben, die letzten Kannibalenstämme im Herzen Papuas zu erreichen.

Ich hingegen war schon als Kind nie wirklich einer dieser offensichtlichen Draufgängerjungs, die alle Grenzen ausloten mussten. Während sich einige ihr Territorium erkämpften, indem sie im Sandkasten auf andere mit Schäufelchen und Eimerchen eingeprügelt haben, fand ich mich meistens am anderen Ende des Schäufelchens und des Eimerchens wieder. Wenn so richtig gestandene Männer einen Testosteronschub bekommen, während Bear Grylls irgendwo in der Wildnis Maden aus einem Kamelkadaver pult und Kuhaugen ausschlürft, um zu überleben, sitze ich lieber bequem auf dem Sofa und pule Chips aus der Tüte, während ich an meinem gekühlten Energydrink nippe. Aber trotzdem habe ich gemerkt, dass selbst ich als totaler Normalo und Bünzli-Schweizer in mir einen schlummernden Drang nach Abenteuer habe. Nachdem ich mit Freunden in einem Film gesehen hatte, wie Menschen nach einem Flugzeugabsturz im Gebirge ums Überleben kämpfen und am Ende sogar Menschenfleisch essen mussten, packte uns das Abenteuerfieber. Keine Ahnung mehr, wie es sich soweit aufschaukeln konnte – jedenfalls fand ich mich neben zwei Freunden auf der Friedhofswiese wieder, wo wir bei leichtem Schneefall unter einer Militärplane zu nächtigten versuchten. Viel geschlafen haben wir nicht. Ich war damit beschäftigt, mir einzureden, dass das menschenfressende Etwas wohl auf der anderen Seite unserer Dreierreihe mit seinem Mahl beginnen würde, was mir einen kleinen, aber womöglich entscheidenden Vorsprung verschaffen würde.

Ich bin überzeugt, dass unabhängig von deinem persönlichen Sicherheitsbedürfnis auch in dir eine Abenteurerin, ein Entdecker, eine Neuländerin schlummert. Von Beginn deiner Existenz an bist du als Entdecker geschaffen, dazu verurteilt oder berufen – je nachdem, wie du es nennen magst. »Das Leben ist Veränderung, und ohne Erneuerung ist es unbegreiflich«, sagte der russische Philosoph Nikolai Berdjajew.

Ich habe es bei meinen vier Mädchen schon in den ersten Lebensjahren beobachten können: Sie machen von Geburt an nichts anderes, als die Welt zu entdecken. Unabhängig, ob ängstlich zurückhaltende oder draufgängerisch mutige Persönlichkeit: Alle haben bereits eine mächtige Entdeckungsreise hinter sich – von heftigen Abstürzen bis hin zu den Tests »Finger gegen Herdplatte« oder »Schere gegen Unterlippe«.

Wenn wir Jesus nachfolgen, führt er uns automatisch in Neuland. Er geht voran, wir hinterher. Dieser Prozess des Entdeckens wird auch mit unserem Tod und dem Übergang ins ewige Leben nicht vollendet sein. Epheser 2,6-7 bringt es auf den Punkt:

»Er hat uns mitauferweckt und mitsitzen lassen in der Himmelswelt in Christus Jesus, damit er in den kommenden Zeitaltern den überragenden Reichtum seiner Gnade in Güte an uns erwiese in Christus Jesus« (ELB).

Dieses »Erweisen« ist spannend – andere Versionen übersetzen das Wort auch als kundtun[5], zur Schau stellen, demonstrieren, erzeigen oder sichtbar machen. William MacDonald schreibt dazu:

»Der Himmel wird die Schule sein und Gott unser Lehrer. ›Seine Gnade‹ wird das Schulfach sein und wir die Schüler. Und das Schuljahr wird die ganze Ewigkeit lang dauern. Das sollte uns von der Vorstellung befreien, dass wir alles wissen werden, wenn wir in den Himmel kommen. Nur Gott weiß alles, und wir werden ihm niemals völlig gleich sein.«[6]

MacDonald geht davon aus, dass sich das Thema der Gnade nie erschöpfen wird und Gott es uns durch die ewigen Zeitalter hindurch offenbaren wird.

Das Wort endeíknymi (erweisen) kommt unter anderem noch

in 2. Timotheus 4,14 vor: »Alexander, der Schmied, hat mir viel Böses erwiesen; der Herr wird ihm vergelten nach seinen Werken« (ELB). Man könnte hier auch statt »erweisen« »zufügen« einsetzen, also nicht nur im Sinn von »sehen lassen«, sondern »ganzheitlich erfahren lassen«. Dies gilt auch für unsere Stelle weiter oben. Das »ganzheitliche Erfahren« ist nicht in einem Moment geschehen und auch nicht irgendwann beim Eintritt in die Ewigkeit abgeschlossen, sondern es geht immer weiter.

Gott wird uns durch viele Zeitalter hindurch aufzeigen, was seine Gnade alles beinhaltet. Eines davon reicht nicht aus für die zunehmende Ausbreitung des unermesslichen Gnadenreichtums. Nur in einer großen Menge von Zeitaltern kann sich die gewaltige und unüberschaubare Gnade Gottes entwickeln, entfalten und erschließen. Deshalb heißt es in den Klageliedern 3,22-23: »Ja, die Gnadenerweise des HERRN sind nicht zu Ende, ja, sein Erbarmen hört nicht auf, es ist jeden Morgen neu. Groß ist deine Treue« (ELB). Du kannst Gott nicht wie ein Bild behandeln, dich vor ihn hinsetzen und ihn betrachten, bis du jedes kleine Detail ergründet hast. Irgendwann gibt selbst das faszinierendste Suchbild nichts mehr her … weil du jeden Quadratzentimeter schon zigmal durchforstet und studiert hast. Aber Gott ist kein Bild. Gott offenbart sich dir mit seinem Wesen jeden Tag neu und das wird nie enden.

Seine Gnade wirst du nie endgültig ergründet haben, auch nicht sein Erbarmen, seine Liebe, seine Treue, seine Wahrheit und seine Güte. Paulus schreibt dazu in Epheser 3,19: »Ja, ich bete darum, dass ihr seine Liebe versteht, die doch weit über alles Verstehen hinausreicht, und dass ihr auf diese Weise mehr und mehr mit der ganzen Fülle des Lebens erfüllt werdet, das bei Gott zu finden ist.« Auch hier geht es um diesen fortwährenden Prozess, dieses »mehr und mehr« Entdecken, wer und wie Gott ist und was es heißt, wirklich aus ihm heraus zu leben.

Wir lernen und wir werden immer Lernende bleiben – für mich eine faszinierende Aussage über eine Ewigkeit, die alles andere als langweilig werden wird. Es ist der Ort, für den du schon immer bestimmt bist. Da gehörst du hin. Diese neue Erde, das ist deine Staatszugehörigkeit. Du lebst zwar in dieser Welt, bist aber hinausadoptiert. Hast sozusagen eine Doppelstaatsbürgerschaft bekommen. Du gehörst in dieses Neuland! Meine erste Identität ist deshalb weder Zürcher noch Schweizer noch Europäer, sondern schlicht und einfach Neuländer.

**Wie lebst du mit diesem Neuländer-Bewusstsein?**

# 2
# PANISCH

Die Angst vor Neuem

Angst zu haben, ist völlig normal. Auch Angst vor dem Neuen ist normal. Aber wenn wir uns bewegen – und das nicht nur im Kreis –, wenn wir uns weiterbewegen und in von Gott vorbereitetes Neuland kommen wollen, müssen wir lernen, unseren Ängsten ins Auge zu schauen, sie zu konfrontieren und mit Gottes Hilfe zu überwinden.

In der Angst zu leben und die eigenen Ängste wie Gäste in unserem Haus zu akzeptieren, wird uns vom Leben, das Gott verheißen hat, abhalten. Angst torpediert unseren Glauben so wie ich früher die Schlümpfe meiner Schwester mit dem Luftgewehr. Sie waren danach ziemlich übel zugerichtet – unser Glaube wird nach solchen Attacken auch Eindellungen und Absplitterungen aufweisen. Am Ende verlieren wir unsere Ziele aus den Augen und leben am prächtigen Land vorbei, das uns vom Himmel her zustehen würde.

All jene aus dem Volk Israel, die sich vor dem Einzug ins verheißene Land nicht auf Gott verließen, sondern den Lügengeschichten der Kundschafter Glauben schenkten, verpassten aufgrund ihrer Ängste diese Neuland-Verheißung. Gott hatte ja schon im Voraus gesagt: »Das ist das Land!« (siehe 4. Mose 13,2). »Es ist ein gutes und weites Land, in dem Milch und Honig fließt!« (siehe 2. Mose 3,8). Hätten sie darauf vertraut, wäre alles gut gewesen. Aber anstatt Gottes Zusage zu vertrauen, ließen sie sich von ihrer Angst vor den Riesen und einer drohenden Niederlage bestimmen und überwältigen. Nur Josua und Kaleb hielten an Gottes Verheißungen fest. Und nur sie beide durften am Ende ins verheißene Land einziehen, während der Rest ein paar Extrarunden in der Wüste drehen musste und dort starb.

Der größte Gegner, den es zu überwinden gilt, um Neuland einzunehmen, ist unsere eigene Angst. Solange wir uns als Normalsterbliche über diesen Planeten bewegen und noch nicht in der Ewigkeit angekommen sind, wo Gott uns und alles um uns herum mit seiner Gegenwart völlig durchdringen wird, taucht Angst neben uns auf wie der eklige Krümel in meiner geliebten Frühstücksmilch, den ich nicht aus der Tasse kriege, weil er immer wieder wegtaucht, sobald ich ihn auf den Löffel bugsieren will. Das Problem von Angst ist, dass sie nicht einfach passiv dasitzt, sondern unterschwellig beginnt, dein Leben zu beeinflussen.

Angst verleitet dich immer wieder zu Entscheidungen, die ungut sind und dich im Leben falsche Abzweigungen nehmen lässt. Angst ist der Grund, warum du mit deinen Zweifeln, deinen Gefühlen und Gedanken nur ganz heimlich im Versteckten ringst, anstatt sie mit deinem Partner oder deinen Freunden zu teilen. Angst ist der Grund, warum du wie ein gejagtes Tier viel zu viel arbeitest und dich damit vor anderen Verantwortungen, Beziehungen oder Zeit mit der Familie drückst. Warum du dich immer wieder an irgendwelche Menschen bindest oder genau eben nicht. Warum du immer Nein sagst oder ständig Ja und warum du bei manchen Themen der Unwahrheit näher bist als der Wahrheit.

Massive Bereiche unserer Gesellschaft sind angstgeprägt, durchdrungen wie ein vollgesogener Schwamm, und es quillt uns aus allen Medien entgegen. Am Ende ist auch das Miteinander in Gottes Reich oft von Angst geprägt und die Sorge um das eigene kleine Reich verhindert viel Segen. Doch Angst ist kein Bestandteil einer neuländischen Kultur. Wahrscheinlich ist sie sogar der Segensblocker Nummer eins. Genau deshalb ist es immens wichtig, die eigenen Ängste zu entlarven, die sich wie Blutegel schmarotzend irgendwo an unserer Seele festgesogen haben und dort als unsichtbare Treiber auf unsere Entscheidungen Einfluss nehmen.

Bei wichtigen Entscheidungen stelle ich mir immer wieder

die Frage »Warum?«. Warum genau habe ich das Gefühl, dass diese Sache so gelöst werden sollte? Wenn ich dann merke, dass irgendwo insgeheim eine Angst das Ruder übernommen hat, zerre ich diese Angst ans Licht ... da verblasst sie dann meist. Ich kann mich an einzelne Entscheidungen erinnern, bei denen ich erst im Nachhinein realisiert habe, dass sie eigentlich angstgetrieben waren – und ich erinnere mich deshalb so gut, weil bei einigen von ihnen ein schmerzhafter und langer Prozess nötig war, um die schlechten Früchte wieder zu beseitigen. Lass nicht zu, dass Ängste in deinem Leben das Steuer übernehmen.

## DAS SOCKENFRESSENDE MÜMMELMONSTER

Gerade letzte Nacht wieder schlich sich meine Vierjährige ins Zimmer – konnte nicht mehr schlafen, da sie Angst hatte. Ich kann mich gut erinnern, wie ich als Kind manchmal den Eindruck hatte, irgendein übel-böser Schatten an der Wand hätte sich bewegt. Vor dem Schlafengehen habe ich deshalb vorsorglich immer noch rasch einen Blick unters Bett geworfen, ob da nicht vielleicht ein sockenfressendes Mümmelmonster lauerte, um sich mitten in der Nacht über mich, meine Bettdecke oder zumindest die Sockenschublade herzumachen. Ich habe mich im Anschluss gefühlte Stunden komplett unter meiner Bettdecke verkrochen und versucht, einzuschlafen – oft mit mäßigem Erfolg, da ich mich vielmehr bachnass geschwitzt habe. Irgendwann stieß ich jedoch auf die ultimative Mümmelmonster-verschwinden-lassen-Strategie: Ein Druck auf den Lichtschalter löste das Problem und beruhigte das heftig wogende Kinder-Seelenmeer.

Die Angst vor irgendwelchen Unter-dem-Bett-Monstern ist rund drei Jahrzehnte später kein Thema mehr bei mir – einerseits hat sich das wohl ausgewachsen, andererseits haben wir Matratzen, die sich auf Paletten befinden und damit bodennah sind. Darunter finden nur noch ganz kleine Mönsterchen Platz, und die stören in der Nacht nicht groß.

Im Gegensatz zu den Mümmelmonstern verschwinden jedoch manche Ängste je nach Persönlichkeit und Lebensgeschichte nicht einfach irgendwann im Leben. Vielmehr tauchen sie mit zunehmender Reife gar erst auf. Angst vor dem Alleinsein, Angst vor dem Fliegen, Angst davor, schlimm zu erkranken, Angst vor Schmerzen, Angst vor dem Verlassenwerden, Angst vor dem Sterben, Versagensangst, Angst, abgelehnt zu werden, und vieles mehr. Die Liste ist endlos, genauso wie die Fachbegriffe, die man kreiert hat, um jeder möglichen und unmöglichen Angst einen Namen zu geben. Arachibutyrophobie ist beispielsweise die panische Angst davor, dass die Erdnussbutter am Gaumen kleben bleibt. Bargainophobie ist die Angst vor Ausverkäufen, eine Furcht, die ich als Mann mit einer Abneigung vor überfluteten Wühltischen mit Hysterie-Aura unschwer nachvollziehen kann. Eine der weitverbreitetsten Ängste ist laut Statistiken die Angst, vor Menschen zu sprechen. Die rangiert oftmals noch vor der Angst vor dem Sterben.

Keine Ahnung, wovon deine Angstträume handeln. Viele meiner Ängste haben jedenfalls irgendwie mit Essen zu tun – Angst vor saurem Rhabarberkuchen oder matschigen Blätterteig-Pasteten mit Pilzen zum Beispiel. Ich hatte aber auch schon Phasen im Leben, in denen sich regelmäßig am Abend im Bett mein Herz zusammenzog, weil meine Gedanken begannen, um den Sterbeprozess zu kreisen, wie Geier um das Aas und ich konnte sie nur mit epischen Gedanken-Umlenkungsstrategien wieder wegscheuchen. Wobei dies nur kurzfristig half. Irgendwann habe ich begonnen, mit Jesus darüber zu reden. Bei ihm sind Ängste gut aufgehoben.

Grundsätzlich hat Angst eine wichtige Funktion. Es ist nicht falsch, wenn man sie hat. Die Angst vor einem Feuer beispielsweise bewahrt uns davor, zu sorglos damit umzugehen. Die Angst, aus großer Höhe hinunterzufallen, lässt uns vorsichtiger werden und bewahrt uns vor unnötigen Knochenbrüchen. Viele Ängste sind gesund und lebenserhaltend. Manchmal geben sie uns den nötigen Adrenalinschub, um eine heikle Situation besser zu meistern. Angst wird jedoch dort zum Problem und kontraproduktiv, wo sie nicht mehr beschützend oder leistungsfördernd ist, sondern blockierend und lähmend. Und genau da dürfen wir lernen, in eine angstfreie neuländische Kultur hineinzufinden.

**Was sind deine größten Ängste? Angst, bei Prüfungen zu versagen, ein Leben lang alleine zu bleiben oder eine Beziehung zu verlieren? Angst vor dem Sterben, vor Terroranschlägen? Angst vor einer Wirtschaftskrise oder allem, was sich fremd anfühlt? Angst vor Krankheiten oder dass dir am Ende des Geldes zu viel Monat übrig bleibt? Angst, dass dein Glaube am Ende nicht hält, was du dir von ihm versprichst? Angst vor der Zukunft? Angst vor Gott und seinen Neuland-Plänen mit dir?**

Manchmal geistert die falsche Vorstellung herum, dass man als Christ keine Angst mehr hat oder haben darf. Völlig falsch. Jesus hat gesagt, dass es normal ist, dass wir Ängste haben, solange wir in dieser Welt leben (Johannes 16,33). Gleichzeitig bietet er uns aber einen Ort an, wohin wir mit unseren Ängsten kommen können – direkt zu ihm. Er will uns den Lichtschalter zeigen.

## DER ANGST-LICHTSCHALTER

Als wir als Familie mit kleinen Kindern auf den Philippinen lebten, kumulierten sich einige meiner Ängste. Taifune, Rebellen, Kakerlakenangriffe, endlose Flugreisen mit vier Kids, Dengue-Mücken, sinkende Fähren, giftige Wasserschlangen, und tatsächlich waren nicht alle Ängste unbegründet. So trafen wir beim Baden auf giftige Wasserschlangen und ein Taifun fegte nur kurze Zeit nach unserem Aufenthalt über die Insel. Er begrub Dörfer, die wir auch besucht hatten, unter meterhohen Stein- und Schlammlawinen und deckte Hausdächer ab, unter denen wir genächtigt hatten. Dabei ist mir einmal mehr bewusst geworden, dass mich diese Ängste vor überhaupt nichts bewahren können – sondern mich am Ende im Leben nur blockieren.

Ich habe also die Wahl, mich der Angst auszuliefern, was mich unglücklich macht, oder aber zu Jesus, dem Angst-Überwinder, zu eilen und mir den Lichtschalter in den entsprechenden Angst-Räumen zeigen zu lassen. Wenn mir beim Fliegen im Flugzeug unwohl ist, hilft es, wenn ich mich irgendwie ablenke. Bei tiefer liegenden Ängsten ähnelt Verdrängung jedoch dem Versuch, eine Boje unter Wasser zu halten. Egal wie fest man drückt – sie schaukelt kurze Zeit später wieder friedlich an der Oberfläche. Deshalb ist es wichtig, diesen Ängsten nicht auszuweichen, sondern sich ihnen zu stellen – ich bete dann oft einfach mein Kürzest-Gebet: »Jesus«. Es ist mein Lichtschalter-Wort geworden. Und tatsächlich verändert sich dabei eigentlich immer etwas in mir und die stürmische See meiner Seele wird ruhig.

Im Gebet haben wir die Möglichkeit, unser Herz ganz eng an Gottes Herz zu drücken und in seine Liebe einzutauchen. Sie ist es, die alle Angst vertreibt. Die Bibel sagt: »Wo die Liebe regiert, hat die Angst keinen Platz; Gottes vollkommene Liebe vertreibt jede Angst« (1. Johannes 4,18). Da wo Gott ist, ist die vollkommene Liebe, und das lässt keinen Platz für Angst – genau wie es in meinem Kinderzimmer keinen Platz mehr für Mümmelmonster gab, sobald ich auf den Lichtschalter gedrückt hatte.

Wir sind aus Gott heraus geboren, kommen also von dem Ort her, an dem pure Liebe herrscht, aber wir sind in eine Welt hineingeboren, in der Gott nicht mehr in diesem alles durchdringenden Ausmaß gegenwärtig ist – und in der sich Ängste breitgemacht haben. Wir stammen also aus einer total angstfreien Zone – und laufen auf eine Zukunft zu, die wieder untrennbar mit Gottes Gegenwart verknüpft ist, und damit ebenfalls angstfrei sein wird. Dazwischen spielt sich unser Leben im Hier und Jetzt ab, und da bekommen wir es im wahrsten Sinne des Wortes mit der Angst zu tun. Denn Angst ist Abwesenheit von Gott. Sie ist nicht natürlicherweise in uns – es ist das, was wir im Leben lernen.

Genau wie Dunkelheit die Abwesenheit von Licht ist, ist Angst die Abwesenheit von Gottes Liebe in bestimmten Bereichen unseres Lebens. Wenn da also noch irgendwo Angst in mir herumwummert, heißt das ganz pragmatisch, dass Gott in dem Bereich noch zu wenig Raum bekommen hat. Dass ich noch zu wenig in diese Liebe eingetaucht bin und zu wenig aus ihr heraus agiere. Es zeigt mir, dass ich in dem entsprechenden Herzenszimmer den Lichtschalter noch nicht gefunden oder, falls doch, das Rädchen zum Dimmen noch auf eine zu schwache Stufe eingestellt habe.

Es ist ein simples geistliches Prinzip, dass der Gegenpol von Gottes Liebe nicht einfach nur Nichtgeliebtsein ist, sondern Angst. Dort, wo du ganz viel von Gottes Liebe reindrückst, drückt es deshalb die Angst raus. Das gilt für alles, was Gott ausmacht: Nimmst du Gott aus dem System, verschwinden Hoffnung, Licht, Richtung, Wahrheit, Leben, Liebe und übrig bleiben Hoffnungslosigkeit, Dunkelheit, Orientierungslosigkeit, Lügen, Tod und eben auch ganz viel Angst.

In manchen Bereichen habe ich diesen Lichtschalter gefunden. Ich werde oft gefragt, ob ich denn nicht nervös bin, vor Tausenden von Menschen zu sprechen. Vor ein paar Jahren hat Gott mich jedoch durch einen intensiven Prozess gehen lassen, bei dem mir bewusst wurde, wer ich in ihm bin. In mir hat sich verankert, dass ich mit allem, was ich tue, ihm gefallen möchte und nicht den Menschen. Das hat mich total befreit vor Lampenfieber – der Angst, zu versagen, abgelehnt zu werden, vor dem Nichts in mir … Ich fürchte mich nicht mehr davor, weil ich mich selbst im größten Versagen noch total von Gott geliebt weiß. Und das reicht. Ich habe den Lichtschalter in der Menschenfurcht-Dunkelkammer entdeckt. Solange ich weiß, dass Gott Freude an mir hat und an dem, was ich tue und sage, kann es mir herzlich egal sein, wenn das nicht alle so sehen.

Angst ist eigentlich wie ein platter Reifen am Auto. Man kommt nicht mehr wirklich weit – es ist blockierend, lähmend und am Ende gehen Dinge kaputt. Ein Platten ist die Abwesenheit von Luft – genauso ist Angst einfach die Abwesenheit von Geist. Nun hat mir mein Garagist kürzlich nach einem Platten einen Reifen montiert, der mit einer Masse gefüllt ist. Sobald ich jetzt über einen Nagel fahre, passiert überhaupt nichts, weil diese Füllmasse alles sofort wieder verschließt und keine Luft verloren geht. Es geht am Ende nicht nur darum, sich von Gottes Liebe füllen zu lassen, sondern auch mindestens ebenso darum, darauf zu achten, dass seine Liebe da drinbleibt und nicht aus dem System entweicht.

**Gibst du der Angst oder Gottes Geist Raum? Und wie viel Raum gibst du Gottes Geist in deinen Lebensbereichen? Wo lässt du diese Liebe wieder entweichen?**

Ich habe entdeckt, dass biblische Verheißungen einen Füllmassen-Effekt erzeugen. Wenn ich mich an die Zusagen Gottes klammere, dann verhindert das sehr oft, dass »Geist« aus meinem System entweicht.

**Hast du in wirksamen Angst-Überwindungs-strategien einen Lichtschalter entdeckt?**

**Was wirkt bei dir wie eine Füllmasse, die verhindert, dass du einen Platten kriegst?**

**Und wie genau kannst du den Lichtschalter drücken, wenn dich Angst übermannt?**

## DIE EKLIGE ZAHNPASTA

Wenn du nicht genau weißt, welche Ängste dich blockieren, dann hör dir selbst einfach mal beim Beten zu. Aufhorchen lassen sollten dich die berüchtigten »Aber-Gebete«. Die können ungefähr so klingen: »Gott, ich bin bereit, mein ganzes Leben für dich zu investieren, aber nur, wenn ich keine Haare auf den Zehen kriege!« Sie beginnen oft mit einer Zusage oder dem Aussprechen unserer Bereitschaft für etwas, an ihnen klebt dann aber dieses direkt aus Ängsten geborene »Aber«.

Das, was beim Beten rauskommt, entlarvt, was eigentlich in deinem Herzen drin ist. Es ist wie bei einer Zitrone – wenn sie unter Druck gerät, dann kommt Saures raus. Und das liegt nicht daran, dass jemand oder etwas ganz fest drückt. Die Tropfen sind sauer, weil auch der Saft in der Zitrone sauer ist. Genauso verhältst du dich auch nicht einfach ängstlich, lieblos oder ungläubig, weil du im Leben in eine Drucksituation gerätst. Aus dir tropft Angst, Lieblosigkeit und Unglaube, weil der bereits irgendwo in dir drinsteckt.

Ich habe mich immer wieder bei solchen Aber-Gebeten ertappt. »Ich geh überall für dich hin, Gott, nur nicht nach Afrika.« »Ich bin bereit, alles für dich zu tun, aber ich will nicht predigen.« »Du kannst mein Leben haben, aber ich will nicht Missionar werden.« »Ich bin bereit, für dich meinen jetzigen Wohnort zu verlassen, aber ich will nicht nach Zürich ziehen.« Spannenderweise sind alle diese Gebete so gekommen, wie ich es gerade nicht haben wollte. Von daher: Sei lieber vorsichtig, was für »Aber« du in deine Gebete packst! Noch spannender aber: Jede einzelne Erfahrung war viel besser, als ich mir vorgestellt hatte, und wurde mir zum Segen. Meine erste Afrikareise hat meinen Glauben verändert und mich in eine echte Nachfolge hineingeführt. Mehr als die Hälfte meines Lebens bin ich nun schon als Prediger unterwegs und es gibt nichts, was ich lieber täte. Ich leite eine große Missions- und Schulungsbewegung und liebe es – und vor Kurzem bin ich in die Region Zürich gezogen, was sich bis in die große behaarte Zehe hinunter richtig anfühlt.

Wenn ich Angst habe, dass Gott mich irgendwo hin- oder hineinführt, wo ich nicht sein will, dann entspringt das einem Ur-Misstrauen, dass Gott es nicht gut mit mir meint – unabhängig davon, dass vielleicht manches auch tatsächlich unbequem sein kann. Die »Abers« enttarnen meine Ängste und die Ängste lassen sich am Ende alle zurückverfolgen bis zu dem Punkt: Ich vertraue Gott und seiner Liebe nicht. Ich glaube nicht an einen Gott, der es gut mit mir meint.

Diese Aber-Ängste blockieren die Veränderung und verhindern das Hineinlaufen in Neues. Ein ähnliches Problem kennen die sogenannten »Fainting Goats«. Ich habe mich auf YouTube schon herrlich über diese Ziegenrasse amüsiert. Aufgrund der Erbkrankheit Myotonie fallen sie bei Gefahr in Schreckstarre. Mit ihren großen und hervorstehenden Augen sehen sie ohne Angstzustand schon aus, als würden sie ständig panisch auf den nächsten Schock warten – einen Wolf, der gerade um die Hecke schleicht, oder irgendeinen Hinterwäldler, der sich den Spaß erlaubt, schreiend durch die Herde zu rennen. Die Ziegen stehen dann entweder stocksteif da oder sie fallen um, während sie alle Viere von sich strecken. Die Skelettmuskulatur verkrampft sich dabei blitzschnell und äußerst stark für rund zehn Sekunden. Für die Ziegen eine eher unglückliche Eigenschaft – sie sollen deshalb zum Schutz von Schafherden eingesetzt worden sein. Wurde eine solche zum Beispiel von einem Wolf angegriffen, konnten sich die Schafe retten, weil die Ziegen umfielen und so wortwörtlich zu einem »Bauernopfer« wurden, wie man es vom Schach her kennt.

Wenn wir uns der Angst hingeben, passiert in unserem Hirn oft dasselbe. Es blockiert und verweigert das rationale Denken. Als würde sich der Hirnmuskel kontrahieren und das Denken verunmöglichen. Man fällt Entscheidungen, die man so eigentlich nicht will, und wird zum Opfer der Situation. Neues und

Unbekanntes löst manchmal genau diese Schockstarren in unserem Leben aus.

Angst vor Neuland lässt sich zwar psychologisch leicht erklären, geistlich jedoch nicht. Denn wenn Gott uns in Neues hineinführt, ist das immer gut für uns. Ohne verschweigen zu müssen, dass an diesem »gut« auch noch Prädikate wie »unbequem« und »schmerzhaft« baumeln können.

»Mein Besitz und mein Erbe ist der Herr selbst. Ja, du teilst mir zu, was ich brauche! Was du mir für mein Leben geschenkt hast, ist wie ein fruchtbares Stück Land, das mich glücklich macht. Ja, ein schönes Erbteil hast du mir gegeben!« (Psalm 16,5–6).

Oder wie es die Hoffnung für alle übersetzt: »Was du mir gibst, ist gut!« Ich habe erst in den letzten Jahren begonnen, die Tiefe dieser Verse zu erfassen. Viel zu schnell hatte ich früher auf den Lippen, dass Gott gut ist. Diese Meinung wird im Laufe des Lebens durch Schicksalsschläge oder schwierige Erfahrungen ziemlich unter Beschuss kommen. Und es braucht eine willentliche Anstrengung, von der anfänglich naiven Vorstellung über den Zerbruch und das Verarbeiten wieder hinein in eine höhere Naivität zu finden – zurück zu dem Punkt, an dem Gott tatsächlich durch und durch gut ist: »Alles, was Gott uns gibt, ist gut und vollkommen. Er, der Vater des Lichts, ändert sich nicht; niemals wechseln bei ihm Licht und Finsternis« (Jakobus 1,17; HFA).

Das, was Gott uns gibt, ist tatsächlich gut. Ja, mehr als das – es ist vollkommen. Deshalb muss uns Neuland, das er uns eröffnet, nicht ängstigen.

Wir alle sind Nutznießer davon, dass Menschen vor uns mutig immer wieder Neuland beschritten haben. Alle technischen

Errungenschaften sind solchen Menschen zu verdanken – bis hin zu kleinen, sehr angenehmen Details im Alltag. Ich habe mal Ferien auf der griechischen Insel Kos verbracht, wo schon 2 400 Jahre vor mir Hippokrates seinen Ouzo getrunken hat. Er gilt als Begründer der Medizin als Wissenschaft und hat damals die Zahnpflege revolutioniert, indem er eine Mixtur aus der Asche verbrannter Mäuseköpfe, gekochten Hundezähnen, Ziegenknöcheln, zerriebener Minze und Weißwein zur Verwendung vorschlug. Ich höre dich bei den Worten »Minze« und »Weißwein« erleichtert aufatmen. Tatsächlich finde ich es nicht unangenehm, dass Menschen nach Hippokrates Neuland betreten und die Idee weiterentwickelt haben. So sind wir schließlich bei den heutigen Zahnpflegeartikeln gelandet. Ich will jetzt auch gar nicht wissen, was in meiner Zahnpasta so alles drin ist …

Der amerikanische Komponist und Schriftsteller John Cage hat dazu gesagt: »Ich verstehe nicht, warum Leute Angst vor neuen Ideen haben. Ich habe Angst vor den alten.«[7] Es ist gut, wenn wir uns von unserer Angst vor Neuem nicht blockieren lassen und unsere persönliche Weiterentwicklung nicht aufhalten. Umso mehr, wenn dieses Neuland von Gott kommt. Auch wenn es uns manchmal unweigerlich durch Stürme führen kann.

## DER BIBLISCHE HORRORTHRILLER

Der Weg mit Gott ins Neue hinein ist abenteuerlich und führt nicht um jeden Sturm herum. Dazu muss man keine mutige Persönlichkeit besitzen, denn »Mut ist die Angst, die gebetet hat«, hat Corrie ten Boom treffend festgehalten. Gott will, dass wir ihn als Auge im Sturm, als angstfreie Zone entdecken.

Ich hatte einmal das Vergnügen, auf einem Kreuzfahrtschiff als Schiffsgeistlicher die Gottesdienste zu leiten. Die Überfahrt von Deutschland via Schottland in Richtung Island gestaltete sich als ein ziemliches Auf und Ab – natürlich nichts im Vergleich zu einem Schiff in einem richtigen Sturm, wie mir die Matrosen versicherten. Aber wenn die See zwischendurch mal heftig unruhig war und sich die Wellentäler für meinen Geschmack viel zu weit von den Wellengipfeln entfernten, fühlte man sich im Bett wie eine Socke in der Waschmaschine. Allein, dass mein Kopf zusammen mit den Füßen eine Nacht lang eine dieser Spielplatz-Kinderwippen nachahmte, ließ mich mit sanftem Brechreiz wachliegen. Unser Wellengang war jedoch nichts im Vergleich zu dem, was die Jünger an diesem einen Tag erlebten.

Die Geschichte in Markus 4-5 trieft nur so von panischer Angst, ich nenne sie den Horrorthriller der Bibel. Sie erinnert mich an einen Film, in den ich einmal »hineingeraten« bin. Freunde schleppten mich in meiner völlig unbedarften Ahnungslosigkeit in einen Kinofilm, der sich als Psychothriller entpuppte. Ich begann es erst zu ahnen, als diese hässliche Geige einsetzte und sich durch den ganzen Film immer wieder penetrant zurückmeldete. Von der Augenbraue rückwärts über den Scheitel bis hinunter zur großen linken Zehe stellte sich bei mir jedes Härchen in einem perfekten 90-Grad-Winkel auf. Der grässliche Ton drang durch Mark und Bein, und selbst wenn überhaupt nichts geschah, war ich innerlich verkrampft und angespannt. Die Tatsache, dass ich in der ersten Reihe dem Geschehen unnatürlich nahe war, half meiner geschundenen Seele nicht wirklich – erst nach dem Film bemerkte ich, wie die Unterarme sanft schmerzten, weil ich mich zwischenzeitlich mit den Fingern ziemlich heftig in der Sitzlehne verkrallt hatte.

Eine Seele hat verschiedene Saiten wie eine Harfe, die je nach Situation mitschwingen. Bei diesem Film war es bei mir zweifellos die Panik-Saite, die angeschlagen wurde, und genau die hat bei dieser Geschichte der Jünger die wohl heftigste Amplitude in der Historie ihrer Nachfolge verzeichnet.

Angefangen hat alles ganz harmlos, als Jesus eines Tages sagte: »Wir wollen ans andere Ufer fahren!« Das »Wir« hätte er sich wohl sparen können, denn bei keinem der Jünger wollte bei diesem Gedanken so wirklich Freude aufkommen. Grund dafür war vermutlich, dass sich ein Wetterchen am Himmel zusammenbraute, das den ortskundigen Fischern keine gute Überfahrt verhieß. Tatsächlich fuhren sie dann auch in einen heftigen Sturm hinein, derart wuchtig, dass selbst die sturmerprobten Fischer um ihr Leben fürchteten. Es war eine dieser Situationen, in denen man innerlich prophylaktisch mit dem Leben abschließend seine letzten Tweets raushaut, ganz im Sinne von: »Ich hab's dir ja gesagt, Jesus!« #grünimGesicht #überdieRelinghäng #Fischefüttern #ichhasseWasser #tschüssanalle

Jesus, der selbst mitten im Sturm friedlich auf seinem Kissen schlief, stand jedoch auf und befahl dem See: »Schweig! Sei still!« Dem Sturm ging die Luft aus und es trat eine große Stille ein. Das muss einer dieser Momente gewesen sein, in denen man von einer heiligen Ehrfurcht gepackt wird.

»So kamen sie in das Gebiet der Gerasener ...«, heißt es dann weiter. Ich mag dieses unspektakuläre »So« am Anfang. Man kann sich unschwer ausmalen, was dieses »So« alles bezeichnet: so gebeutelt, so erschöpft, so innerlich noch nachbebend, so baff, so durchnässt, so seekrank ... Aber wer meint, die Jünger hätten den Sturm überstanden, der irrt gewaltig. Ein noch viel aufwühlenderes Unwetter stand ihnen erst bevor.

Kaum war Jesus aus dem Boot gestiegen, stürzte auch schon ein Mann, der von einem bösen Geist besessen war, in seine Richtung. Sein Anblick hat wohl selbst dem robustesten Fischer noch das letzte bisschen Farbe aus dem Gesicht schwinden lassen. Wenn die Hosen der Jünger nicht schon vom Sturm nass gewesen wären, hätten sie sich spätestens jetzt kollektiv eingenässt. Du denkst wohl, ich übertreibe, aber zieh dir das rein: Nach dem Lukasevangelium war der Mann komplett nackt. Er lebte in den Grabhöhlen, war völlig wild und unmenschlich stark – man hatte versucht, ihn mit Ketten zu fesseln, die er aber einfach zerriss. Er war gemeingefährlich und terrorisierte zusammen mit einem zweiten Besessenen die ganze Region, sodass man bestimmte Straßen nicht mehr benutzen konnte – Tag und Nacht war er in den Grabhöhlen oder auf den Bergen, schrie markerschütternd und schlug mit Steinen auf sich ein. Der Mann war wohl überall verbeult, blutig, hatte vielleicht hässliche Entstellungen oder gar Knochenbrüche. Ein Anblick, den man am Abend im Bett nicht mehr aus dem Kopf kriegt, wie ich meinen Horrorthriller damals. Da der See an dieser Stelle rund 8 km breit ist, ein menschlicher Schrei aber bis zu 10 km weit hörbar, hat das Schreien des Mannes den Jüngern bestimmt eine hässliche Vorahnung beschert. Die Freude über den überstandenen Sturm und das Ankommen am anderen Ufer hielt sich vermutlich in Grenzen. Als Jesus also zu seinem unverdächtigen »Wir wollen …« ansetzte, schüttelte wohl das ganze Jünger-Kollektiv den Kopf. Niemand hatte auch nur annähernd Bock darauf, diesem »Etwas« auf der anderen Seite zu begegnen.

Der besessene Mann fiel direkt vor Jesus auf die Knie und der Dämon in ihm schrie: »Was willst du von mir, Jesus, Sohn Gottes, des Allerhöchsten? Ich beschwöre dich bei Gott: Quäle mich nicht!« Jesus fragte zurück, wie er denn hieße. »Ich heiße Legion«, war die eher unerfreuliche Antwort. Bei den Römern hatte eine Legion rund 6 000 Mann. Wahrscheinlich ist beim Wort »Legion« selbst der standhafte Petrus noch rückwärts aus den Latschen gekippt und hat sich kurz mal verabschiedet. Jesus befahl den Geistern, den Mann zu verlassen, und auf deren Wunsch hin durften sie in eine Schweineherde fahren, die in der Nähe am Berghang weidete. Das war ziemlich spektakulär – denn die rund 2 000 Schweine stürzten sich – wohl begleitet von einem ohrenbetäubenden Grunzkonzert – über die Klippe in den See. Ich höre, wie ein Jünger dem anderen bei diesem schauerlichen Anblick erbleicht ein »Ich kann nicht mehr!« zuhaucht. Wahrscheinlich hat selbst Judas in seiner Angst vergessen zu rechnen, was man mit dem Geldwert der Schweine noch alles hätte machen und ob man das Problem nicht hätte anders lösen können.

Die Schweinehirten flohen in die Stadt und die Dörfer, wie es Matthäus beschreibt, worauf sich eine große Menschenmasse aufmachte, um mit eigenen Augen zu sehen, was geschehen war. Als sie bei Jesus ankamen, trauten sie ihren Augen kaum – der Mann, der die ganze Region wohl über Jahre aufs Übelste tyrannisiert hatte, saß jetzt bei Jesus. Bekleidet und bei klarem Verstand. Was für ein gewaltiges Wunder! Mich bewegt diese geballte Ladung an transformatorischer und heilender Kraft, die uns aus dieser Story entgegenschlägt.

Was mich jedoch noch mehr erstaunt, ist die Tatsache des »Nach der Angst ist vor der Angst«-Phänomens. Als Jesus den Sturm stillte, brach bei den Jüngern nicht etwa eitle Freude aus. Nein, sondern: »Jetzt wurden sie erst recht von Furcht gepackt.« Das Gleiche geschah mit den Menschen, die in der Region des Besessenen lebten. Sie wurden von ihm terrorisiert, als Jesus aber ihr Problem löste und der Mann friedlich wie ein Lämmlein dasaß, »bekamen sie es mit der Angst zu tun« und sie drängten Jesus, ihr Gebiet zu verlassen. Wir stoßen da auf eine menschliche Reaktion, die ich immer wieder beobachte: Mehr noch als vor der unbequemen oder gar lebensbedrohlichen Situation, in der wir uns befinden, fürchten wir Menschen uns vor Veränderung. Wir haben mehr Angst vor dem Neuen, das Gott uns anbietet, als vor den üblen Umständen, in denen wir stecken.

Ich erlebe immer wieder Leute, deren ganzes Leben nach Veränderung lechzt, die nach einer Begegnung mit Gott dürsten, aber es nicht schaffen, ihre Situation loszulassen und sich von Gott verändern zu lassen – sie haben Angst, was Gott mit und aus ihnen machen könnte. Angst, der Wahrheit ins Gesicht blicken zu müssen, oder wie es Uli Eggers, ein Freund von mir, auf den Punkt gebracht hat: »Für viele ist das stille Leiden am Ist-Zustand beherrschbarer und bequemer als der Mut zur Wahrheit.«[8] Wir haben oft mehr Angst vor dem Guten, das Gott – wenn auch manchmal durch wilde Stürme hindurch – schenken möchte, als vor dem Schlechten, in dem wir drinstecken.

**Vor welcher Veränderung in deinem Leben fürchtest du dich insgeheim? Und wo brauchst du endlich mal ein »Schweig! Sei still!« von Jesus in eine aufgewühlte Situation hinein?**

## DIE ANGSTFREIE ZONE

Etwas Weiteres wird in der Sturmgeschichte ebenfalls offensichtlich: Alle haben Angst, von den Jüngern über die Dorfbewohner und die Schweinehirten bis hin zu dem Besessenen. Alle Protagonisten sind von Furcht gepackt – nur Jesus nicht! Weder im Sturm noch im Angesicht des besessenen Mannes und auch nicht im Gespräch mit einer Legion Dämonen. Jesus ist völlig angstfrei. Selbst wenn bei dir und um dich herum alles stürmt und auseinanderbricht, ist bei Jesus sturmfreie Zone.

Er ist der Ort, zu dem du dich mit deinen Ängsten flüchten kannst und wo sich die Stürme deines Lebens legen. Darum gibt es nur zwei Möglichkeiten zu leben: in der Angst oder nah bei Jesus. Wo Gott gegenwärtig ist, ist angstfreie Zone. Oder wie es Psalm 89,10 beschreibt: »Du bändigst das tobende Meer, auch wenn sich seine Wogen auftürmen – du bringst sie wieder zur Ruhe.«

Je enger wir mit Gott, dem himmlischen Vater, unterwegs sind, umso weniger beängstigt uns eine Situation, das Andersartige, das Fremde, das Neue. Das kann ich ganz ähnlich bei meinen Kindern beobachten. Alleine trauen sie sich oft nicht, ein Tier zu streicheln – wenn ich sie aber an die Hand nehme, dann stapfen sie an meiner Seite mutig überallhin mit. Als meine Zweitälteste im letzten Winter Skifahren lernen sollte, war für sie der erste Tag übel. Sie verstand den Dialekt der Skilehrerin nicht, es herrschte ein riesiges Chaos mit all den Kids und keiner der Skilehrer schien auch nur je eine Minute Didaktik-Unterricht genossen zu haben. Mir brach es fast das Herz. Sie wollte nicht Ski fahren und bekam fast gar nichts hin, weil sie Angst hatte. Fünf Tage später ergab sich ein vollkommen anderes Bild: Wir waren die Letzten auf der Piste und meine Tochter wollte partout nicht aufhören. Wie war in so kurzer Zeit eine so markante Veränderung möglich? Ich habe sie jeden Tag eine Stunde an meine Seite genommen. Sie durfte meine Stöcke halten und so sind wir nebeneinander ein ums andere Mal die Piste runtergefahren, bis die Ängste verschwunden waren. Papa an der Seite zu haben, bewirkt den Unterschied – nah bei Papa hat man als Kind keine Angst. Genauso ist es im Glauben. »Der Herr ist mein Licht und mein Heil – vor wem sollte ich mich fürchten? Der Herr ist für mein Leben wie eine schützende Burg, vor wem sollte ich erschrecken?« (Psalm 27,1).

Trotz seiner Nähe pustet Gott in deinem Leben nicht alle Stürme weg. Selbst wenn du dafür betest. Oft ist es in Stürmen eher angebracht, nach der angstfreien Zone Ausschau zu halten, dem Auge im Sturm, wo Jesus ist, und dich dann zu ihm zu gesellen. Und dann haben Stürme nicht selten auch die Eigenschaft, dass sie dich weiterbringen und Dinge wieder zurechtrütteln, etwas Verschüttetes freilegen – und Neuland eröffnen. Bei heftigem Gegenwind liegt die Entscheidung bei dir, ob du Schutzmauern baust oder Windmühlen.

**Wie kommst du mitten in den Stürmen deines Alltags in ruhige Gewässer? Wie schaffst du es, dich ins Auge des Sturms zu retten, wenn du zum Beispiel als Mama oder Papa gerade mitten in deinem Alltagschaos zu versinken drohst und ziemlich dünnhäutig unterwegs bist, sodass alles sehr bedrohlich wirkt? Wie schaffst du es, bei einem Meeting nicht aufbrausend zu reagieren, wenn dir alles gegen den Strich geht und Dinge dir ungerecht erscheinen? Was ist deine »Ich rette mich ins Auge des Sturms«-Strategie, dein »Ich hechte in die angstfreie Zone«-Notsprung?**

Angst begrenzt deinen Lebensraum und lässt deinen Glauben zu etwas Mechanischem verkommen, weil du dich ihr unterjochst. Anstatt befreit zu fliegen, wie es in der angstfreien Zone möglich ist, fühlst du dich in eine enge Box gedrückt, genau wie der kleine Kuckuck in der Kuckucksuhr, den ich bei meiner Großmutter so oft beobachtet habe. Viermal pro Stunde kam er raus und präsentierte sein mechanisches »Kuckuck«, um dann wieder im Holzgehäuse zu verschwinden. Da war nichts von Freiheit und Fliegen zu spüren – vielmehr ein seelenloses Abspulen seines eingelernten Textes, um dann wieder in der

Box zu verschwinden. Viele Menschen leben wie ein Kuckuck in der Kuckucksuhr und die Angst ist ihre Holzbox. Anstatt zu fliegen, gucken sie höchstens ab und zu mal raus, während sie versuchen, sich exakt an irgendwelche religiösen Vorschriften zu halten. Manchmal, wenn man sich dabei beobachtet, fragt man sich vielleicht: »Wie zum Kuckuck bin ich da hineingekommen?«

Gott hat dir keinen Geist der Furcht gegeben (Römer 8,15). Bleib nicht in deiner Angst-Box, die dir zwar kuschelige Sicherheit bietet, aber dich am Ende nur limitiert, begrenzt und einengt. Lass dich nicht von deinen Ängsten bestimmen. Such nach der angstfreien Zone und drück den Lichtschalter. Zum Kuckuck: Flieg! Zu nichts weniger bist du bestimmt.

# 3
# ELAST
# ISCH

Der Weitmacher

Gott führt oft durch Ängste und Stürme hindurch aus der Enge hinaus in die Weite. Entsprechend ist Weite eine der Hauptfrüchte einer neuländischen Kultur. Dabei wird alles weit: deine Erkenntnis über Gott und über dich selbst, dein Herz und auch deine Identität. Weite ergreift auch deine Erkenntnis über deine Mitmenschen – egal ob andersartig oder andersgläubig – und die Welt, in der du dich bewegst.

Ich erkenne im »Weitwerden« einen zentralen Schlüssel für ein reifes und fruchtbares Glaubensleben. Zudem ist es auch eine unabdingbare Eigenschaft für das Miteinander unter Christen. Deshalb ist dieses »In die Weite-Laufen« für mich zu einem Herzensthema geworden. Neuländisch zu leben, zu glauben, zu denken und zu handeln ist der Gegenpol zu Engstirnigkeit. Neuländisch sein heißt weit werden.

Entweder bleiben wir in unseren Ängsten, Sorgen und festgefahrenen Lebensphilosophien stecken oder lassen uns von Gott hinaus und ins Weite führen. Letzteres ist genau die Entwicklungsrichtung, die er für uns vorgesehen hat. Ernüchtert stelle ich fest, dass manche Christen diesen Weg in die Weite nicht beschreiten, weil sie irgendwo in ihrem Glaubensleben stehen geblieben sind. Sie haben sich vom Zeitgeist einlullen lassen und sind deshalb der Überzeugung, dass alles Entdeckbare schon entdeckt worden ist und sie deshalb wissen, wer und wie Gott ist, wer sie selbst sind und wie die Welt funktioniert. Manche haben auch schlicht das Bild von einem statischen Glauben, den man sich als Kind anzieht wie eine Hose und der dann ein Leben lang passt. Was für ein Trugschluss! Vor allem deshalb fatal, da er in die Enge führt. Diese Enge drückt sich oft durch Selbstablehnung, Kritikgeist, Verurteilung oder sogar das Absprechen des Glaubens von andern aus. Um solche Menschen herum und in solchen Situationen kann es dir selber eng ums Herz werden – und das ist genau das Gegenteil der erlösenden und befreienden Wirkung, die das Evangelium eigentlich hat.

**Hand aufs Herz:**
**Wo entdeckst du Ansätze von »engem« Denken oder Glauben in deinem Leben? Wo legt Gott sanft, aber bestimmt seinen Finger drauf, wenn du ihn danach fragst?**

**Es kann dir helfen, Enge bei dir zu entlarven, wenn du bewusst an andere Menschen denkst und folgende Aussagen vervollständigst:**

**Ich kann nicht ausstehen, dass sie ...**

**Mich stört, dass er ...**

**An ihrem Glauben muss falsch sein, dass ...**

**Wenn du das mal ausformuliert hast, komm darüber mit Gott ins Gespräch. Wo spricht vielleicht einfach deine menschliche Seele aus einem engen Denken, einem engen Glauben heraus? Wo hat Gott womöglich einen weiteren Blick und möchte dich liebevoll hineinführen?**

## DAS GECKO-PHÄNOMEN

»Der Herr wurde mein Halt. Er führte mich hinaus ins Weite« (Psalm 18,19b-20a; EIN). Diese beiden unscheinbaren Sätze haben sich zu Herzensversen von mir gemausert. Auf den ersten Blick ist es ja eigentlich eine unsinnige Kombination, dass etwas, das mir Halt gibt, mich gleichzeitig in die Weite führen soll. »Halt« klingt eher nach starr und »an Ort und Stelle bleibend«. Ich hab einen Anker vor Augen – ist er ausgeworfen, kann man nicht ungehindert das weite Meer befahren.

Auf den Philippinen bekam ich in diesem Zusammenhang eine unerwartete Lehrstunde. Fasziniert beobachtete ich am Abend beim einlullenden Surren des Moskito-Grills die Geckos mit ihrer außerordentlichen Fähigkeit, mit tänzerischer Leichtigkeit Wände hochzulaufen und selbst kopfüber hängend nicht runterzufallen. (Na ja … fast nie. Und wenn, dann erstaunlicherweise immer direkt auf Tamara. Sie ist wohl mit einem Gecko-Magnet ausgestattet.) Mit einer Milliarde feinster Härchen an jedem Fuß (arme Viecher eigentlich, ich finde schon die fünf bis sechs Haare auf meiner großen Zehe hässlich) sind sie in der Lage, kopfüber mit unglaublichem Tempo an der Decke herumzuwandern. Und genau da ging mir ein Licht auf: Diese Geckos leben nicht nur auf dem Boden, sondern können überall mühelos herumklettern. Ihnen erschließt sich eine ganz neue Dimension, eine neue Weite, und das nur deshalb, weil sie so guten Halt haben. Die Härchen, die ihnen Halt geben, blockieren weder noch bremsen sie, sondern eröffnen ihnen Horizonte. Genauso ist es, wenn wir in unserem Leben unsern Halt nicht in irgendwelchen Sachen suchen, sondern in Christus. Wenn er unsere Verankerung ist, wird es eben nicht eng, statisch und blockierend, wie manche fälschlicherweise vermuten, sondern elastisch, frei, weit und grenzenlos. Gewisse Dinge werden nur möglich dank diesem Halt.

Wir basteln uns aus Misstrauen jedoch oft eigene Verankerungen, einen eigenen Halt und realisieren zu spät oder gar nicht, dass diese uns zurückhalten und nicht freisetzen. So ein Pseudo-Halt kann unser Vertrauen auf unsere eigenen Fähigkeiten sein, auf unser Bankkonto (falls du Schweizer bist), auf unser theologisches Wissen, auf unseren Pastor usw. Wir basteln uns dadurch Ersatz-Christusse. Sogar Limitierungen durch Ängste können uns Halt vorgaukeln. Weil wir Angst haben, dass Gott irgendwie einschränkend und einengend sein könnte, verlassen wir uns oft auf falsche Sicherheiten.

**Wovon in deinem Leben versprichst du dir Halt und Sicherheit? Bei was denkst du: »Gott sei Dank habe ich ...«? Du musst loslassen, um das Richtige ergreifen zu können.**

Manchmal entlarvt sich unsere Enge durch abwertendes Denken über andere. »Wie kann die sich Christ nennen und gleichzeitig so etwas glauben?« »Was die da glauben, ist ja völliger Schwachsinn!« »Wenn er so lebt, kann er Jesus nicht kennen.« Unabhängig davon, ob es richtig oder falsch ist, was unser Gegenüber glaubt oder tut, ist es oft unser eigenes Denken, das eng geworden ist, unser Herz, das keinen Raum mehr für Selbsterkenntnis, Nächstenliebe und Annahme lässt. Es erachtet nur noch das Eigene als wahr und vorverurteilt alles, was davon abweicht. »Denken ist schwer, darum urteilen die meisten«, hat der Schweizer Psychologe Carl Gustav Jung dazu gesagt.[9] Christus möchte dich in die Weite hinausführen und dir gleichzeitig der nötige Halt sein. Das Wort »hinausführen« in Psalm 18 ist dasselbe Wort, das die Bibel verwendet, wenn sie davon redet, wie Gott sein Volk aus der Sklaverei, der Unterdrückung und der Enge Ägyptens hinausführte. Gott führt immer aus dem Alten hinaus ins Neue, aus dem Verlorensein in die Freiheit, aus dem Noch-nicht-Sehen in die Verheißung.

Hinausführen hat auch mit Retten zu tun. Der Name Jesu, »Jeschua' (= עושי)«, bedeutet Heil, Hilfe, Rettung und kommt vom Wortstamm »Jascha' (= עשי)«, was so viel wie »helfen, retten« heißt. Jesus rettet dich in die Weite hinaus. Eine mögliche Herkunft der Wortbedeutung von »Jascha'« ist auch »offen sein, weit und frei«[10]. Somit trägt Jesus diese Weite faszinierenderweise bereits in seinem Namen! Er ist der Retter, der Heiler, der »In die Weite«-Führende – der Weitmacher! Was für eine wohltuende Perspektive und eine Handreichung, uns liebevoll aus der Enge hinauszubegleiten.

So wie Jesus am Kreuz seine Arme weit gemacht hat, damit wir gerettet werden, macht er nun unser Herz weit, wofür auch immer es weit werden muss. Wenn Jesus mit weit ausgebreiteten Armen am Kreuz hängt, dann geht es nicht einfach nur um eine manchmal abstrakt anmutende Sündenvergebungstat. Durch sein Sterben an diesem Kreuz hat er auch »Weite« in unser Leben gebracht – diese wunderbare neuländische Komponente, die alles in unserem Leben durchdringen kann, wenn wir es zulassen.

Der auferstandene Christus ist mir zum Halt geworden. Ich habe mich in ihm verwurzelt. Wenn der Weitmacher in die verschiedenen Bereiche meines Lebens hineinkommt, dann wird es immer weit und nicht eng. Es ist das spürbare Gegenteil von einengend, verkrampfend und klammernd.

»Er führte mich hinaus ins Weite, er befreite mich, denn er hatte an mir Gefallen« (2. Samuel 22,20; EIN). Gott hat wirklich Freude daran, dich in die Weite zu führen, oder Lust, wie es Luther übersetzt hat.

Wenn wir uns bedrückt fühlen, haben wir uns vor den falschen Wagen gespannt oder spannen lassen. »Denn das Joch, das ich auferlege, drückt nicht, und die Last, die ich zu tragen gebe, ist leicht« (Matthäus 11,30). Je näher wir Gott kommen, umso leichter wiegt das Leben, umso weiter werden Dinge in unserem Denken, in unserem Glauben und unserem Alltag.

Paulus schreibt an die Korinther:

»Wir haben frei und offen mit euch geredet, liebe Korinther; wir haben euch unser Herz weit geöffnet! In unserem Inneren fehlt es nicht an Platz für euch; eng ist es in euren eigenen Herzen. Macht es doch wie wir – ich spreche zu euch als zu meinen Kindern – und öffnet auch ihr euch weit!« (2. Korinther 6,11–13).

Paulus' Herz war aber nicht immer so – er musste es von Gott erst weiten lassen. So schreibt er ein Kapitel zuvor: »Daher beurteilen wir jetzt niemand mehr nach rein menschlichen Maßstäben. Früher haben wir sogar Christus so beurteilt – heute tun wir das nicht mehr« (2. Korinther 5,16).

Bleib nicht in der Enge und lass vor allem auch nicht zu, dass sich dein Herz verhärtet und dein Denken und Glauben über die Jahre immer enger werden – Gott hat für dich den gegenteiligen Prozess vorgesehen. Glaube soll weit machen, soll trotz manchmal schweren Umständen etwas Leichtes sein. »Du hast mich nicht in die Hand meiner Feinde gegeben, weiten Raum hast du vor mir geschaffen« (Psalm 31,9).

Mein Vorschlag: Markiere innerlich gemeinsam mit Gott die Bereiche und Themen, in denen du in Gefahr bist, eng zu werden. Dann begib dich auf irgendeinen erhöhten Punkt, irgendeinen Bergspitz oder hohen Turm, wo du wunderbar in die Weite träumen kannst. Zur Not kannst du auch einfach einen Stuhl auf den Küchentisch stellen und dich draufsetzen. Bekritzele symbolisch einen Papierflieger mit dem entsprechenden Lebensbereich und lasse ihn in die Weite fliegen. Schrei ihm ein befreiendes »Jascha'« hinterher!

Ich übernehme keine Verantwortung für die Reaktionen verstörter Mitmenschen … Definitiv wirst du jedoch erleben, wie Gott es in dir weit werden lässt, wenn du dich ihm hinhältst.

## DIE PAPIERFLIEGER-BOTSCHAFT

2011 ließen ambitionierte Amateur-Wissenschaftler in einer Höhe von 37 km über Deutschland 200 Papierflieger los. Das »Project Space Planes« war von Samsung initiiert und sollte beweisen, wie robust ihre Memory-Cards sind. In solcher Höhe herrschen nämlich stattliche Temperaturen von bis zu minus 50 Grad Celsius. Die Wissenschaftler suchten nach dem perfekten Design für Papierflieger und brachten diese mit einem Wetter-Ballon so hoch wie möglich, bis dieser schließlich platzte und seine Fracht freigab. Die Flieger, jeder bestückt mit einer Speicherkarte mit persönlicher Nachricht, begannen ihre Reise irgendwo hoch über Wolfsburg. Das Verblüffende daran waren die Fundorte: Einzelne Papierflieger landeten in Kanada, in den USA, in Russland, in Indien, in Südafrika und sogar in

Australien, satte 15 000 Kilometer weit von ihrem Ursprungs-
ort entfernt.

Normalerweise kriegen wir einen Papierflieger ein paar Meter weit. Zumindest ich. Vielleicht auch ein paar Dutzend, je
nachdem, wie du ihn baust, wo du ihn abwirfst und wie der
Wind gerade so steht. Ich hatte mal bei einem großen Event
auf der Bühne einen Contest gegen einen der Musiker laufen.
Es gewann der, dessen selbst gebastelter Papierflieger am weitesten flog. Mein Gegner brachte ihn mit aller Anstrengung bis
irgendwo in die fünfte Reihe. Ich prustete siegessicher los und
schmiss dann meinen ein bisschen allzu enthusiastisch, sodass
er zu einem neckischen Looping ansetzte, um danach knapp
hinter der ersten Reihe ins Publikum zu stoßen. Es ist gar nicht
so einfach, so ein Papierding wirklich weit zu kriegen. Manchmal hat man auch keine guten Voraussetzungen, weit zu kommen, sei es wegen mangelhafter Konstruktion, unvorteilhaften
Windverhältnissen oder eben stümperhafter Wurftechnik.

Man könnte auch im eigenen Leben manchmal frustriert zum
Himmel schauen und lautstark bemängeln, dass man nicht die
optimalen Voraussetzungen bekommen hat, um ordentlich weit
zu fliegen. Bemerkenswert ist aber, dass es nicht darum geht,
ob du nun einen robusten Airbus fliegst oder nur ein Leichtflug-
zeug. Das Experiment mit den Papierfliegern über Wolfsburg
zeigt überdeutlich: Die primäre Frage ist, auf welcher Höhe du
deinen Flug startest. Das Prinzip ist simpel: Willst du weit kommen, musst du hoch hinaus. Je näher dem Himmel, umso größer
deine Reichweite. Und das bedeutet: möglichst nah zu Gott hin.
Es ist deine Nähe zu Gott, die Weite generiert. Deine Beziehung
zu ihm, die Intimität, die du mit ihm lebst, durchdringt letztendlich jeden Bereich deines Lebens und lässt dich weit werden.

Während ich beim Event nur diesen einen Wurf hatte, lebe ich
in meinem Leben mit Gott aus der Gnade heraus und vieles ist

nicht einfach eine Einweg-Papierflieger-Geschichte. Dank Gottes Gnade darf ich immer wieder zu einem neuen Wurf ansetzen.

**Wie nah bist du Gott im Moment? Was braucht es, dass du ihm näherkommst, »dem Himmel« wieder näher bist?**

Gott möchte dein Denken und deinen Glauben immer wieder weiten und ausdehnen. Das müssen wir aber auch zulassen. In Jesaja 54,2 heißt es: »Mache den Raum deines Zeltes weit und breite aus die Decken deiner Wohnstatt; spare nicht! Spann deine Seile lang und stecke deine Pflöcke fest!«

Reiß mal ein paar Pflöcke aus und steck sie mutig weiter außen als gewohnt wieder rein – spanne deine Seile weiter nach außen. Und wenn du jetzt rufst, dass das ein sehr gefährlicher Weg ist und wir aufpassen müssen, nicht zu weit zu werden und für alles offen zu sein, darfst du dich entspannen. Du gehörst dann mit Sicherheit nicht zu denjenigen, die in Gefahr sind, auf der »zu weit gewordenen« Seite vom Pferd runterzufallen. Meistens kommen nämlich genau solche warnenden Sätze von denjenigen, die alles andere als eine Zu-weit-Gefährdung besitzen. Trau dich mutig mit Gott in weites Land hinaus.

## DIE NEULAND-HIMMELSRICHTUNGEN

Wenn wir unser Leben als Land betrachten, dann können wir in verschiedene Himmelsrichtungen wachsen und an Weite gewinnen. Ich stelle hier einmal

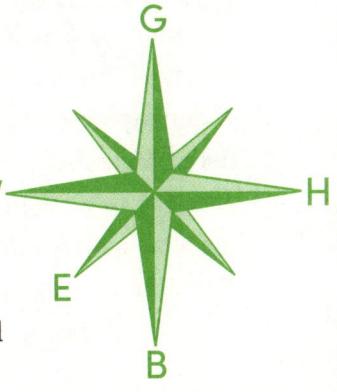

vier vor, die mir als besonders zentral erscheinen, auch wenn es noch weitere gäbe. Das Neuland »Gott«, das Neuland »Herz«, das Neuland »Beziehungen« und das Neuland »Welt«. Beim Thema »Beziehungen« ist mir die Einheit unter uns Christen besonders wichtig, deswegen behandle ich das noch als fünfte Himmelsrichtung – quasi als Südwesten.

**Das Gott-Neuland:** Vor allem anderen möchte Gott uns in die Weite führen, was die Erkenntnis und Erfahrung anbelangt, die wir über und von ihm haben. Gott ist unser Neuland par excellence. Oswald Chambers hat geschrieben: »Versuche nie, deine Erfahrungen zum Grundsatz für andere zu machen. Lass Gott mit anderen ebenso kreativ und originell umgehen wie mit dir.«[11]

Was für eine gewaltige Wahrheit! Viel zu oft ziehen wir direkte und absolute Rückschlüsse auf Gott, die allein auf unserer Erfahrung basieren. Und wenn jemand Gott dann ein wenig anders erlebt, können wir das nur schwer einordnen und haben das Gefühl, dass das dann nicht echt sein kann. Dabei übersehen wir das nicht unwesentliche Detail, dass er nicht nach unserem Bilde gemacht ist, sondern wir nach seinem. Es ist nicht schwer zu erahnen, dass ich als winziges Wesen nur einen winzigen Bruchteil von seiner universalen Persönlichkeit abzudecken und widerzuspiegeln vermag. So ist es möglich, dass Gott sich anderen Menschen völlig anders offenbart – und durch die Begegnung mit diesen Menschen kann ich nun irritiert sein, weil ich Gott anders erfahren habe, oder aber mich neugierig auf Entdeckungsreise machen und meinen Gott auf völlig neue Art und Weise kennenlernen. In ihnen und durch sie. Gleichzeitig stecken wir Gott auch oft allein dadurch in eine Box, dass wir ihn innerhalb unserer jetzigen Erkenntnis-Grenzen einpferchen. Wir lernen irgendwo, wie er sein könnte, und verändern unser vorgefasstes Bild dann nicht mehr. Auch aus der Bibel lesen wir nur das raus, was wir mit unserer Prägungsbrille reinlesen. Schau zu, dass dein Glaube elastisch bleibt!

**Das Herz-Neuland:** Gott möchte dich in Bezug auf dein eigenes Herz ins Weite führen, damit du tiefer entdeckst und erkennst, wer du bist, was deine Bestimmung ist und was sich Gott gedacht hat, als er dich schuf. Darum ist es so wichtig, dass du das Neuland deines Inneren erkundest und einnimmst. Man kann keine Reise nach außen unternehmen, ohne sich nach innen aufzumachen.

Schlangen haben ja die erstaunliche Fähigkeit, sich in ihrem Leben immer wieder zu häuten, was sie auch müssen – sie würden sich sonst in ihrer eigenen Haut nicht mehr wohlfühlen; sie würde ihnen schlichtweg zu eng. Deshalb muss sie von Zeit zu Zeit abgestreift werden und einer neuen Platz machen. Bei Jungtieren kann das monatlich geschehen, bei älteren rund dreimal im Jahr. Würden sie das nicht tun, würden sie das Schicksal von Maiskörnern teilen. Weil sich das Wasser in ihrem Innern beim Erhitzen ausdehnt, »explodiert« der Mais bei ca. 200° C. Die Schlange kann froh sein, dass sie a) nicht dermaßen rasant wächst und b) das Konzept des Häutens kennt.

Unser »Inneres« wächst auch ein Leben lang. Und wir müssen uns regelmäßig geistlich häuten und erneuern, sonst wird es eng. Ein ganz wichtiger Aspekt auf dieser Reise nach innen ist, die eigene Identität zu entdecken. Und die ist untrennbar mit dem verknüpft, was Gott in einem sieht. Er kann nicht anders, als das von ihm selbst Entworfene und Gebaute zu lieben und stolz darauf zu sein. Und wenn man sich manchmal fragt, wie das denn wohl möglich sein kann, weil man all die Ecken und Kanten sieht, dann darf man gewiss sein: Gott übersieht großzügig. Wahrscheinlich bedingt durch dasselbe Phänomen, dass der Wirtschaftswissenschaftler Michael Norton 2009 als IKEA-Effekt beschrieben hat: Menschen messen einem Gegenstand, den sie selbst gebaut haben, mehr Wert bei als einem Massenprodukt. Genau das hat in den 50er-Jahren Kuchenbackmischungen zum Erfolg verholfen. Zunächst waren sie Ladenhüter – amerikanische Frauen empfanden sie als zu einfach. Als die Hersteller jedoch die Werbung änderten und den Frauen suggerierten, dass ihre Eigenleistung immer noch wichtig war, indem sie beispielsweise frische Eier oder eine Dekoration hinzufügen mussten, konnten sich die Backmischungen durchsetzen.

Gott ist wohl dem IKEA-Effekt erlegen. Durch die Gnade, die er uns in Christus anbietet, ist er bereit, selbst die dreckigsten Flecken zu übersehen. Weil er uns dermaßen liebt und uns einen sehr viel höheren Wert beimisst, als wir uns selbst zugestehen würden.

**Das Beziehungs-Neuland:** Gott möchte dich in Bezug auf deine Mitmenschen, deine Beziehungen, ins Weite führen, damit du tiefer entdeckst und erkennst, wer die anderen wirklich sind und wie Gott sie sieht. Es ist ein Schlüssel für gesunde Beziehungen, nicht das Trennende, das Nervenaufreibende, das Konkurrierende wahrzunehmen und sich in zermürbenden Grabenkämpfen zu verstricken, sondern im Gegenüber die Ergänzung zu entdecken. Man spart auf diese Weise viel Energie, ja, setzt sie vielmehr noch frei, wenn man sich gegenseitig mit den Stärken dient und die Schwächen abdeckt. Darum ist es so wichtig, dass du das Neuland deiner Beziehungen erkundest und einnimmst.

**Das Einheits-Neuland:** Ein spezifisches Unterthema im Beziehungs-Neuland ist das Verhältnis zwischen Christen aus verschiedenen Hintergründen. Gott möchte dich ins Weite führen in Bezug auf die Einheit der Christen – etwas, das zur Zeit in einem neuen Ausmaß erlebbar ist. Es geht darum zu entdecken, dass der Krieg zu Ende ist und Gott ein Miteinander mit einer neuen Dimension schafft, um uns den Reichtum seiner Familie vor Augen zu führen.

Aufgrund von ernsthaften und oft aufrichtigen Bemühungen, um jeden Preis die Wahrheit zu bewahren und zu verteidigen, sind wir Christen oft mit unseren Geschwistern sehr lieblos umgegangen. Diese Lieblosigkeit ist am Ende aber oft bloß das Mäntelchen, das die darunter versteckte Arroganz trägt – ein Herz, das sich über andere erhebt. Lieblosigkeit ist Verrat am Glauben. Das oberste Gebot von Jesus in Markus 12,30 lautete nicht: »Du sollst die Wahrheit verteidigen, von ganzem Herzen, mit ganzer Hingabe, mit deinem ganzen Verstand und mit aller deiner Kraft!« Leider trifft bei einigen Christen die Aussage von Paulus ins Schwarze, die er in einem anderen Zusammenhang gemacht hat: »Denn an Eifer für Gottes Sache fehlt es ihnen nicht; das kann ich bezeugen. Was ihnen fehlt, ist die richtige Erkenntnis« (Römer 10,2). Deshalb wird alles angegriffen, was von der Wahrheit abzuweichen scheint. Sehr oft wird viel mehr um die Wahrheit gekämpft und darum, Recht zu haben, als um die Liebe – gerade auch in Beziehungen. Mir geht es nicht darum, die Wichtigkeit von Wahrheit zu schmälern. Wahrheit ist ein gesetzter Grundwert, aber das oberste Gebot, das wir erhalten haben, war und ist, Gott, unsere Mitmenschen und uns selbst zu lieben – mit Herz, Hingabe, Verstand und Kraft. Paulus sagt dazu:

»Wenn jemand behauptet: ›Ich liebe Gott!‹, aber seinen Bruder oder seine Schwester hasst, ist er ein Lügner. Denn wenn jemand die nicht liebt, die er sieht – seine Geschwister –, wie kann er da Gott lieben, den er nicht sieht? Denkt an das Gebot, das Gott uns gegeben hat: Wer Gott liebt, ist verpflichtet, auch die Geschwister zu lieben« (1. Johannes 4,20-21).

Die Bemühungen, die Wahrheit zu bewahren – zumindest das, was wir für wahr erachten –, hat dazu geführt, dass wir oft verletzend, diffamierend und schließlich trennend geworden sind. Doch wir sollen einander annehmen, so wie auch Christus uns angenommen hat (Römer 15,7). Wobei »annehmen« nicht bedeutet, dass wir mit allem einverstanden sein müssen.
Niemand ist davor gefeit, irgendwo einmal eifrig, aber mit mangelnder Erkenntnis unterwegs zu sein.
Genau das sollte unser Herz gegenüber anderen barmherzig und großzügig werden lassen. Als Christen müssen wir mit Jesus Schritt halten und in eine neuländische Kultur, in eine neue Weite hineinfinden.

**Das Welt-Neuland:** Gott möchte dich auch ins Weite führen in Bezug auf die Welt, damit du nicht in irgendwelchen Weltproblemen stecken bleibst und dabei deine Hoffnungsschale vom

Herzen weggeraffelt wird, wie wenn man einen Käse über die Käsereibe zieht. Es geht
darum, die viel weitere Dimension von
Gottes Reich zu entdecken. Darum
ist es so wichtig, dass du das Welt-
Neuland erkundest, mit Gottes Augen siehst und deinen Horizont neu
justierst, wie Gott in der Welt trotz po-
litischem Wirrwarr gegenwärtig ist und
was er dennoch alles wirkt.

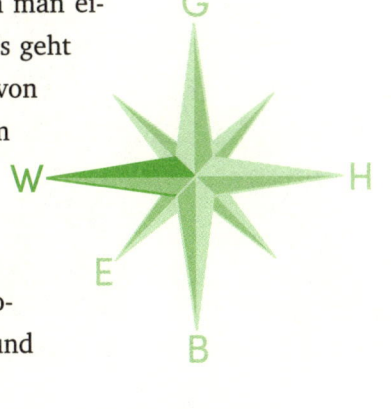

Die nächsten Kapitel beleuchten konkret, was es heißt, in diesen vier bzw. fünf Bereichen Neuland zu gewinnen. Dabei baut
alles auf der Grundlage auf, immer tiefer zu erkennen, wer
Gott ist.

# 4
# EP
# ISCH

Das Gott-Neuland

John Cage schrieb 1985 mit Hilfe eines Zufallsprogramms ein Klavierstück, das er zwei Jahre später für die Orgel adaptierte: das ORGAN²/ASLSP.[12] ASLSP steht dabei für »as slow as possible«, so langsam wie möglich, und deutet darauf hin, wie das Lied zu spielen ist. Das ist natürlich eine sehr subjektive Angabe und bei der Uraufführung entschied der Organist, das Stück auf 29 Minuten auszudehnen.

Bei einem Orgelsymposium entstand dann die Idee, die Tempoangabe noch wörtlicher zu nehmen. Als Austragungsort wählte man Halberstadt, weil dort 1361 eine der ältesten dokumentierten Orgeln der Neuzeit gebaut worden ist. Da man mit dem Stück im Jahr 2000 starten wollte und die Orgel schon 639 Jahre existierte, entschied man sich, dass es 639 Jahre dauern sollte. Also rechnete man die 8-seitige Partitur auf 639 Jahre hoch, wobei man wegen Verzögerungen erst am 5. September 2001 beginnen konnte – folglich wird das Stück bis ins Jahr 2640 zu hören sein. Den Schluss wird die 21. Generation nach mir erleben, ungefähr meine Urururururururururururururururururenkel. Da das Stück mit einer Pause beginnt, war der erste Ton, ein e'', erst am 5. Februar 2003 zu hören. Seit dem 5. Oktober 2013 flöten nun dis', ais' und e'' und am 5. September 2020 findet nach sieben Jahren der nächste Tonwechsel statt. Niemand wird in der Lage sein, dieses Stück ganz anzuhören. Wir können immer nur einem Ausschnitt beiwohnen.

Genauso ist es mit Gott selbst. Wäre er eine Melodie, so wären wir nicht in der Lage, das ganze Stück zu unseren Lebzeiten anzuhören. Seine Zeitspanne ist viel größer als unsere und er ist der Einzige, der den Überblick hat. Wir haben das Musikstück »Gott« nicht irgendwann zu Ende gehört und dann beginnt es sich einfach nur noch zu wiederholen, wie einer dieser unnötig nervenden Endlos-Musik-Schnipsel, wenn du bei einem Anruf in der Warteschlaufe hängst.

Die Komposition »Gott« ist weder fertig gespielt, wenn du in den Himmel kommst, noch hört er nach 639 Jahren auf. Sein »as slow as possible« füllt eine ganze Ewigkeit mit Musik. Ein episches Konzert. Dennoch kann man machmal das trügerische Gefühl bekommen, dass man nun doch so ziemlich alles von Gott angehört hat und sich die Akkorde nur noch wiederholen. Dabei haben wir noch nicht mal das Intro des Stücks erlebt oder, um mit einem anderen Bild zu sprechen: Wir haben noch nicht mal den »Saum seines Gewandes« erfasst. Jesaja durfte einen Blick in den Himmel werfen und war alles andere als imstande, Gott und seine Dimension zu fassen – daher murmelte er nur irgendetwas von »sein Saum füllte den Tempel« (Jesaja 6,1), und damit hatte es sich. Es gibt so viel an Gott zu entdecken, dass es gut ist, dass er sich selbst »as slow as possible« spielt – sonst würde es uns überfordern.

Gott ist das Neuland schlechthin. Wir kommen mit dem Erkunden von ihm niemals an ein Ende, stoßen nirgendwo auf eine Grenze seiner Persönlichkeit. Gleichzeitig haben wir die wundervolle Möglichkeit, nicht nur Dinge über ihn zu wissen, sondern ihn selbst immer tiefer zu erkennen. Es gibt Dinge, die außerhalb der Reichweite unserer Logik liegen. Deshalb dürfen wir Gott nicht nur so groß sein lassen, wie es unser Verstand zulässt. Gott ist nicht an die Grenze unseres Verstandes gebunden. Wir dürfen lernen, über die Grenzen hinweg zu glauben. Plane dir deshalb bewusst Zeiten ein, um immer mehr vom Neuland Gott zu entdecken. Denn alles in deinem Leben fließt aus deiner Beziehung zu Gott heraus.

**Lässt du dein Bild von Gott täglich erneuern, erweitern, vervollständigen?**

*Vielleicht wäre es mal wieder an der Zeit für einen dieser »Täglich erneuert werden«-Momente. Du kannst dich mit ihm an deinen Lieblingsplatz setzen, ihm dein Herz hinhalten und ihm die Erlaubnis geben, dir eine ganz neue Seite von sich zu offenbaren und etwas ganz Neues in dich zu pflanzen.*

# DER KLANG DES »ICH LIEBE DICH!«

Der Glaube an Gott ist nicht wie ein Polaroid-Foto, das man einmal macht und dann an die Wand hängt, damit es dort mit der Zeit einfach vergilbt. Wir haben einen Glauben, der sich immer wieder verändert, weil wir Neues an Gott entdecken. Wenn uns das nicht bewusst ist, dann wird schleichend alles farblos und steif und es bildet sich Moralin in unseren Herzen. Wir beginnen anderen zu sagen, was wahr ist und was falsch – was eigentlich immer nur bedeutet, dass meine Sache wahr und ihre falsch ist. Eine Einbahnstraße, die gleichzeitig auch Sackgasse ist. Oder wir diskreditieren sie oder sprechen ihnen den Glauben ab. Das stetige Neuentdecken von Gott hält unser Herz jedoch weich und flexibel. Wer geistlich jung und dynamisch bleiben will, muss sich ständig erneuern lassen.

Es mag für einige verwirrend sein zu realisieren, dass der eigene Glaube wandelbarer ist, als sie oft meinen. Oder als sie vielleicht hoffen, weil sie sich an etwas Festes klammern möchten. Das ist gerade dann der Fall, wenn man von der Persönlichkeit her Halt in einer klaren Struktur findet oder wie ich gerne Listen und Tabellen hätte, um das Leben damit abzugleichen. Aber so hat Gott es nicht konzipiert. Wenn wir ihn und sein Wort ernst nehmen wollen, müssen wir uns bewusst sein, dass wir alles durch die Brille der eigenen Prägung betrachten, die wir nicht einfach so ausziehen können.

Gottes Wahrheit, wie ich sie verstehe, ist immer Gottes Wahrheit durch den Filter meiner Brille. Und nach dem derzeitigen Stand meiner Erkenntnis. Genau deshalb sind andere Menschen so wichtig, weil sie dieselben Sachen manchmal anders sehen können. Genauso wenig wie wir mit dem ersten Paar Schuhe, das wir bekommen haben, durchs Leben kommen, muss auch unser Glaube aus unseren Kinderschuhen heraus – und mit uns mitwachsen.

Auffällig ist zum Beispiel, wie sich der simple Satz »Ich liebe dich!« in Bezug auf Gott über all die Jahre wandelt, wandeln darf und wandeln muss. Als kleines Kind war mein »Ich liebe dich!« frei von jeglichem Zweifel und ohne auch nur den Hauch von einem hinterfragenden Beigeschmack. Ein paar Jahre später als Teenager war mein »Ich liebe dich!« unglaublich mutig und ungestüm, oft gedankenlos und gleichzeitig manchmal richtig melodramatisch. Ich habe mich in wilde Aktionen für Jesus gestürzt und mir ganze Nächte für ihn um die Ohren gehauen, hatte Momente mit Tränen in den Augen, weil mir die unverdiente Liebe Gottes dermaßen stark bewusst geworden ist. In den Zeiten des Studiums kam die simple und naive Liebe unter Beschuss und das »Ich liebe dich!« wurde ein wenig vorsichtiger, zurückhaltender, aber damit nicht weniger ernsthaft. Als die ersten großen Tragödien im Leben von Freunden einschlugen wie Meteoriten auf einen Planeten, wurde das »Ich liebe dich!« fragender … Ich will dich lieben, aber kann ich dich lieben? Wie nah bist du mir eigentlich wirklich mit deiner Liebe? In Situationen des großen Versagens war es oft ein ziemlich schluchzendes und ein auf Angenommen-Werden hoffendes »Ich liebe dich!«. Und nach »Himmel küsst Erde«-Momenten triefte das »Ich liebe dich!« nur so von Dankbarkeit.

Jede Situation, jedes Alter, jeder Zeitabschnitt des Lebens hat sein eigenes »Ich liebe dich!«, das neu entdeckt und gefunden werden will. Es geht weder darum, das »Ich liebe dich!« der Jugend zu verachten, noch es irgendwie krampfhaft zu erhalten. Vielmehr dürfen wir immer wieder neu zu dieser ersten Liebe zurückfinden, genau wie es in der Offenbarung von den Christen in Ephesus gefordert wird (Offenbarung 2). Auch wenn sie sich dann vielleicht anders anhört. Unsere Liebe zu Gott ist immer wieder Neuland und wird neu geformt.

Wie hat das »Ich liebe dich!« von Jesus gegenüber seinem Vater geklungen, als er als Kind auf der Flucht war? Als Teenager? Damals, als bei der Taufe der Geist auf ihn herabkam? Wie hat es sich angehört, als er erlebte, wie Wasser zu Wein wurde? Wie, als er übers Wasser lief? Oder aber als er im Garten mit sich und Gott rang und wünschte, dass der bittere Kelch doch an ihm vorbeigehen würde? Als er realisierte, dass seine besten Freunde seinen einsamsten Moment einfach verschliefen? Wie war das »Ich liebe dich!,« als er am Kreuz hing? Oder direkt nach der Auferstehung?

Gott ändert sich nicht, er ist immer derselbe. Aber wir dürfen unser ganzes Leben lang mehr von ihm entdecken. Dabei sollte unser »Ich liebe dich!« nicht auf die Situation, in der wir stecken, reagieren, sondern einzig und allein auf das, was wir in Gott sehen. Wir müssen lernen, das »Ich liebe dich« Gott anzupassen und nicht unserer vorherrschenden Lebenssituation.

Ist unsere Liebe situationsbedingt, dann ist sie schnell einmal verflogen, wenn Stürme kommen. Und mit ihr unsere Nachfolge und die Anbetung. Dabei soll unsere Liebe nicht aus dem herausfließen, was Gott uns ständig zukommen lässt und wie gut es uns im Moment geht – unsere Liebe ist die einzig angemessene Reaktion auf die Tatsache, dass Gott Gott ist. Episch. Und Punkt. Gerade schwierige Umstände zwingen uns manchmal, uns ernsthaft auf die Suche nach Gott zu begeben – und unsere Liebe bekommt dadurch wieder einen neuen Farbton.

**Wie klingt dein »Ich liebe dich!« im Moment?**
**Was für eine Farbe hat deine Liebe?**

## DAS GROSSE GEHEIMNIS

Beim Einnehmen des Gott-Neulands bin ich vor einiger Zeit beim Bibellesen über das Wort »Geheimnis« gestolpert. Paulus platziert es immer wieder in seinen Briefen. Eine Stelle im ersten Kapitel des Kolosserbriefes hat meine Aufmerksamkeit gefesselt. Paulus spricht da von dem »großen Geheimnis« und hatte damit sofort meine volle Aufmerksamkeit. Geheimnisse sind immer unglaublich spannend. Meine Kinder lieben sie, können sie aber nicht wirklich gut für sich behalten. So sagte die eine zur andern freudestrahlend: »Du bekommst ein Geschenk! Ich darf nicht sagen, was es ist.« Um dann nur einen knappen Atemzug später anzufügen: »Es ist ein Prinzessinnenbuch!« Geheimnisse können auch sehr schmerzhaft werden, wenn man etwas vor anderen verbirgt – zum Beispiel wenn man seinem Partner etwas verschweigt.

Gleichzeitig gibt es wohl nichts, das sich so schnell verbreitet wie ein Geheimnis. Wenn du willst, das etwas möglichst schnell an möglichst viele Menschen kommt, dann musst du einfach zu der entsprechenden Info hinzufügen: »Es ist übrigens noch geheim!« Denn alle wollen sich die Lorbeeren dafür abholen, dass sie ihren zwei, drei besten Freunden etwas zu erzählen haben, das noch niemand weiß. Es ist ein Vertrauensbeweis. Das Enthüllen des Geheimnisses ist eigentlich nie eine große Überraschung – eher überrascht es, wenn es tatsächlich noch jemanden gibt, der nichts davon wusste.

Grundsätzlich sind positive Geheimnisse aber auch etwas Wunderschönes, weil sie Menschen miteinander verbinden. Wenn also Paulus ansetzt und von einem Geheimnis erzählt, das über Generationen verborgen gehalten wurde, nun aber enthüllt ist, dann horcht jeder auf. Und dann lässt der gute Pauli, diese alte Geheimniskrämer-Socke, die Bombe platzen: »Christus in euch – die Hoffnung auf Gottes Herrlichkeit!« (Kolosser 1,27). Wie ich diese Aussage liebe und die ganze wuchtige Dimension an tiefer Wahrheit, die untrennbar an ihr klebt (wie der Kaugummi im Haar meiner Tochter kürzlich)! Immer wieder werde ich gefragt, was denn am Christsein so spannend sein soll, was am Leben als Christ anders ist. Paulus gibt die Antwort: Es ist die Dimension, dass Christus in uns lebt.

Wenn man das mit Vers 19 in Zusammenhang bringt, wird einem erst die ganze Tragweite dieses Geheimnisses bewusst: »Ja, Gott hat beschlossen, mit der ganzen Fülle seines Wesens in ihm [Christus] zu wohnen.« Wir haben den Schöpfergott mit seinem ganzen Wesen in Christus und Christus in uns.

In dir bebt die geballte Ladung an Schöpfungskraft!

Christus in uns ist die Hoffnung und nichts und niemand sonst. Nicht deine tollen Bemühungen, dein schönes Lächeln, dein frommes Brav-zur-Kirche-Gehen, dein erschlagendes Spendenvolumen, dein ökologischer Fußabdruck, auch nicht das wortgewandte Gebet oder das durchgetimte Minuten-Programm deiner Kirche. Die einzig wahre Hoffnung ist Christus in dir. Es ist eigentlich eine ganz wilde Vorstellung, dass der heilige Schöpfergott sich nicht zu schade ist, uns als seine Wohnung zu benutzen. Wenn dir das nicht auch sanft schräg vorkommt, dann bist du einfach schon durch christliche Sozialisierung abgestumpft.

**Was sehen Menschen, wenn sie dich anschauen? Mit welchen Worten würden sie dein Leben beschreiben? Die Hoffnung ist Christus in dir! Schau also, wie du dich und dein Leben möglichst transparent hinkriegst.**

## DIE REISE GOTTES ZU DIR

Ich habe bereits darüber geschrieben, dass es essenziell ist, dass wir uns immer wieder Gott nähern. Erleichternd ist es aber zu wissen, dass Gott sich auch uns immer wieder nähert. Es ist ein markantes Kennzeichen von ihm, dass er sich diametral zu seiner Schöpfung verhält. Während das ganze Universum immer mehr auseinanderdriftet, hat Gott sich entschieden, im Laufe der Weltgeschichte immer stärker Richtung Mensch »zu driften«. Er ist seit dem heftigen Einschnitt des Sündenfalls, der uns von diesem intimen Miteinander mit ihm getrennt hat, auf einer Reise zurück in den ursprünglichen Zustand hinein, um uns Menschen nah zu sein. Dazu hat er sich immer wieder neu und anders gezeigt. Gott blieb zwar derselbe, aber er hat sich uns Menschen wiederholt in unterschiedlichen Formen geoffenbart.

Ich habe hier einmal grob ein paar markante Schritte der Reise abgebildet, die Gott gemacht hat, um dir und mir nahe zu sein. Mir ist klar, dass das sehr stark holpert – aber der Grundpuls bleibt, dass er sich uns schon allein in der Form, wie er uns begegnet, immer mehr »genähert« hat. Begonnen hat alles mit seiner ursprünglichen Idee, dem Paradies.

**ANFASSBAR NAH:** Zuerst war er dem Menschen ganz nah im gemeinsamen Garten. »Und sie hörten Gott den HERRN, wie er im Garten ging, als der Tag kühl geworden war« (1. Mose 3,8).

**AUF DISTANZ:** Dann war er durch den Sündenfall plötzlich »weit weg« und musste den Menschen aktiv nahekommen. »Da fuhr der HERR hernieder, dass er sähe die Stadt und den Turm, die die Menschenkinder bauten« (1. Mose 11,5). Seine Liebe war aber immer größer und er überwand das Trennende als ein sich uns nähernder Gott.

**EXKLUSIV:** Gott sprach durch den Geist zu einzelnen ausgewählten Personen. »Und der HERR sprach zu Abram: Geh aus deinem Vaterland und von deiner Verwandtschaft und aus deines Vaters Hause in ein Land, das ich dir zeigen will« (1. Mose 12,1). Das zog sich dann weiter mit den Propheten, Richtern, Königen und anderen ausgewählten Personen.

**ZEICHEN UND WUNDER:** Gottes Handeln durch Zeichen und Wunder war und ist bis heute immer ein Hinweis auf seine Nähe und Relevanz – er macht sich unmittelbar erfahrbar. »Und der Engel des HERRN erschien ihm in einer feurigen Flamme aus dem Dornbusch« (2. Mose 3,2).

**ALS WOLKEN- UND FEUERSÄULE:** Das war definitiv eine augenfällige Umstellung, wenn man an diesen Gott glaubte, der bis dato nur mit ausgewählten Personen sprach. Plötzlich konnte man ihn zusätzlich als Wolke oder als Feuersäule vor sich sehen. »Und der HERR zog vor ihnen her, am Tage in einer Wolkensäule, um sie den rechten Weg zu führen, und bei Nacht in einer Feuersäule, um ihnen zu leuchten, damit sie Tag und Nacht wandern konnten« (2. Mose 13,21).

**IN DER STIFTSHÜTTE/BUNDESLADE:** Er bestand nun nicht mehr aus diffusen Tröpfchen oder Flammen, sondern wurde nahbar, auch wenn das Anfassen noch verboten war. »Und sie sollen mir ein Heiligtum machen, dass ich unter ihnen wohne« (2. Mose 25,8).

**IM TEMPEL:** Als er genug vom Campen hatte, war er im Tempel zu Hause, aber nicht für alle zugänglich. Trotzdem konnte man ihn lokal zuordnen und »zu ihm hingehen«. »So habe ich nun dies Haus erwählt und geheiligt, dass mein Name dort sein soll ewiglich, und meine Augen und mein Herz sollen dort sein allezeit« (2. Chronik 7,16).

**ALS PERSON:** Hier kam es zum wohl heftigsten Bruch überhaupt: Er, der unberührbare und heilige Schöpfergott, wurde Mensch in Christus. »Er, der das Wort ist, wurde ein Mensch von Fleisch und Blut und lebte unter uns« (Johannes 1,14).

**GEIST IN UNS:** Plötzlich goss er den Heiligen Geist aus – und nicht etwa irgendwohin, sondern direkt in uns. Dieser heilige Gott will mit seinem Geist in uns wohnen. »Habt ihr denn vergessen, dass euer Körper ein Tempel des Heiligen Geistes ist? Der Geist, den Gott euch gegeben hat, wohnt in euch, und ihr gehört nicht mehr euch selbst« (1. Korinther 6,19).

**BEI GOTT:** Das Ziel Gottes ist es, dass diese einzigartige und tiefe Gemeinschaft, die er mit den Menschen ursprünglich geplant hat, wiederhergestellt wird. »Seht, die Wohnung Gottes ist jetzt bei den Menschen! Gott wird in ihrer Mitte wohnen; sie werden sein Volk sein – ein Volk aus vielen Völkern – und er selbst, ihr Gott, wird ›immer‹ bei ihnen sein« (Offenbarung 21,3).

Es ist unschwer nachzuvollziehen, dass die Menschen da nicht immer mitkamen. Stell dir vor, Gott würde uns allen offenbaren, dass er in Zukunft nur noch in Tieren lebt und durch sie zu uns spricht. Ich würde definitiv nicht so cool bleiben wie Bileam, wenn ein Esel mich anquatscht. Es wäre ziemlich energieaufreibend, mein jetziges Gottesbild anzupassen. Genauso wäre es sehr schräg für uns, mit einer Israelitin, die damals durch die Wüste wanderte, über Gott zu sprechen. Sie würde uns erklären, dass sie Gott täglich sieht – als Wolken- oder Feuersäule. Und das mit einer Selbstverständlichkeit, die dich völlig irritieren würde, wüsstest du nichts von diesen alten biblischen Geschichten. Denn du erlebst Gott womöglich eher selten als Feuersäule, die sich draußen im Vorgarten niederlässt, während du noch rasch den Rasen mähst.

Gott offenbart sich uns Menschen immer wieder neu. Da war ein Tempel, in dem er wohnte, und wenn man dem Allerheiligsten unbefugt zu nahe kam, musste man sterben. Und plötzlich war dieser heilige Gott ein Mensch, der wie wir über die Erde wandelte, der pupste und vieles mehr, das sich nicht mit dem klassischen Bild von Heiligkeit übereinbringen lässt. Eine ungeheure Vorstellung, zu der man nur mit viel Willenskraft und einer gehörigen Portion neuländischer Glaubensenergie ein Ja finden konnte.

Genau wie Barbapapa, den ich als Kind geliebt habe, hat der unveränderliche Gott immer wieder seine Form geändert –

nicht völlig unberechenbar, sondern um uns nahe zu sein. Es ist die epische Reise eines liebenden Vatergottes zurück zu uns. Näher zu uns hin. Deshalb ist seine Idee, »in uns zu leben«, auch so bestechend. Es ist nicht möglich, uns und unserem Herzen näher zu sein, als direkt in uns zu wohnen. Es ist die höchste Form der Intimität, das größte Liebesangebot, eines uns nahe sein wollenden Gottes. Er ist ein Gott, der sich ständig in Neuland hineinbewegt hat, um uns dadurch als liebender Vater zu begegnen und eine intime Gemeinschaft mit uns zu haben.

**Wo entdeckst du und wie genau erlebst du die Nähe Gottes?**

**Wie nah ist dir Gott? Wie nahe darf er dir kommen? Und wie nahe möchtest du ihm kommen?**

# DER ASAF-WEG

Es ist entscheidend, dass wir herausfinden, wie wir diesem Gott in uns begegnen können. Ich versuche im Alltag immer wieder mittendrin kurz auszusteigen, »in mich zu gehen« und Zeit mit ihm in mir zu verbringen. Dazu muss ich nicht eine Woche aus meinem Alltag raus und mich asketisch auf einen einsamen Bergspitz vors Gipfelkreuz zurückziehen. Mir reicht es oft, alles wegzulegen, was mich ablenkt, tief durchzuatmen und dann auf das achtzugeben, was in mir vorgeht. Ich brauche schlicht ein wenig Zeit, um in dem oft unübersichtlichen Haufen an Gedanken und Gefühlen die meinen von den göttlichen zu trennen. Meine nach links, die von Gott nach rechts …

und alles Undefinierbare einfach in der Mitte liegen lassen. Auf Besuch zu sein bei Gott in mir drin, klärt oftmals auf erstaunliche Weise selbst komplexe Angelegenheiten – aber mindestens genauso oft macht es mich ganz einfach ruhig und gelassen.

Asaf, einer der Vorsänger Davids, hat das auch so erlebt. In Psalm 73 beschreibt er in den Versen 1-15 eine schwierige Situation, die ihn »beinahe zum Straucheln« gebracht hätte. Sein Herz beginnt zu brodeln. Plötzlich kochen all die Gedanken und Emotionen in ihm hoch wie die Milch auf der Herdplatte. Er wird neidisch auf die Menschen, die stolz und gottlos leben, und versteht nicht, warum es ihnen trotzdem so gut geht. »Ihre Augen blicken aus einem fetten und feisten Gesicht, aus ihrem Herzen quellen böse Pläne hervor« (Vers 7). Sie reißen das Maul weit auf, sind boshaft, reden von oben herab, sind stolz und lästern, was das Zeug hält. Dabei verhöhnen sie sogar Gott – und haben trotzdem keine Sorgen und Geldprobleme. Asaf bekommt die Sache irgendwie nicht so richtig zusammen und wird den ganzen Tag von Gedanken geplagt.

Ich habe manchmal auch solche Situationen, die mich nicht mehr loslassen, und schaffe es dann nicht immer, aus dem Hamsterrad in meinem Kopf auszusteigen. Das kann dazu führen, dass ich nachts länger wach liege. Asaf hat hier einen ganz natürlichen Kampf, denn irgendwie nervt die Tatsache ja tatsächlich, dass Gottes Gnade über den Guten wie den Schlechten genau gleich ist: »Denn er lässt seine Sonne über Bösen und Guten aufgehen und lässt es regnen für Gerechte und Ungerechte« (Matthäus 5,45). Jedoch nur solange wir das Gefühl haben, zu den Guten zu gehören.

Es hat mit unserem Gerechtigkeitssinn zu tun, der ganz tief in uns steckt. Meine Kids schauen ständig, ob sie auch wirklich gleich viel gekriegt haben wie die anderen. Und sobald die eine

einen Quadratzentimeter mehr Wurst auf dem Brot der Kontra-
hentin entdeckt, hängt der Haussegen schief. Natürlich bevor-
zugen wir keines der Kinder, aber wir wollen ihnen auch bei-
bringen, dass man im Leben nicht immer gleich viel bekommt
und trotzdem glücklich sein kann. Wobei: Wie sollen sie das
begreifen, was die meisten von uns Erwachsenen noch nicht
begriffen haben? Tief in uns drin ist da immer dieser Schrei
nach Gerechtigkeit – und unser Verständnis von Gerechtigkeit
ist nicht immer deckungsgleich mit dem von Gott.

Doch mitten in Psalm 73 passiert plötzlich eine 180 Grad-
Wendung. Die Verse sind geprägt von einem völlig anderen
Tonfall:

»Aber nun bleibe ich für immer bei dir, und du hast mich bei
meiner rechten Hand gefasst. Du leitest mich nach deinem
weisen Plan und nimmst mich am Ende in Ehren auf. Wen
habe ich im Himmel außer dir? Und auch auf der Erde habe
ich nach nichts Verlangen, wenn ich nur dich bei mir weiß!
Wenn auch meine Kräfte schwinden und mein Körper mehr
und mehr verfällt, so gibt doch Gott meiner Seele Halt. Er ist
alles, was ich brauche – und das für immer! Für mich aber ist
Gottes Nähe beglückend!« (Verse 23–26.28).

Die Einheitsübersetzung übersetzt diesen letzten Vers mit:
»Gott nahe zu sein, ist mein Glück!« Wie ist es möglich, dass
Asaf dermaßen anders singen kann – als wäre ein Schalter
umgelegt worden? Den Schlüssel dazu fand ich in den Versen
16–17: »So dachte ich nach, um all dies zu begreifen, doch es
war zu schwer für mich – so lange, bis ich endlich in Gottes
Heiligtum ging.«

Asaf hat in diesen dunklen Momenten, in denen er nicht
mehr durchblickte, das einzig Richtige getan: Er hat Gottes

Heiligtum aufgesucht. Endlich, wie er selber sagt. Das ist der Asaf-Moment. Dieses »endlich« klingt, als wäre es schon längst überfällig gewesen. Genau wie vielleicht bei dir? Wann warst du zum letzten Mal bewusst in Gottes Heiligtum?

Dazu musst du nicht wie früher in den Tempel spurten und ein Schaf opfern – du bist Gottes Tempel: »Wisst ihr nicht, dass ihr Gottes Tempel seid und der Geist Gottes in euch wohnt?« (1. Korinther 3,16; LUT). Das einfachste ist also, »in dich« zu gehen, um diesem »Christus in dir« zu begegnen, von dem Paulus auch in Galater 2,20 spricht. Manchmal hilft dabei ein bestimmter Ort, ein Ort, an dem dich nichts ablenkt und der dich dabei unterstützt, dich in diese Gegenwart hineinzubewegen. Manchmal helfen Rituale, wie ein regelmäßiges oder ein vorformuliertes Gebet. Wichtig ist einfach, dass du immer wieder diese Asaf-Momente hast, bei denen du dich *endlich* ins Heiligtum aufmachst.

**Wie erlebst du Christus in dir? Wann genau bist du ihm zum letzten Mal so begegnet? Und wo genau war das?**

Das Heiligtum in dir ist am Ende nichts anderes als die Begegnung mit Christus in dir. Mit dieser neuen Person in dir, von der ich im Buch »UNFERTIG« ausführlich geschrieben habe.

Versuche herauszufinden, wo und wie du den Zugang zu diesem Raum in dir findest, in dem du Gott begegnen kannst. Denn da drin ist er tatsächlich und wartet auf dich. Das sagt er in seinem Wort: »Wenn jemand mich liebt, wird er sich nach meinem Wort richten. Mein Vater wird ihn lieben, und wir werden zu ihm kommen und bei ihm wohnen« (Johannes 14,23).

Wann hast du diese göttliche WG in dir zuletzt
aufgesucht? Und wie könntest du diese Besuche
aktiv in deinen Alltag einbauen?

# DER HEILIGE ORT IN DIR

Es läuft alles darauf hinaus, dass wir überall, wo wir sind, um Gottes Nähe wissen, in sie eintauchen und Gottes Reden in unserem Inneren vernehmen lernen. Es ist das, was die christlichen Mystiker entdeckt und über all die Jahrhunderte beschrieben haben. Sie bezeichneten es als »inneres Gebet« – »oratio mentalis«. Es geht darum, im Inneren völlig auf Gott ausgerichtet zu sein. Gerade in der orthodoxen Kirche ist nach wie vor das Jesusgebet weit verbreitet, bei dem man einübt, innerlich zu beten. Beim Einatmen sagt man (lautlos) »Herr Jesus Christus« und beim Ausatmen »Erbarme dich meiner«. Die Idee ist, dass sich dieses Gebet mit der Zeit verselbstständigt und man so zu diesem »Betet ohne Unterlass« aus 1. Thessalonicher 5,17 durchbricht, weil die Seele es im Unterbewussten weiterschwingen lässt. Während einzelne meiner Freunde damit gute Erfahrungen gemacht haben, bin ich an dem Punkt allerdings ins Stolpern gekommen, als man zusätzlich versuchen sollte, die einzelnen Worte mit dem Herzschlag abzugleichen. Dafür bin ich wohl schlicht zu wenig multitaskingfähig. Habe beinahe das Atmen vergessen, und das macht sich auf Dauer nicht ganz so gut.

Ich möchte hier aber nicht auf konkrete Formen des »inneren Gebets« eingehen – da darfst du gerne deine eigene Reise unternehmen. Faszinierend ist für mich die Entdeckung dieses

»inneren Raumes«, dieses Ortes, wo Gott wohnt. Es ist der Ort, wo ich Gott begegnen kann, eine imaginäre Kerze anzünde und Zeit mit ihm verbringe.

Der niederländische Priester und Psychologe Henri Nouwen beschreibt diese Haltung des Lauschens sehr treffend:

»Wenn uns jeden Tag dieses Hören und Lauschen wenigstens für ein paar Minuten – dort, wo wir gerade sind – gelänge, würden wir entdecken, dass wir nicht allein sind und dass der, der mit uns ist, nur das eine will: uns Liebe schenken. Das Hören auf die Stimme der Liebe erfordert, dass wir Herz und Sinn aufmerksam auf diese Stimme richten.«[13]

Er spricht davon, dass wir ein einfaches Gebet in den Raum stellen sollen, wie eine brennende Kerze in die dunkle Kammer, und dann einfach schauen müssen, dass trotz aller ablenkenden Gedanken diese Kerze nicht erlischt.

Heutzutage prasseln Impulse von überall her auf uns ein wie Hagelkörner bei einem heftigen Sommergewitter. Umso wichtiger ist es herauszufinden, wo dieser innere heilige Ort ist, an den wir uns schützend und erholend zurückziehen können.

Elisabeth von Dijon schrieb:

»Du musst Dir, so wie ich, im Inneren Deiner Seele eine kleine Zelle bauen. Du denkst dann, dass der liebe Gott darin zugegen ist, und betrittst sie von Zeit zu Zeit. Wenn Du Deine Nerven spürst oder Dich unglücklich fühlst, so flüchte Du Dich rasch dahin und vertraue dem Meister alles an. Ach, wenn Du nur eine geringe Kenntnis vom richtigen Beten hättest, dann würdest Du es nicht langweilig finden. Mir kommt es vor wie ein Ausruhen, eine Entspannung. Man begibt sich einfach zu dem, den man liebt. Man hält sich ganz in seiner Nähe auf, wie ein Kind in den Armen seiner Mutter, und lässt dann seinem Herzen freien Lauf.«[14]

Hast du diesen Raum in dir schon entdeckt? Für mich ist es zu meiner wichtigsten Gebetsform geworden – einfach mitten im Alltag kurz auf Stand-by zu gehen und rasch dort einzutauchen. Ich brauch da weder einen speziellen Platz – obwohl das natürlich sehr helfen kann – noch ein bestimmtes Umfeld. Aber ich sitze irgendwo in mir drin in diesem Raum und zünde so etwas wie eine Kerze an. Das sind nicht Stunden … oft nicht mal mehrere Minuten. Manchmal schaffe ich es auch nicht, auszusteigen und mich innerlich zurückzuziehen. Die Gedanken schweifen ab oder drehen einfach wild weiter. Aber dann wieder kann ich mich auf diese Kerze konzentrieren, die hartnäckig die Dunkelheit bekämpft, und finde mich plötzlich umgeben von einem hell leuchtenden Frieden wieder. Mein Gebet ist oft nur ein einfaches »Jesus«.

Nouwen schreibt übrigens auch, dass wir durch Üben erkennen können, »dass es in uns einen Ort gibt, an dem Gott wohnt und an dem wir eingeladen sind, mit Gott zusammen zu wohnen. Eines Tages werden wir diesen inneren, heiligen Ort als den schönsten und kostbarsten ansehen, den wir aufsuchen können, um hier zu verweilen und geistlich gestärkt zu werden.«

Vielleicht ist dir das jetzt ein wenig zu mystisch-abgespacet. Ich will dich jedoch dazu ermutigen, dich auf die Reise nach innen zu begeben – hin zu Gott in dir.

Mir geht es wie der Mystikerin und Karmelitin Teresa von Ávila, die im 16. Jahrhundert schrieb: »Hätte ich früher erkannt, was ich jetzt weiß, dass der winzige Palast meiner Seele einen so großen König beherbergt, dann hätte ich ihn nicht so häufig darin allein gelassen.«

Stell dir vor, wie dieser Raum aussieht. Was begegnet dir

alles auf der Reise dorthin? Was siehst du, wenn du an der Schwelle stehst? Und wenn du irgendwann ankommst – zünde da drin eine Kerze an und genieße. Bete. Und vor allem: Lausche.

Denke daran, dass es immer darum geht, Gott besser kennen, ihn mehr lieben zu lernen. Wenn du jemanden kennenlernen möchtest, kannst du dich nicht nur mit Wissen über ihn eindecken. Das Beste ist, Zeit mit ihm zu verbringen. Wenn du Zeit mit Gott verbringst, wird das automatisch dein Bild von ihm erweitern und dich immer wieder in überraschendes Gott-Neuland hineinführen.

**Wo ist dein Bild von Gott noch erweiterungsfähig? Wo und wie begegnest du ihm ganz persönlich?**

Es lohnt sich, in dir drin immer mal wieder bei ihm vorbeizuschauen. »Gott ist immer in uns, nur wir sind so selten zu Hause.«[15] Gott im Inneren zu begegnen, bedeutet, dass er dich auf eine Entdeckungsreise mitnimmt – nicht nur zu sich, sondern auch zu dir, zu deinem Herzen. Darum geht es im nächsten Kapitel.

# 5
# KARDI
# OLOG
# ISCH

## Das Herz-Neuland

An dir erlebst du ständige Erneuerung – nicht immer ist dir das bewusst. Wenn du zum Durchschnitt der Menschheit gehörst, hast du rund 100 000 Haare auf dem Kopf, die alle drei Tage etwa 1 mm wachsen. Auf deinem Kopf hast du also jeden Tag 30 Meter frisches Haar, in einem Monat einen satten Kilometer.[16] Gut – vielleicht gehörst du zu der Spezies, bei der bezüglich Haarwuchs schon länger keine dramatischen Neueroberungen mehr passiert sind. Dann nehmen wir einfach mal deine Haut. Während du diesen Satz liest, wurden über 50 000 Zellen in deinem Körper erneuert. Täglich verlierst du 14 Gramm tote Hornzellen. Das sind zig Millionen – und nach rund einem Monat hast du einen völlig erneuerten Zellsatz auf der Hautoberfläche. Wenn du achtzig bist, hast du wohl an die 400 kg Haut verloren. Was nicht schlecht ist – stell dir nur mal vor, sie würde nicht abfallen, es würde sich aber trotzdem ständig neue bilden … Du könntest problemlos bei Sumo-Wettkämpfen mitmachen.

Bereits Haut und Haare zeigen, wie wichtig Erneuerung für uns Menschen ist. Was unser Körper äußerlich macht, muss unser Inneres ebenso tun. Das betrifft auch unseren neuen Geist und das neue Herz, das wir geschenkt bekommen haben (Hesekiel 36,26). Sie müssen sich wie ein Computer regelmäßig himmlische Updates herunterladen, sich erneuern, damit sie weiter fit bleiben und wachsen. Paulus drückt es so aus: »Mögen auch die Kräfte unseres äußeren Menschen aufgerieben werden – unser innerer Mensch wird Tag für Tag erneuert« (2. Korinther 4,16).

Ein absolut faszinierender Vers mit einer wegweisenden Aussage. Unser Inneres ist »mit Haut und Haar« auf tägliche Erneuerung ausgelegt! Es ist einfach nur gut, wenn wir das zulassen und auch aktiv danach suchen. Leider nehmen wir die innere Erneuerung manchmal nicht so wichtig – während es bei anderen Sachen im Leben völlig selbstverständlich ist. Ich habe noch nicht viele Leute erlebt, die gesagt haben: »Nö, ich wechsle meine Unterhose heute nicht, das mache ich immer nur am Ersten des Monats!« Gott hat dein Inneres auf stetiges Neuwerden ausgelegt. Es ist ein unablässiger Prozess der Reformation – für deinen Geist genauso wie für dein Herz. Das hat jedoch überhaupt nichts mit Anstrengung zu tun. Atmen, Herzschlag und Essen sind auch Prozesse, die wir ständig wiederholen müssen, und sie alle sind lebensspendend hilfreich bis wohltuend schön.

Im letzten Sommer stand ich am isländischen Kontinentalgraben, wo die Eurasische Platte auf die Amerikanische trifft. Wobei »Aufeinandertreffen« nicht ganz korrekt ist, da die beiden Platten vielmehr rund 2 cm pro Jahr auseinanderdriften. Dazwischen entstand über lange Zeit ein mehrere Kilometer breiter Graben, gefüllt mit Lava-Material: wortwörtlich Neuland! Auf diesem neuen Land stehend habe ich plötzlich begriffen, dass Gott genau so etwas mit meinem Innern machen will. Er weitet unser Herz und unseren Geist in alle Richtungen, er setzt die von uns errichteten Grenzzäune weiter, sofern wir das zulassen. Und während die Herzens-Kontinentalplatten ganz langsam und oft nicht sichtbar auseinanderdriften, entsteht dazwischen völlig neuer Raum: Herz-Neuland. Wir müssen es bewusst einnehmen und besiedeln, Neues dort anpflanzen. Es ist am Anfang wüst und leer, aber Gott bringt Klarheit und Leben hinein, wie er es schon bei der Schöpfung gemacht hat. Auch die war am Anfang »Tohuwabohu«, wüst und leer, bis er sprach. Er trennte Licht vom Dunkel und brachte Klarheit hinein.

Damit dein Herz-Neuland fruchtbar wird, muss du Gott seine fruchtbringenden Worte in dein Leben hineinsprechen lassen. Ihnen Raum geben und sie annehmen.

# HERZENSREISE

Die innere Erneuerung ist essentiell für unser Glaubens(über-)
leben. Wenn wir unserem Inneren nicht Sorge tragen, es durch
Gott nicht ständig erneuern lassen, dann beginnen Dinge ab-
zusterben und unser Leben wird kraft- und leblos. »Mehr als
alles, was man sonst bewahrt, behüte dein Herz! Denn in ihm
entspringt die Quelle des Lebens« (Sprüche 4,23; ELB). Dieses
Innere ist der Ausgangspunkt für alles, was wir nach außen hin
tun und bewegen. Ist das Innere »sauber«, entspringt unserem
Leben viel Frucht und es wird lebendig um uns herum. Als Gott
Saul durch einen neuen König ersetzen musste, suchte er nicht
nach Äußerlichkeiten, sondern nach einem Herz, das nach ihm
suchte. »Ein Mensch sieht, was vor Augen ist; der HERR aber
sieht das Herz an« (1. Samuel 16,7). Aus einem solchen Herzen entspringt automatisch Leben. Es ist auch das, was Gott
interessiert, wenn er dich anschaut. Darum solltest du mehr als
auf alles andere auf eines achten: Investiere täglich mindestens
so viel Zeit vor Gott in dein Herz, wie vor dem Spiegel in dein
Äußeres. Dein Herz ist die Quelle von all deinem Reden und
Handeln.

Viele Menschen sind bewusst oder unbewusst stark beschäftigt mit ihrer Performance: Wie wirke ich auf andere? Wie
wird das gesehen, was ich mache? Was denken andere über
mich? Wo müsste ich besser werden, um von Menschen oder
Gott noch mehr geliebt zu werden? Sieht jemand, was ich für
Gott leiste? Sieht er es? Aber Gott stellt dir einfach immer wieder nur diese eine Frage: Wo ist dein Herz? Oder, wie Jesus es
bei Petrus formuliert hat: »Simon, Sohn des Johannes, hast du
mich lieb?« (Johannes 21,15-17).

Dein Herz ist wie ein Garten – da wächst nur das Gute, das gesät worden ist. Wenn du gute Frucht sehen willst, musst du gute Samen säen oder Pflanzen setzen. Du kannst nicht ein paar faulige Kartoffeln verbuddeln und dann hoffen, dass irgendwann prall-rote Tomaten wachsen. Dazu kommt, dass du das Reingesteckte auch richtig kultivieren und bewässern musst, sonst gedeiht es nicht oder wird von Dingen überwuchert, die du nicht gewollt hast. Ich kenne das von unserem Garten und aus anderen Bereichen meines persönlichen Lebens: Nur weil ich jeden Morgen ein Croissant verdrücke, werde ich in den nächsten Ferien in Frankeich nicht plötzlich fließend Französisch sprechen. Ich muss mir Zeit nehmen und mit meiner Franz-App büffeln. Dasselbe gilt für meinen Körper – ich möchte fit bleiben, aber dafür muss ich regelmäßig Bewegung haben. Esse ich nur Croissants und bewege mich nicht, dann nehmen mein Franz-Volumen ab und mein Körper-Volumen zu.

Mit gesundem Herzen unterwegs zu sein, verlangt Investment, und zwar das richtige. Deshalb ist es so zentral, dass wir immer wieder Gottes Herz suchen und unser Herz mit seinen Gedanken und Verheißungen füllen – damit diese Dinge in unserem Leben gedeihen und Frucht bringen.

Wer sich auf eine Reise ins Neuland aufmacht, begibt sich damit unweigerlich auch auf eine Reise zu seinem Herzen – hin zu Gott und hin zu sich selbst. Nur in dem Maß, wie wir ihn und in Folge uns selbst erkannt haben, uns unserer Identität in ihm bewusst sind, können wir auf gesunde Weise den Weg in das starten, was er für uns vorbereitet hat. Es ist wie bei einem Baum – er kann nicht weit zum Himmel wachsen, wenn er nicht parallel dazu Wurzeln in die entgegengesetzte Richtung schlägt.

In diesem Sinn ist der Vers in Jeremia 4,3 »Pflügt euch Neuland und sät nicht unter die Dornen!« interessant, und er hat eine spannende Fortsetzung: »Beschneidet euch für den HERRN und entfernt die Vorhäute eurer Herzen« (Jeremia 4,4; ELB). Gott stellt Neuland hier in Zusammenhang mit unserem Herzen. Viele Jahre habe ich insgeheim mit der Überzeugung gelebt, dass mein Glaubensverständnis irgendwie vollständiger wäre als dasjenige von anderen Christen. Ich dachte, dass es wichtig wäre, in bestimmten Themen ganz klar zu sein und das auch zu kommunizieren, um den »wahren« Gehalt des Glaubens zu bewahren. Tatsächlich gibt es Kernpunkte des Glaubens, die es zu bewahren gilt. – hinter einigen meiner starken Überzeugungen entdeckte ich aber falsche Antreiber. Es handelte sich um versteckte Lieblosigkeit, Unsicherheit und Überheblichkeit.

In all den Jahren, in denen ich nun mit Gott unterwegs bin, hat Gott mich immer wieder liebevoll an solche Bereiche herangeführt und zärtlich gefragt, ob ich bereit wäre, diesen Herzensbereich beschneiden zu lassen. Gott sei Dank ist er so wunderbar geduldig und liebevoll mit mir – und es ist immens wichtig, dass wir ebenso geduldig und liebevoll beginnen, mit unseren Mitmenschen unterwegs zu sein, ohne ständig zu erwarten, dass sie in den nächsten Wochen und Monaten nun endlich dieselben Prozesse machen müssen, die wir schon lange hinter uns gebracht haben. Vielmehr können wir lernen, Gott in anderen zu vertrauen – da nicht wir es sind, die in ihnen wohnen und das aushalten müssen. Er tut es. Er kann es. Er liebt es – und er ist darin geduldiger als wir, gnädiger als wir und liebevoller als wir.

Gott geht es um das Neuland in dir – um das, was in deinem Innern geschieht. Die äußere Beschneidung, die im Alten Testament vorgeschrieben war, war wertlos, wenn sie nicht mit einer inneren einherging (Römer 2,29). Jesus hat rein religiöses Verhalten ohne lebendigen Glauben oder die richtige Herzenshaltung immer auf Schärfste kritisiert. Religiöse Richtigkeit ist nichtig, solange nicht das Innere stimmt.

Fromme Rituale können für den Glauben sehr hilfreich sein, aber sie müssen aus dem richtigen Grund erwachsen. Das Herz ist der springende Punkt für alles. Deshalb betet Paulus für die Epheser auch um innere Kraft und Stärke. »Es ist mein Gebet, dass Christus aufgrund des Glaubens in euren Herzen wohnt und dass euer Leben in der Liebe verwurzelt und auf das Fundament der Liebe gegründet ist« (Epheser 3,17). Gott ist in uns drin, mit seiner unerschöpflichen Kraft in uns am Werk und kann viel mehr tun, als wir erbitten oder uns ausmalen können, wie Paulus es beschreibt (Vers 20). Es ist viel beeindruckender, Gott in die schwachen Bereiche unserer Persönlichkeit hineinzulassen und ihm dort immer mehr Raum zu geben, als aus eigener Kraft krampfhaft zu versuchen, ein netterer und frömmerer Mensch zu sein. Natürlich geht es nicht darum, sich faul in die Passivität zu flüchten und Gott die ganzen Veränderungsprozesse zu überlassen. Aber wenn Gott nicht aktiv mit seinem kraftvollen Geist an und in uns wirkt, dann werden wir in vielen Bereichen nur ganz wenig Veränderung sehen.

Ohne die Reise nach innen ist die Reise nach außen fruchtlos. Die Reise zu deinem Herzen ist auch der Schlüssel für die Reise zu deiner Identität: wer du in Wahrheit vor Gott bist und was er mit dir und durch dich vorhat. Und da haben viele Christen ihr Potenzial wohl nicht annähernd ausgeschöpft.

# GOTTESSICHT

Stell dir vor, du kriegst eine Pizza geliefert – ohne die Schachtel. Dem Auslieferer hängt der Teig bereits den ganzen Arm runter, die Beilagen sind unterwegs verloren gegangen, von Tomatensauce ist nur noch auf seinem Shirt was zu sehen. Unterschätze nie den Wert einer Pizza-Schachtel. Ihr Wert definiert sich durch ihre Identität, und die hat mit Herkunft und Inhalt zu tun. Genauso ist es mit dir. Deine Identität wird durch deine Herkunft und deinen Inhalt definiert. Die Herkunft ist Gott – aus Gott geboren (Johannes 1,13), als Inhalt ist Christus gedacht (Johannes 1,12). Diese Herkunft und dieser Inhalt definieren, wie unglaublich wertvoll du bist.

Jesus ist immer wieder auf Menschen zugegangen, um ihnen den Blick für ihre wahre Identität zu weiten. Er trifft auf Petrus und spricht ihm direkt zu: »Du bist Simon, der Sohn des Johannes. Du sollst Kephas heißen« (Johannes 1,42). Kephas ist das hebräische Wort für Petrus und bedeutet »Fels«. Gott hatte Petrus dazu bestimmt, ein Fels zu sein, und wollte seine Gemeinde auf ihn bauen. Für Petrus, der oft übereifrig übers Ziel hinausschoss, war das bis dahin Terra Incognita, unbekanntes Land – aber Gott wusste genau, was er in Petrus angelegt hatte.

Eine meiner Lieblings-»Ich spreche deine wahre Identität an«-Storys in der Bibel ist die von Gideon (ab Richter 6,11). Während er Weizen drosch, wurde er von einem Engel Gottes besucht, der ihn wie folgt ansprach: »Der HERR mit dir, du streitbarer Held!« Was für eine Begrüßung! Dabei war Gideon alles andere als ein Held. Das ganze Volk Israel versteckte sich in den Bergen, in Höhlen, Schluchten und Festungen vor den Midianitern. Gideon selber war bis dahin nicht der große Befreier, der wie Simson nach ihm immer wieder ein paar Feinde aus dem Weg räumte. Vielmehr hielt er sich versteckt wie alle anderen und drosch heimlich seinen Weizen.

Vielleicht hat diese Begrüßung in seinen Ohren ironisch geklungen. Jedenfalls ging er gar nicht darauf ein, sondern begann sofort, über seine Situation zu jammern und Gott zu hinterfragen. Der Engel entgegnete daraufhin, dass in Gideon die Kraft steckte, diese Situation zu verändern, und dass Gott ihn sandte (Vers 14). Gideon ließ sich allerdings nicht so leicht überzeugen und brachte zig Argumente vor, warum er kein Held war – dass er aus dem geringsten Stamm komme und außerdem der Jüngste in der Familie sei.

Ich habe beim Lesen immer das Gefühl, dass er diesen Mann, dem er das Engel-Dings nicht so richtig abnahm, irgendwie loswerden wollte. Er verlangte ein Zeichen von Gott und wollte ihm erst einmal etwas zu essen vorsetzen – ein schönes Ziegenböcklein. Um so ein Ziegenböcklein zu garen, brauchte man jedoch nicht einfach nur ein Stündchen im Steamer. Als wir auf den Philippinen eine Woche auf dem Land verbrachten, haben die Leute vor Ort zwei Ziegen für ein Fest geschlachtet. Meine Kids hatten sie eine Woche lang bestaunt und gestreichelt, bis sie plötzlich auf dem Tisch lagen. Seitdem wissen sie unumstößlich, dass Fleisch nicht einfach aus dem Supermarkt kommt. Wir haben zugeschaut, wie zuerst das Blut abgelassen wurde, wie drei Männer die Tiere mit großen Messern geschoren und in kochendes Wasser gelegt haben, wie man sie mit einem Hackbeil zerstückelte … irgendwann bin ich mit den zwei Jüngsten verschwunden, da sie doch ordentlich bleich um die Nase wurden. Das ganze Prozedere hat stundenlang gedauert – das Essen hatten wir dann erst am nächsten Tag auf dem Tisch. Gideon wird das kaum schneller hinbekommen haben. Ich habe das Gefühl, dass er versucht hat, so viel Zeit wie möglich herauszuschinden. Insgeheim hat er wohl gehofft, dass der

Mann nach ein paar Stunden nicht mehr da sein würde und er so irgendwelchen Aufträgen von Gott entgehen könnte. Leider ging seine Geißbock-Strategie nicht auf, der Mann war noch da und Gideon bekam nicht nur ein Zeichen, sondern gleich mehrere.

**Was hättest du an Gideons Stelle getan? Wäre es dir leicht gefallen, den Zuspruch Gottes über dir anzunehmen? Oder fällt es dir leichter, das zu glauben, was Menschen über dir aussprechen?**

Ich jedenfalls habe mich schon oft dabei ertappt, wie ich mich vor Situationen drücken wollte und vor Gott versteckt habe. Zweimal hintereinander sprach Gott Gideons Identität an – das, was noch nicht sichtbar für die Menschen und Gideon selber war. Gott jedoch hatte die Helden-Identität schon lange, bevor sie irgendjemand sehen konnte, in Gideon eingepflanzt.

Ich habe meine Jugend im CVJM verbracht und war Hilfsleiter, als ich mitbekam, dass der Hauptleiter in ein paar Monaten aufhören würde. Obwohl ich seither in Freizeit und Beruf viel Leitungsverantwortung übernommen habe, sah ich mich damals überhaupt nicht als Leiterpersönlichkeit. Aus Angst, die Gruppe übernehmen zu müssen, trat ich noch vor meinem Leiter rasch aus dem CVJM aus.

Unsere Gedanken und auch die Stimmen von Menschen – ob gut oder schlecht gemeint – führen uns oft in die Irre. Gottes Stimme jedoch führt uns in die Wahrheit über uns selbst hinein – direkt in unsere neuländische Identität.

Paulus hat damals, als er das Evangelium verkündete, genau diesen anderen Weg gewählt: »Es geht uns nicht darum, Menschen zu gefallen, sondern ihm, der unser Innerstes kennt und prüft« (1. Thessalonicher 2,4b).

**Was von dieser neuländischen Identität, die Gott in dich hineingelegt hat, hast du bis jetzt schon entdeckt?**

Oft schielen wir nach Eigenschaften von Mitmenschen, weil die uns sehr viel attraktiver scheinen als das, was wir haben. Aber Gott macht keine Fehler und hat sich dich sehr gut durchdacht. Versuch nicht angestrengt, etwas anderes zu leben und jemand anderes zu sein, sondern entdecke die Kraft, die in dem steckt, was Gott in dich hineingelegt hat.

**Wie würde Gott dich wohl ansprechen?**

# OVOAUSGUSS

»Die Liebe Gottes ist ausgegossen in unsre Herzen durch den Heiligen Geist, der uns gegeben ist«, heißt es in Römer 5,5 (LUT). Die Übersetzung gibt den Inhalt allerdings nicht ganz exakt wieder. Es heißt eben eigentlich nicht, dass diese Liebe Gottes in UNSERE Herzen ausgegossen ist, sondern dass sie in UNSEREN Herzen ausgegossen ist.

Wenn du nicht ganz so sprachaffin bist, dann denkst du womöglich, dass dieses »n« penible Buchstabenklauberei ist. Tatsächlich aber verändert es das Bild entscheidend. Das »en tais kardiaís« des Grundtextes ist als Dativ, also als Ortsbezeichnung, zu deuten und nicht als Akkusativ, der daraus eine Richtungsangabe macht. Die Liebe kommt also nicht von irgendwo außen her, sondern von innen.

Kürzlich hat meine Tochter mit ihrem Becher Ovomaltine gespielt – das typische Abendgetränk aller Schweizer Kinder. Plötzlich goss sich der ganze Inhalt über den Tisch in unser Wohnzimmer hinein. Von außen betrachtet könnte man es beschreiben als: »Die Ovomaltine meiner Tochter ist ausgegossen in unsere Räumlichkeiten«. Aber das wäre genauso knapp daneben wie diese Übersetzung des Römerverses. Denn tatsächlich ist »die Ovomaltine meiner Tochter ausgegossen in UNSEREN Räumlichkeiten«.

Der springende Punkt ist, dass niemand von außen mit einer überdimensionierten Gießkanne Ovomaltine in unser Wohnzimmer hineingegossen hat. Die Ovomaltine war schon vorher im Wohnzimmer drin. Dort wurde sie ausgegossen. Genauso ist es mit der Liebe Gottes, die deine Identität ausmacht. Sie wird nicht von außen mit einer himmlischen Kanne in dich hineingegossen. Nein, sie steckt durch Gottes Geist bereits als unversiegbare Quelle in dir drin, wenn du Christus in dir aufgenommen hast. Dort wird sie dann ausgegossen. Und das hat mit deiner Identität zu tun – sie kommt von innen heraus und du darfst lernen, dieser Quelle der Liebe in dir drin zu vertrauen und aus ihr heraus zu leben.

Lass zu, dass Gott in dir diese Liebe ausgießt. Immer mehr und unaufhörlich. Dadurch bekommst du ein unzerstörbares Fundament, eine klare Grundlagen-Identität: »Denn ihr habt nicht einen Geist der Knechtschaft empfangen, dass ihr euch abermals fürchten müsstet; sondern ihr habt einen Geist der Kindschaft empfangen, durch den wir rufen: Abba, lieber Vater!« (Römer 8,15; LUT).

Jeder hat in seinem Leben verschiedene Rollen, denen sie oder er gerecht werden muss. Ich bin Ehemann, Vater, Freund, Leiter einer Missions- und Schulungsbewegung, Prediger, Tennispartner usw. All das aber baut auf einer Identität auf, die mir von Gott her primär zugedacht ist: Sohn Gottes. Und die ist in mir angelegt. Alle anderen Aufgaben soll ich aus dieser Identität heraus leben. Genauso hat es Jesus gemacht – nicht zufällig begann sein kraftvolles Wirken, nachdem Gott akustisch hörbar aussprach: »Dies ist mein geliebter Sohn, an ihm habe ich Freude« (Matthäus 3,17). Gott hat Jesus seine Identität bestätigt und zugesprochen. Und aus dieser gefestigten und klaren Identität konnte Jesus durch den Geist kraftvoll leben.

Wenn ich nach Hause komme, dann laufen mir manchmal vier Mädchen mit strahlenden Augen entgegen, schreien »Papa, Papa!« und klammern sich an meine Beine. Das sind wunderbar erhebende Momente im Leben eines Vaters. Zu spüren, dass die Kinder einen wirklich brauchen und vermissen – danach sehnt sich auch Gottes Vaterherz. Dass wir uns bei ihm festklammern und »Abba, Papa!« rufen.

Wie Gott seinem Sohn die Identität zugesprochen hat, versuche ich ihnen täglich zuzusprechen, dass sie meine geliebten Töchter sind. Und als Töchter des Königs aller Könige auch Prinzessinnen. Daher sage ich ihnen ganz oft beim Gute-Nacht-Sagen: »Gute Nacht, Prinzessin ...«

Tatsächlich ist diese Identität bis auf ihren Herzensboden gesackt. Als sie im Kindergarten am 6.1., dem Dreikönigstag, einmal den traditionellen Dreikönigskuchen aßen, meinte unser Nachbarsjunge: »Wir haben auch so ein Dreikönigsbrot zu Hause.« Worauf meine Tochter selbstbewusst und als wäre es das Natürlichste der Welt entgegnete: »Wir nicht. Aber wir sind sowieso alle eine Prinzessin!« Sie hat ihre Identität verinnerlicht.

Manchmal haben wir nur diesen sanften Twist nicht verstanden, dass wir als Kinder Gottes Prinzessinnen und Prinzen des Königs sind – aber nicht der König selbst! Und genau das führt zu Verwirrung in vielen Leben: Wir wollen selber die Königin, der König sein. Wir wollen über unser Reich herrschen. Wir wollen selbst die Regeln setzen und bestimmen, wie es läuft. Wir wollen entscheiden, wer Zutritt kriegt und wem wir das Visum verweigern.

Jesus hat bis zu diesem »Dies ist mein geliebter Sohn …« nicht das kleinste Wunder vollbracht, man liest nichts davon, dass er das Wasser in der Badewanne geteilt, seine Frühstücksmilch in Orangensaft verwandelt oder auf dem Pausenhof nach Schulschluss einen Schokoladenriegel hundertfach vermehrt hat. Er war einfach. Und trotzdem hatte er immer diese Identität »Sohn des himmlischen Vaters«.

Auch bei meinen Töchtern ist die Kindschaft nicht abhängig von ihren Leistungen. Als die Älteste mit einer Zeichnung von unserem Haus zu mir kam, war mein spontaner Ausruf: »Wow! Was für ein wunderschönes Haus! Das ist ja toll!« Da die Zweitälteste sehr gerne auch eine solche Reaktion von mir hören wollte, kam sie nur Minuten später ebenfalls mit etwas an. Sie hatte ein paar Blätter Papier – bestimmt liebevoll – zu einem Etwas zusammengeklebt. Tatsächlich war überhaupt nicht auszumachen, was das wilde Klebe-Dings darstellen könnte. Aber natürlich habe ich nicht gerufen: »Uh, wähhh!!! Was ist denn das für eine hässliche Kleberei?« Meine Reaktion war unabhängig von dem Resultat genau dieselbe wie bei der Ältesten: »Wow! Was für ein wunderschönes Klebe-Dings! Das ist ja toll!« Denn ich wollte nicht ihre Leistung vergleichen, sondern ihre Bemühung wertschätzen. Vor allem aber wollte ich ihnen Gutes zusprechen, weil sie beide meine Töchter sind. Die Frage ist auch bei dir nicht, was du alles leistest oder nicht. Gott liebt dich als Tochter, als Sohn. Sie ist eher, warum du seine Liebe vielleicht nicht immer so bedingungslos an dich ranlässt. Suche nach dieser unerschöpflichen Liebesquelle in dir, damit sich deine Identität klärt.

# KINDSEIN

Es ist gigantisch kraftvoll, dass der Schöpfergott dir und mir anbietet, uns in seine Familie hineinzuadoptieren. Und obwohl viele Menschen dieses Adoptionsangebot zwar angenommen haben, haben sie nicht verstanden, dass sie damit aus einer neuen Identität heraus leben können. Sie leben nicht als Sohn und Tochter vom himmlischen Vater, sondern verhalten sich immer noch wie Knechte. »Weil ihr nun Kinder seid, hat Gott den Geist seines Sohnes gesandt in unsre Herzen, der da ruft: Abba, lieber Vater! So bist du nun nicht mehr Knecht, sondern Kind; wenn aber Kind, dann auch Erbe durch Gott« (Galater 4,6-7; LUT).

Im Wesentlichen wartet ein Knecht oder eine Magd auf drei Dinge – auf einen Auftrag, auf einen Lohn und auf Freizeit. Das können wir auch im Leben von uns Christen immer wieder beobachten. Wir warten darauf, dass Gott uns einen Auftrag gibt, und wagen nicht, selbst Entscheidungen zu treffen. Natürlich klingt es fromm, wenn man alles mit Gott absprechen will. Aber dadurch, dass wir Miterben sind, hat Gott uns auch Verantwortung für unser Leben übertragen. Meine Kinder stehen nicht alle fünf Minuten vor mir, um zu fragen, was sie als Nächstes spielen sollen. Sie dürfen das tun, was ihnen Freude macht. Und ich bin als Papa einfach dabei, von der Zirkusvorstellung auf dem Trampolin über ein Federballturnier auf dem Parkplatz bis hin zum Basteln eines zwei Meter großen Papierfliegers.

Manchmal haben wir auch das Gefühl, wir hätten Anspruch auf Lohn bei Gott und warten ständig darauf, dass sich unser Engagement irgendwie auszahlt. »Jetzt habe ich zwanzig Jahre für dich in dieser Gemeinde mitgearbeitet und nun passiert mir so etwas?« Wir denken, Gott muss mächtig froh sein, dass wir seinem Sohn nachfolgen. Wir summieren unsere Dienste und Aktivtäten auf einer imaginären Liste auf, um sie Gott dann bei Schicksalsschlägen unter die Nase zu reiben: »Im Ernst jetzt, Gott? Das kannst du nicht machen, schließlich habe ich …!« Ganz klar die Denkweise eines knechtischen Geistes.

Als Drittes warten Mägde und Knechte auf Freizeit – genau wie manche Christen meinen, von ihrem Glauben oder dem anstrengenden frommen Leben mal eine Pause zu brauchen. Vielleicht ist deine Freizeit die Zeit zwischen den Gottesdiensten oder einfach von Montag bis Freitag oder in den Ferien. Du nimmst dir ein »Glaubens-Sabbatical« oder ein kurzes Timeout, um Dinge heimlich zu tun, weil du denkst, dass das auf keinen Fall zu einem christlichen Leben gehören darf.

Im Glauben zu knechten, ist auf Dauer unglaublich anstrengend. Gott hat uns nicht in eine Knechtschaft berufen, sondern in eine Kindschaft! Wir müssen weder auf Aufträge noch auf Lohn warten, da wir bereits Miterben von allem sind – und erst recht brauchen wir keine Freizeit von unserer Kindschaft. Beim Beispiel der zwei Brüder in Lukas 15 sehen wir überdeutlich, dass beide überhaupt nicht verstanden haben, was Kindschaft ist:

Der Erste will endlich seinen »Lohn«, einen Teil seines Erbes – das, was »ihm zusteht«, wie er es nennt. Das ist eindeutig die Sprache eines Knechtes. Er will weggehen, endlich mal »Freizeit« haben und Distanz. Er sucht nach Abenteuer und Neuland und begreift nicht, dass er bereits im Neuland lebt und das Lebensabenteuer darin besteht, es zu erkunden. Dann landet er am Tiefpunkt seines Lebens und traut sich fast nicht mehr zu seinem Vater zurück. Er denkt, dass er nur noch als Knecht zurückkommen kann, nicht mehr als Sohn. Das zeigt, dass er seinen Vater nicht wirklich kennt, obwohl er bei ihm aufgewachsen ist. Würde er ihn kennen, wüsste er, dass er ihm vergeben wird und ihn sehnlichst vermisst!

Der Sohn legt sich sein »Ich habe gesündigt und bin es nicht mehr wert, dein Sohn zu sein!«-Sprüchlein zurecht, aber bevor er noch das erste Wort herausbekommt, findet er sich schon in den Armen seines Vaters wieder: »Dieser sah ihn schon von Weitem kommen; voller Mitleid lief er ihm entgegen, fiel ihm um den Hals und küsste ihn« (Lukas 15,20). Er hat dann seinen Satz, den er sich vorher wohl bei jedem Schritt in Richtung Zuhause vorgebetet hat, doch noch heruntergeleiert – aber wahrscheinlich war er kaum hörbar, weil sein Gesicht so stark an die Brust seines Vaters gedrückt war. Jedenfalls geht sein Vater überhaupt nicht auf dieses knechtische Geschwafel ein, sondern spricht nur von »seinem Sohn«. Antwort genug.

**Wie ist das bei dir? Kennst du den Vater? Weißt du um deine Tochteridenität, deine Sohnschaft?**

**Der himmlische Vater vermisst auch dich total – immer dann, wenn du einsam deine Runden drehst und in deine alten Knechtschaftsmuster zurückfällst. Weißt du, dass er dir wirklich vergibt und dich mit Tränen in den Augen immer wieder aufnimmt?**

Der zweite Sohn hat genau dasselbe Problem – er jammert, weil sein Bruder nach der Rückkehr so beschenkt wird, und versteht nicht, dass ihm ja alles bereits gehört. Er verhält sich genau wie ein Knecht, der gewissenhaft die Aufträge seines Vaters abarbeitet und am Ende mit dem Lohn unzufrieden ist. »So viele Jahre diene ich dir jetzt schon!«

Was mich extrem bewegt, ist, wie der Vater auf diese emotionale Eruption und knechtische Forderung reagiert. Seine Antwort ist: »›Kind‹, sagte der Vater zu ihm, ›du bist immer bei mir, und alles, was mir gehört, gehört auch dir‹« (Vers 31). Dieses »Kind« ist die direkte Antwort auf einen, der wie ein Knecht vor ihm steht. Er spricht beide Söhne in ihrer Identität als Sohn an! Wir unterschätzen diese Kindschaft oft völlig und begreifen ihre Dimension und die Strahlkraft für unser Leben nicht wirklich. Viele Probleme in unserem Leben entstehen aus einer ungeklärten Identität oder eben aus der Tatsache heraus, dass wir dieses Adoptionsangebot von Gott zwar auf dem Papier angenommen haben, dabei aber nicht verstanden haben, was es heißt, den Modus wirklich zu wechseln. Vom Knecht zum Sohn, von der Magd zur Tochter.

Ich habe meine Sechsjährige einmal gefragt: »Weißt du, dass ich dich mega lieb habe?« Worauf sie gespielt entnervt antwortete: »Ja, Papa! Du sagst es mir ja jeden Tag!« Genau das versuche ich, weil sie dieses Geliebtsein vom Vater als Grundlage für ihre Identität benötigt, genau wie wir unsere himmlische Kindschaft. Wir müssen das Herz vom Vater kennen.

**Wie lebst du? Lebst du als Kind des himmlischen Vaters oder als Magd bzw. Knecht?**

**Wo genau hast du dich unter eine Knechtschaft gestellt? Wo kannst du nicht in Freiheit unterwegs sein?**

In 2. Mose 13,3 sagt Gott zu seinem Volk Israel, dass es immer an den Tag denken soll, an dem er es aus der Knechtschaft in Ägypten herausgeführt hat. Dieses Ereignis ist ein Bild für das, was Gott mit jedem Leben vorhat: Er möchte dich und mich aus der Sklaverei hinaus in die Freiheit führen. Deshalb ist es kontraproduktiv, wenn wir uns selbst in irgendwelche Abhängigkeiten stürzen. Auch das Volk Israel wollte immer wieder zurück in die üble Knechtschaft, die es sich im Nachhinein schönredete und die plötzlich attraktiver schien, als von Gott abhängig zu sein, der es versorgte. Die einzig wahre Freiheit ist in der Abhängigkeit von Gott zu finden.

In der Bibel tritt das Wort Knecht manchmal als Synonym für Sklave auf, manchmal haben sich aber auch die Apostel Paulus, Petrus und Johannes als Knechte Gottes bezeichnet. Es ist dann positiv, ein Knecht Gottes zu sein, da damit die Dienstbereitschaft ihm gegenüber ausgedrückt wird. Es bedeutet aber nicht, dass sich diese Knechtschaft auf unsere Identität vor Gott beziehen soll.

Wir erhalten von Gott nicht einen einengenden Geist, der uns keinen Spielraum lässt, sondern einen der Kindschaft. Paulus schreibt in 1. Korinther 7,23: »Denkt an den Preis, den Christus gezahlt hat, um euch als sein Eigentum zu erwerben! Macht euch daher nicht selbst zu Sklaven von Menschen!« Auch heute noch »versklaven« sich viele durch Zwänge, Süchte und Abhängigkeiten oder indem sie von der Meinung anderer Menschen leben, sich von anderen bestimmen lassen oder aus Menschenfurcht Dinge tun, die sie eigentlich gar nicht tun möchten. Kennst du das auch? Menschen, vor denen du dermaßen Respekt hast, dass du merkst, dass es eigentlich nicht ganz gesund ist – weil du dich immer irgendwie ein wenig anders verhältst, wenn sie in deiner Nähe sind? Du bist dann nicht mehr ganz du selbst, redest sanft anders, gibst dich anders, bist geknechtet.

Dieser Drang, Menschen gefallen zu wollen, diese Menschenfurcht – eine der größten Seuchen weltweit – entspringt letztendlich dem mangelnden Eingetauchtsein in Gottes Liebe, in die Identität als Sohn und Tochter, die er dir anbietet.

Gott möchte dich aus genau solchen Knechtschaften heraus in die Freiheit führen. Du bist ein Kind, das weder den Papa noch sonst jemanden beeindrucken muss, weil es sich zu 100 Prozent in seiner Identität geliebt weiß.

Die ganze Dimension und die Kraft dieser Kindschaft zu ergründen, ist das Ziel, wenn es darum geht, das Herz-Neuland zu entdecken. Hast du gelernt, leidenschaftlich »Abba, lieber Vater!« zu sagen?

## GOTTESGLAUBE

Ein Freund von mir ist Fotograf von vielen Stars und Sternchen. Er fotografiert beispielsweise regelmäßig die Spieler vom Fußballklub Basel. Diese kennen ihn natürlich bestens. Als er einmal seinen Sohn Ruben zu einem Shooting mitnahm, trafen sie auf Marco Streller, der in seiner aktiven Zeit eine bekannte Größe im Schweizer Fußball war. Marco, der mit meinem Freund auch schon über seinen Sohn gesprochen hatte, ging sofort auf Ruben zu und meinte: »Hallo, du musst Ruben sein!« Worauf Ruben entgegnete: »Ja, aber wer bist du?« Eine ungeklärte Identität führt immer zu Konfusionen im Leben.

Wenn deine grundlegende Identität als Kind Gottes nicht geklärt ist, wirst du niemals die Grenze zum Neuland passieren können. Ich wurde einmal bei einer großen Veranstaltung am Zelteingang festgehalten und nicht reingelassen, weil ich mein Eintrittsarmband nicht dabei hatte. Das Problem dabei war: Ich war der Hauptsprecher und musste auf die Bühne. Deine Identität ist absolut wichtig! Viel zu oft leben wir in unserem Alltag drauflos, ohne uns unserer göttlichen Identität bewusst zu sein. Dabei ist es nicht einfach dein Glaube an Gott, der dich prägt und dir Identität gibt, sondern vielmehr der Glaube Gottes an dich!

1965 untersuchten die US-amerikanischen Psychologen Rosenthal und Jacobson die Wirkung, die Lehrer auf ihre Schüler haben und umgekehrt. An einer Grundschule wurde den Lehrpersonen mitgeteilt, dass man per Test die 20 Prozent der Schüler eruiert habe, die unmittelbar vor einem Entwicklungsschub standen. Diese »Bloomers« (Aufblüher) würden im nächsten Jahr markante Leistungssteigerungen erzielen. In Wahrheit handelte es sich jedoch um zufällige, per Los ausgewählte Schüler. Nach einem Jahr wurde festgestellt, dass sie tatsächlich erstaunliche Leistungssprünge gemacht hatten. 45 Prozent der »Bloomers« konnten ihren IQ um 20 oder mehr Punkte steigern und 20 Prozent verzeichneten sogar eine Steigerung von 30 oder mehr Punkten. Insgesamt war die Leistungssteigerung bei dieser Gruppe von Schülern deutlich höher als beim Rest der Klasse. Es konnte nur ein einziger Grund für die Leistungssteigerung ermittelt werden: die Erwartungen, die die Lehrpersonen an die Schüler hatten und der daraus resultierende Umgang mit ihnen. Dieses Experiment ging als Pygmalion-Effekt in die Geschichte ein.

Gott glaubt an dich. Ganz ähnlich wie beim Pgymalion-Effekt gilt: Wenn wir seinem Glauben an uns vertrauen, werden wir in unsere beste Lebensperformance hineinwachsen.

Ich erlebe immer wieder, wie Menschen in meinem Umfeld bei Projekten oder Leitungsaufgaben teils weit über sich selbst hinauswachsen und das Mittelmaß hinter sich lassen. Dies einfach nur, weil sie von Menschen umgeben sind, die an sie glauben. Genau deshalb versuchen wir bei Campus für Christus eine Kultur zu prägen, in der wir Mitarbeitern etwas zutrauen, in ihnen das sehen, was Gott angelegt hat und vielleicht oft noch verborgen ist. Weil Menschen spüren, dass man an sie glaubt, werden sie zu Leistungen befähigt, die sie sogar selbst über sich staunen lassen.

Es ist nicht egal, wen du Identität in dein Leben sprechen lässt. Denn es wird dich prägen, die Frage ist nur, ob positiv oder negativ. Es geht also darum, wem du Glauben schenkst. Der Mensch neigt dazu, vage und allgemeingültige Aussagen über die eigene Person als zutreffende Beschreibung anzunehmen, darauf beruht auch der Erfolg von irgendwelchen Horoskopen in Billigzeitschriften. Jeder von uns ist jeden Tag Meinungen von Menschen ausgesetzt, wir lesen und hören Dinge über uns, spüren unausgesprochene Erwartungen, Anforderungen, erahnen Gedanken zu unserem Verhalten ... und tatsächlich stehen wir immer in Gefahr, diese Sachen als wahr und als Realität anzunehmen. Es ist immens wichtig zu begreifen: Es geht nicht einfach nur darum, was wir glauben, sondern vor allem auch, wem wir glauben! Denn gemäß der Richtung, in die du dich innerlich ausrichtest, werden auch dein Leben und deine Identität geprägt und durchdrungen. Es ist so wichtig, dass du dich immer wieder den Gedanken aussetzt, die Gott über dir hat. Sie sind wahr – er sieht dein Innerstes. Und wenn er dich anspricht, dann sieht er nicht einfach den Sünder und die Versagerin, sondern er sieht die wahre Identität, die er in dir angelegt hat. Gott übersieht als liebender Vater all den Dreck und den Schweinegestank und nimmt dich liebevoll in die Arme, verleiht dir Würde und Sohn- oder Tochterschaft. Er ist dein Identitätsspender. Dein Leben gewinnt eine ungeahnte Kraft, wenn du aus dieser Kindschaft-Identität heraus lebst. Sie entfaltet sich in deinem Leben deshalb, weil Gott an dich glaubt – und du beginnst, diesem Glauben zu vertrauen und dich Gottes Gedanken auszusetzen.

Immer wieder erzählen mir Menschen bei meinen Events, dass sie das Gefühl haben, dass sie nicht würdig sind, Sohn oder Tochter von Gott zu sein. Genau wie »der verlorene Sohn« denken sie, dass sie aufgrund ihrer Geschichte, ihrer Persönlichkeit oder ihrem Verhalten kein Anrecht auf diese Kindschaft haben. Falls du auch so denkst, dann hast du die Barmherzigkeit vom himmlischen Vater und die Vergebungskraft des Kreuzes missverstanden. Gottes Gnade ist ungleich größer als deine Schuld. Die Dimension seiner Vergebung übersteigt die Dimension deines Versagens um ein Vielfaches. Die Frage ist gar nicht, ob er dir vergibt oder nicht – sondern nur, warum du dir nicht vergeben lassen willst.

Wenn du in diese Gnade eintauchst, wirst du nicht einfach zu Gott finden, sondern gleichzeitig auch zu dir selbst – du findest in deine wahre Identität hinein.

**Wie liegst, schläfst und erwachst du? Traust du Gottes Glauben an dich? Kannst du dich an einen dieser Friedensmomente erinnern, als du völlig in diese Ruhe in dir eingetaucht bist?**

**Was hindert dich im Moment daran, erneut in dieses Friedensbad der göttlichen Identität einzutauchen? Vertrau ihm. Denn Gott glaubt an dich.**

# IDENTITÄTSTRIP

Die Reise nach innen ist die wohl am meisten unterschätzte Reise überhaupt. Viele Menschen fragen sich immer wieder, wohin sie eigentlich gehen wollen. Dabei ist die wichtigste Frage nicht: »Wohin will ich?«, sondern vielmehr: »Wer bin ich?«. Das »Wer« ist immer der Ausgangspunkt zur Frage »Wohin?«. Denn dein »Wer« bestimmt dein »Was«. Das gilt für Menschen wie für Organisationen. »Wenn du weißt, wer du bist, dann löst sich die Frage nach dem Tun von selbst«, hat Richard Rohr einmal gesagt. Solange wir nicht wissen, was unsere wahre Identität ist, werden wir in unserem Leben Dinge tun, die nicht viel Frucht bringen.

Ein Kaninchen wird bei der Waldtierolympiade erfolglos beim Wettschwimmen mitmachen und auch beim Baumklettern abgeschlagen auf den hinteren Rängen landen. Es wird erst dann Erfolg haben, wenn es seine Identität als Kaninchen erkennt und dann zum Beispiel bei der Disziplin »Haken schlagen« oder »Vermehrung« antritt. Was du im Leben tust und womit du Erfolg hast, steht in direkter Abhängigkeit zu dem, wer du bist. Unser »Was« wird bestimmt durch das »Wer« – bzw. bereits durch die Vorstellung von unserem »Wer«. Deshalb ist es so wichtig herauszufinden, was genau dieses »Wer« beinhaltet.

Vielleicht fragst du dich immer wieder: »*Was* soll ich tun?« »*Was* kann ich gut?« Dabei ist die Frage, die dich automatisch in die richtige Richtung führt, weder das *Was* noch das *Wohin*, noch nicht einmal das *Warum*, sondern einzig und allein das *Wer*! Wer bin ich – und wer ist *er* in *mir*. Weil du entdeckst, wer dich geschaffen hat und als was er dich geschaffen hat, ergibt sich auch, wozu du geschaffen wurdest.

Das Finden und Leben deiner Berufung setzt das Entdecken der eigenen Identität voraus. Mich macht das Wort »Berufung« allerdings latent nervös. Gerade junge Menschen suchen manchmal verzweifelt jahrelang nach der Berufung, ohne zu realisieren, dass Menschen in der Bibel oft überhaupt keine Freude an ihren Berufungen hatten. Mose wehrte sich vergeblich gegen seine, Jona versuchte gar, ihr zu entkommen.

Das Wort »Berufung« führt manchmal auf eine falsche Spur, da man damit die eine Lebensaufgabe verbindet – und wenn man sie nicht findet, lebt man an seinem Lebenssinn vorbei. Viele Menschen sind regelrecht blockiert und wissen nicht, was sie mit ihrem Leben anstellen sollen, weil sie auf irgendetwas Bestimmtes warten. Leben ist das, was geschieht, während du auf deine Berufung wartest – und anstatt einer wuchtigen Berufung bräuchten einige wohl eher einen kräftigen Tritt, damit sich etwas bewegt.

Es geht viel weniger um die große Berufung und die Frage, ob ich am richtigen Platz bin, sondern darum, überall da, wo ich bin, aus meiner wahren Identität heraus zu leben und dort mein Charisma wummern zu lassen. Die große Herausforderung dabei ist, dass viele Menschen gar nicht wissen, was dieses Charisma ist, das ihnen Gott gegeben hat. Was ihre Identität ausmacht. Charisma kommt vom griechischen Wort chárisma und bedeutet Gnadengabe. Eine von Gott geschenkte, besondere Gabe. Du kannst dich fragen: Was macht mich lebendig, womit verliere ich keine Energie? Und was macht Menschen um mich herum lebendig, wenn ich es tue? Dann bist du deinem Charisma auf der Spur.

Es ist latent anstrengend, einem bestimmten Bild entsprechen zu wollen oder zu müssen. Aber nicht nur das ist energieverschleißend, sondern bereits, man selbst sein zu wollen. Es gibt Zeitungsberichte von 1918, die die nicht vollständig bestätigte Geschichte erzählen, dass Charlie Chaplin auf einem Jahrmarkt in den USA an einem Charlie Chaplin-Imitations-Wettbewerb teilnahm.[17] Beim Wettbewerb ging es darum, wer am besten den berühmten Charlie Chaplin-Gang imitieren konnte. Ich habe mir als Kind diese witzig r:ckligen Filme von ihm angeschaut, um sie im Anschluss mit einem Regenschirm bewaffnet in meinem Zimmer nachzuspielen. Chaplin konnte die Jury erstaunlicherweise nicht wirklich von sich selbst überzeugen. Jedenfalls landete er schließlich nur auf dem zwanzigsten Rang! Bestimmt hätte ich mich mit meiner Imitation aus meiner Kindheit problemlos vor ihm eingereiht.

Aber genau das ist es: Wenn wir versuchen, »uns« zu spielen, ist selbst das anstrengend und zum Scheitern verurteilt. Das Einzige, was reibungslos funktioniert, ist, aufzuhören, irgendetwas darstellen zu wollen, und Christus in uns leben zu lassen. Das, was wirklich lebendig macht – dich und die Menschen um dich herum –, fließt aus diesem Christus in deinem Inneren heraus!

Das Resultat einer geklärten Identität ist ein Leben ohne Reibungsverluste. Ganz viele unserer Ängste, unsere wahre Identität zu leben, sind an unsere Scham gekoppelt. Sie ist der Grund, warum wir uns verstecken, und verhindert, dass wir uns zu anderen zugehörig fühlen. Scham kann auch von der Leiterschaft einer Organisation oder Kirche missbraucht werden, um Macht auszuüben. Wer sich schämt, leidet nicht unter dem, was er tut (dabei handelt es sich um Schuld), sondern unter dem, was er ist. Und Scham führt uns in Blockaden und Ängste hinein, die verhindern, dass wir erlöste Beziehungen leben. Wenn wir also über Neuland als angstfreie Zone sprechen, dann müssen wir unbedingt auch über schamfreie Zonen reden. Wenn wir unsere Identität finden, dann gibt uns das eine starke Verwurzelung. Dies hilft, dass wir uns voreinander öffnen können und Verletzlichkeit zulassen. Das beste Gegenmittel gegen eine schambehaftete Kultur ist eine geklärte Identität in Christus. Wer seine Kindschaft verstanden hat, braucht sich für seine Unfertigkeit nicht mehr zu schämen. Würde ist der beste Scham-Killer.

Lass nicht zu, dass du unter einer schweren, stickigen Decke der Scham dein Leben dahinlebst. Klär deine Identität mit Jesus.

## ALTMETALL

Wenn du das Herz-Neuland eroberst, wird einer der mächtigsten negativen Faktoren in deinem Leben seine Kraft verlieren: die Menschenfurcht. Dieses Thema taucht in diesem Buch bewusst immer wieder auf, weil ich erlebe, dass so viele Menschen von ihr getrieben leben. Menschenfurcht betoniert die Füße deiner Identität ein. Ich habe mich entschieden, alle Ansätze von knechtischem Geist und Menschenfurcht abzulegen und einzig und allein Gott zu fürchten. Genau wie es in Psalm 86,11 heißt: »Weise mir deinen Weg, Herr! Ich möchte in Treue zu dir mein Leben führen. Richte mein Herz auf eines aus: deinem Namen in Ehrfurcht zu begegnen.« Ich will genau wie David, dass mein Herz sich einzig und allein darauf ausrichtet, Gottes Namen in aller Ehrfurcht zu begegnen. Im Gegensatz dazu gab es in den Evangelien führende Männer, die Angst hatten, sich zu Jesus zu bekennen, weil sie fürchteten, aus der Synagoge ausgeschlossen zu werden: »Es war ihnen wichtiger, ihr Ansehen bei den Menschen nicht zu verlieren, als bei Gott Anerkennung zu finden« (Johannes 12,43).

Jesus selbst war beeindruckend frei von Menschenfurcht. Nach seiner Taufe und der Zeit in der Wüste kam er zurück nach Nazareth, wo er aufgewachsen war. Das muss ein spezielles Erlebnis gewesen sein. Es wurde herumgetuschelt: »Aber ist er denn nicht der Sohn Josefs?« (Lukas 4,22). Jesus kam dann in die Synagoge und bekam »zufällig« die Jesaja-Schrift-rolle in die Hand gedrückt, um sie vorzulesen. Das war ein emotional geladener Moment, denn die Anwesenden hatten anscheinend schon von all den Dingen gehört, die er getan hatte. Und brachten das irgendwie nicht mit dem kleinen Jesus zusammen, mit dem sie vor einigen Jahren noch Ka-mel-Förmchen in den Sand gedrückt hatten. Ich denke, dass jeder angespannt und erwartungsvoll war, das zu hören, was Jesus jetzt sagen würde.

Jesus nahm die Schriftrolle von Jesaja, rollte sie auf und las aus Jesaja 61,1-2 (Lukas 4,18-19):

»Der Geist des Herrn ruht auf mir, denn der Herr hat mich gesalbt. Er hat mich gesandt mit dem Auftrag, den Armen gute Botschaft zu bringen, den Gefangenen zu verkünden, dass sie frei sein sollen, und den Blinden, dass sie sehen werden, den Unterdrückten die Freiheit zu bringen und ein Jahr der Gnade des Herrn auszurufen.«

Dann rollte er die Rolle zusammen und setzte sich wieder. Es war einer dieser von Gott perfekt orchestrierten Stecknadel-fal-len-hören-Momente, die ein Hollywood-Drehbuch zu einem absoluten Blockbuster machen. Alle Augen waren auf ihn ge-richtet. Gut möglich, dass Einzelne vergessen haben zu atmen, um ja nicht zu verpassen, was er als Nächstes sagen würde. Hätte er zu lange gewartet, wären vielleicht ein paar Schriftge-lehrte mit blauem Kopf vom Stuhl gekippt. Doch dann meinte er bloß: »Heute hat sich dieses Schriftwort erfüllt!«

Bäm! Eine Euphorie-Welle brach los. Alle sprachen vermut-lich durcheinander, sie waren beeindruckt, sie staunten, weil sie spürten, dass es Worte von Gott waren. Jesus hätte diesen Eu-phorie-Schub einfach genießerisch in sich aufsaugen können.

Wäre ich an seiner Stelle gewesen, hätte es sicher gutgetan, dass der kleine Abner, der mich immer an den Haaren gezogen und mein Sandkamel zertreten hat, nun plötzlich anerkennend in meine Richtung nickt. Aber Jesus hatte ein unglaublich gutes Händchen, einen tollen Moment zu ruinieren. Denn als Nächstes macht er klar, dass er in Nazareth keine der Zeichen und Wunder tun wird, die er woanders vollbracht hat – das war wohl die Hoffnung der Leute gewesen. Er wollte schlicht nicht Zirkus spielen und ihre Schaulust befriedigen. Jesus ging nicht den Weg, diese Menschen glücklich zu machen, sondern verfolgte den Auftrag, den er hatte, um seinen Vater glücklich zu machen. Die Folge war, dass das anfängliche Staunen der Anwesenden in Zorn umschwenkte und sie ihn über eine Klippe in den Tod stürzen wollten.

Tu, was du bist, und nicht, was andere von dir erwarten. Hör auf, alle glücklich machen zu wollen. Du bist keine Tafel Schweizer Schokolade. »Nichts macht uns feiger und gewissenloser als der Versuch, von allen Menschen geliebt zu werden«, hat die österreichische Schriftstellerin Marie von Ebner-Eschenbach gesagt.[18] Ich habe mich entschieden, nicht für den Applaus von Menschen zu leben, sondern einzig und allein das begeisterte und anfeuernde Klatschen von Gottes Händen hören zu wollen. Wer für den Applaus von Menschen lebt, wird an ihrer Kritik ersticken. Paulus hat das auch so gelebt: »Sagt selbst: Bin ich, wenn ich so rede, auf die Zustimmung der Menschen aus oder auf die Zustimmung Gottes? Geht es mir wirklich darum, Menschen zu gefallen? Wenn ich noch Menschen gefallen wollte, wäre ich nicht ein Diener Christi!« (Galater 1,10).

Menschenfurcht verschleiert deine wahre Identität, du siehst nicht mehr klar und lebst, um andere glücklich zu machen – sie ist eine der größten Lebensplan-Durcheinanderbringerinnen, die es gibt. Das sagt die Bibel ganz klar: »Menschenfurcht bringt zu Fall; wer sich aber auf den Herrn verlässt, wird beschützt« (Sprüche 29,25). Wir müssen deshalb lernen, Menschenfurcht durch Ehrfurcht vor Gott zu ersetzen – die Gottesfurcht ist die einzige Furcht, die positive Früchte in unserem Leben produziert.

Nicht immer gelingt es mir vollständig, aber ich merke, wie ich in dem Bereich tatsächlich Neuland beschritten habe und immer besser darin werde, das zu tun und zu sagen, was Gott mir aufs Herz legt, und nicht, was die Menschen hören wollen. Das Resultat ist eine unglaubliche Befreiung, ein Eintauchen in meine Identität – in das, was Gott in mir angelegt hat – und ein Abschütteln von dem, was Menschen mir aufbürden wollen und ich einfach nicht bin. »Es ist besser, für das, was man ist, gehasst, als für das, was man nicht ist, geliebt zu werden«, sagte der französische Schriftsteller André Gide.

Als sich David anbot, gegen den Riesen Goliat zu kämpfen, wurde ihm von Saul die königliche Rüstung angeboten. David konnte damit kaum mehr gehen, geschweige denn kämpfen. Da machte er das einzig Richtige, indem er sich zu Saul wandte und sagte: »Ich kann so nicht gehen, denn ich bin's nicht gewohnt; und er legte es ab und nahm seinen Stab in die Hand und wählte fünf glatte Steine aus dem Bach und tat sie in die Hirtentasche, die er hatte, in den Beutel, und nahm die Schleuder in die Hand und ging dem Philister entgegen« (1. Samuel 17,39-40).

Mich beeindruckt diese Handlung und sie ist vorbildlich für mich. Immer wenn Menschen kommen und mir etwas anziehen wollen, das mir eigentlich gar nicht passt, sollte ich bereit sein, es wieder abzulegen und das zu packen, was mich ausmacht. Im Falle Davids waren es sein Stab, seine Hirtentasche und seine Schleuder.

Oft aber fühlen wir uns unglaublich gebauchpinselt, wenn uns jemand seine Rüstung schenkt. So viele Menschen stürzen sich in eine Aufgabe, ein bestimmtes Amt oder nehmen an Projekten teil, die Gott ihnen nicht zugedacht hat und für die sie weder einen Auftrag noch die Fähigkeit haben. Aber es fühlt sich gut an, Ja zu sagen, weil es die Rüstung des Königs ist, die man hingehalten bekommt.

Herz-Neuland beschreiten heißt nicht, in Rüstungen zu steigen, die dir überhaupt nicht passen, sondern deine eigene Identität zu entdecken und dann voll aus ihr heraus zu leben. Es ist kein Problem, wenn du ab und zu wieder in deine alte Identität als Magd oder Knecht zurückfällst. Lass deine Identität einfach immer wieder erneuern. In solchen Momenten erst recht. Und jetzt geh und häng die überdimensionierte Rüstung zurück in den Schrank. Oder gib sie direkt in die Altmetall-Sammlung. Und erkunde dein Herz-Neuland!

# 6
# ROM
# ANT
# ISCH

## Das Beziehungs-Neuland

Das Beziehungs-Neuland ist definitiv das am härtesten um-
kämpfte, und dies nicht ohne Grund. Was sich in Beziehungen
an sehr reellen Dramen abspielt, hat oft eine geistliche Komponente, der wir uns viel zu wenig bewusst sind. Ich bin keiner,
der hinter jedem Busch ein Dämönchen sitzen sieht und jede
dunkle Wolke am Sommerhimmel geistlich deutet. Aber im Bereich der Beziehungen ist sehr oft die Handschrift des Verblen-
ders und Lügners zu entdecken.

Gott hat seine Schöpfung als ein faszinierendes Gefüge aus
Beziehungen gestaltet. Er selber ist ein Beziehungswesen, indem er als Gott-Vater, Jesus-Sohn und Heiliger Geist in einer
trinitären Beziehungs-WG lebt. Dann hat er den Mensch geschaffen, als ein Gegenüber – um mit uns Menschen Beziehung
zu haben. Er hat von Anfang an gesagt, dass es nicht gut sei,
dass der Mensch alleine ist; deshalb hat er uns in Beziehungen
hineingestellt. Gleichzeitig hat jeder Mensch eine Beziehung zu
sich selber. Und dann kann man auch noch die Beziehung zur
Schöpfung insgesamt mit dazunehmen.

Gott schafft also eine Welt, in der wir mit ihm, mit uns
selbst, mit unseren Mitmenschen und mit der Schöpfung in Beziehung leben – er ist Romantiker. Als die Sünde in die Welt
hineinkam, zerbrachen diese vier Beziehungsebenen. Die ersten Menschen versteckten sich vor Gott (Beziehung zu Gott),
sie nahmen sich selber plötzlich anders war, nämlich in ihrer
Nacktheit (Beziehung zu sich selbst), wurden aus dem Paradies
vertrieben (Beziehung zur Schöpfung), wo Kain dann seinen
Bruder umbrachte (Beziehung zum Mitmenschen). Genau das
ist die Handschrift des Teufels – er versucht uns einzureden,
dass wir in unserem Leben ganz gut ohne Gott zurechtkommen
und in Entscheidungen nicht auf ihn hören sollten. Leider ist
er dabei sehr oft erfolgreich. Und die Folge von diesem »Ich
brauche Gott nicht«-Trip, dieser Mutter aller Sünden, ist der

**Zerbruch unserer Beziehungen.** Man kann das überall um sich herum wahrnehmen.

Der Teufel ist gekommen, um das zu zerstören, was Gott geschaffen hat. Dabei ist er nicht gerade kreativ. Gott schafft zum Beispiel wunderbare Sexualität und der Teufel hat keine geistlosere Idee, als das von Gott Geschaffene einfach zu pervertieren. Leider ist er mit seiner plumpen und einfallslosen Masche unglaublich erfolgreich.

»Doch gerade deshalb ist der Sohn Gottes erschienen: Er ist gekommen, um das, was der Teufel tut, zu zerstören« (1. Johannes 3,8). Als ehemaliger Mathematiklehrer mag ich diese Rechnung. Wenn Christus das zerstört, was der Teufel zerstört, dann sind wir im Bereich der Wiederherstellung, denn Minus mal Minus führt uns wieder ins Plus.

Gerade weil diese Beziehungsebenen dermaßen umkämpft sind, gibt Jesus uns das höchste Gebot:

»›Du sollst den Herrn, deinen Gott, lieben von ganzem Herzen, mit ganzer Hingabe, mit deinem ganzen Verstand und mit aller deiner Kraft!‹ An zweiter Stelle steht das Gebot: ›Liebe deine Mitmenschen wie dich selbst!‹ Kein Gebot ist wichtiger als diese beiden« (Markus 12,30–31).

Es ist deshalb so wichtig, weil hier der Teufel seine massivste Angriffswelle fährt. Er torpediert das Neuland der Beziehungen und versucht, Ehen und Familien auseinanderzubringen. Er will die Einheit von Christen zerstören und sorgt dafür, dass wir uns gegenseitig nicht mögen. Er streut Neid, Missgunst, Eifersucht, Machthunger, Unzufriedenheit, Hass, Gier, Überheblichkeit, Stolz und vieles mehr in unsere Beziehungen hinein, und weil wir unaufmerksam und zu faul zum Jäten sind, lassen wir den einen oder anderen Samen aufgehen.

Allein die Tatsache, dass hier das Wort »Teufel« vorkommt, wird einige entsetzt aufstehen lassen. Es geht mir aber nicht darum, ein mittelalterliches Bild zu zementieren, sondern das existierende Böse als eine Realität auch im 21. Jahrhundert nicht zu ignorieren. Ebenso wenig geht es hier um die Frage von »moralischen Sünden«, was man tun darf oder nicht, sondern um die Zerbrochenheit als »Grundkrankheit«, an der die Menschheit leidet. Genau deshalb bietet uns Gott in Christus Versöhnung an (2. Korinther 5,19) – das wunderbare Geschenk, versöhnte Beziehungen zu leben.

**Wo ist in einer deiner Beziehungen eine ungute Pflanze am Wachsen, die da nicht hingehört und die du zusammen mit Jesus ausreißen solltest?**

Es ist Zeit, das Beziehungs-Land zurückzuerobern und neuen Boden zu gewinnen.

## MIT GOTTES AUGEN SEHEN

Oft hetze ich durch den Alltag, fokussiert auf alles, was ich erledigen muss, ohne mein Gegenüber noch wirklich wahrzunehmen. Joshua Bell, ein weltberühmter Profigeiger, spielte einmal als Straßenmusiker verkleidet in der Metro von Washington. Die meisten Menschen beachteten ihn nicht und eilten einfach an ihm vorbei. Joshua, der sonst riesige Säle füllt, brachte es in 43 Minuten gerade mal auf 1070 Zuhörer und 32,17 Dollar. Dafür würde man nicht einmal das günstigste Ticket in einem seiner unzähligen ausverkauften Symphoniekonzerte kriegen.

Die Leute sahen einfach nur einen Straßenmusiker und ignorierten ihn. Und genau so sehen wir bei Menschen oft nur das, was uns als Erstes entgegenkommt, und nehmen nicht war, was für eine Identität Gott in sie wirklich hineingelegt hat. Dasselbe gilt für unsere eigene Identität – wir müssen lernen, nicht nur unser Gegenüber, sondern auch uns selbst mit Gottes Augen zu sehen, damit Beziehungen funktionieren. Dazu braucht es oft ein Umdenken.

Paulus hatte klare Vorstellungen, warum er nach Makedonien reisen sollte – er hatte in einem Traum einen Mann gesehen, der ihn bat, zu ihm zu kommen und zu helfen (Apostelgeschichte 16). Daraufhin reiste er mit Timotheus sofort dorthin, um das Evangelium zu predigen. Sie landeten in Philippi, wo es keine Synagoge gab. Am Sabbat gingen sie daher zum Fluss, weil sie hofften, dort auf Menschen zu treffen, die beteten. Ich weiß nicht, wann genau ein sanfter Zweifel in Paulus zu keimen begann, ob er diesen Mann überhaupt je treffen würde. Am Fluss begegneten sie nämlich »nur« ein paar Frauen und keinem männlichen Hilferufer. Erstaunlicherweise trafen sie dort jedoch mit Lydia zusammen, die als Griechin Jüdin geworden war. Gott tat ihr das Herz auf, sie nahm die Botschaft von Paulus an und mit ihrem ganzen Haus Christus in ihr Leben auf.

Lydia gilt als die erste Europäerin, die zum Glauben kam. Sie war Purpurhändlerin und ledig – Letzteres vielleicht eine Folge ihres Berufs, denn Purpur wurde damals in einem komplizierten Herstellungsverfahren aus Purpurschnecken gewonnen. Dazu fing man die Meeresschnecken lebend und entnahm die Drüsenkörper. Diese wurden zerquetscht, drei Tage in Salz eingelegt und zehn Tage gekocht, um das weißliche Sekret zu gewinnen. Beim Trocknen an der Sonne bildete sich die Farbe, aber gleichzeitig auch ein bestialisch stinkender, ekelerregender und lang anhaltender Geruch! Sie war nicht einfach Lydia, sie war wohl eher die stinkende Ly.

Es gibt das Olf, eine Maßeinheit zur Bewertung der Stärke einer Geruchsquelle. 1 Olf ist dabei die Geruchsbelastung, die von einer normalen sitzenden Person bei 1,8 m² Hautoberfläche und 0,7 Bädern pro Tag ausgeht. Ein Raucher bringt es auf 25 Olf, ein Sportler nach dem Sport auf 30. Lydia hätte die Skala wohl im oberen Bereich gesprengt. Keine Ahnung, ob man bei ihr 50 oder gar 100 Olf gemessen hätte. Sie war vermutlich für ihre Arbeit unten am Wasser – und begegnete Paulus, der hoffte, auf ein paar Juden zu treffen, die sich wegen ihren rituellen Waschungen dort aufhalten würden. Gott hatte diese Begegnung ganz klar eingefädelt. Aber beide mussten sich ihrer Vorstellungen entledigen und lernen, mit Gottes Augen neuländisch zu sehen. Paulus musste einen neuen Kontinent bereisen und traf da nicht wie erwartet den Mann, der Hilfe benötigte, und die stinkende Ly musste sich selbst als das wahrnehmen, was Gott in ihr sah. Sie, die ständig von diesem Gestank umgeben war, hatte wohl nicht im Geringsten damit gerechnet, dass sie zu einem »Wohlgeruch« für Europa werden sollte. Sie musste definitiv umdenken, als sie bemerkte, dass Gott sie gesehen hatte und dazu berief, die Kirche auf einem neuen Kontinent zu starten. Für gesunde Beziehungen brauchen wir den neuländischen Blick.

Wo hast du dich in einem Traum verrannt und siehst gar nicht mehr, was Gott vorhaben könnte? Welche Menschen hast du mit einem seufzenden »Aha« nach der ersten Begegnung in eine Schublade gesteckt? Welche Beziehung stinkt dir? Was hilft dir, dich selbst und andere mit Gottes Augen zu sehen?

# DAS HANDTUCH HALTEN

In meiner Ehe mit Tamara gibt es romantische und andere Zeiten. Unsere Unterschiedlichkeit führt manchmal zu Konflikten – aber genau diese Unterschiedlichkeit ist auch der Grund, weshalb wir überhaupt zusammen sind. Manchmal verfalle ich dem irrigen Glauben, dass es total spaßig wäre, mit mir selbst verheiratet zu sein. Wir zwei hätten unglaublich viel Spaß, weil wir beide genau den gleichen Humor hätten, die gleichen Fähigkeiten, die selben Vorlieben und Abneigungen. Ich würde nur noch das essen, was ich mag, nur noch die Filme schauen, auf die ich gerade Lust habe, zum richtigen Zeitpunkt immer genau das sagen, was ich im Moment hören will. Aber diese Ehe würde sehr schnell tragisch enden, weil wir uns in unseren Schwächen gegenseitig nicht unterstützen könnten, sondern sich das Negative wie Amplituden einer Schwingung verstärken würde. Das wäre rasch eine sehr einseitige und spaßfreie Geschichte. Das Gegensätzliche ist die Würze des Lebens. Es bringt Abwechslung und Spannung in unseren Alltag. Aus diesem Grund ist es fröhlich-passend, dass das Dorf Llanfairpwllgwyngyllgogerychwyrndrobwllllantysiliogogogoch, das mit dem längsten Ortsnamen Europas im Nordwesten von Wales liegt, eine Städtepartnerschaft mit dem französischen Dorf Y eingegangen ist. Den zungenverknotenden Namen hat sich ein Schumacher im 19. Jahrhundert ausgedacht, um den Tourismus anzukurbeln. Seine Bedeutung ist: »Marienkirche in einer Mulde weißer Haseln in der Nähe eines schnellen Wirbels und der Thysiliokirche bei der roten Höhle«. Und »Y« bedeutet äh Ypsilon.

Die Unterschiedlichkeit lieben zu lernen, ist eines der großen Erfolgsgeheimnisse jeder gesunden Beziehung. Es geht dabei weder darum, sie zu übernehmen, noch, sie gutzuheißen –

sondern schlicht sie umarmen zu lernen, weil in der Unterschiedlichkeit Gottes Vielfalt sichtbar wird. Wenn er als Heiliger Gott es schafft, uns in unsere Unfertigkeit hineinzulieben, sollten wir zumindest versuchen, es ihm gleichzutun.

Bei Campus für Christus gab es Zeiten, wo man sich gegenseitig eher blockierte – der Organisierte regte sich über die chaotische Seite des Kreativen auf und der Kreative empfand die Strukturen als unnötig einengend. Ein System kann sich so aufschaukeln, dass das Miteinander am Ende nur noch freudlos und lähmend ist. Doch dann erlebten wir plötzlich das starke Wirken von Gottes Geist. Dabei geschahen nicht nur äußerliche Dinge, sondern auch die innere Herzenshaltung wurde verändert und die Perspektive wieder zurechtgerückt. Man sah nicht einfach nur die störenden Unfertigkeiten des Gegenübers, sondern plötzlich auch wieder seinen einzigartigen Beitrag, seine Stärken. Damals entstand eine neuländische Kultur, bei der man offen über die eigenen Begrenzungen sprach und so Platz dafür schuf, dass jemand anderes dieses Vakuum auffüllen konnte, weil sie oder er genau in dem Punkt eine Stärke hatte. Das Resultat waren eine Kultur des Miteinanders und Füreinanders und erfolgreiche und fruchtbringende Beziehungen. Es entstand die interne Philosophie, dass man schützend das Handtuch hochhält, wenn der andere mal wieder »nackt« in seinen Schwächen dasteht.

In meinem Buch »Unfertig« habe ich über unsere Abgründe und Schwächen geschrieben und diese als »inneren Schweinehund« bezeichnet. Gleichzeitig gibt es aber auch das von Gott geschenkte Neue, unsere Stärken, die ich mit dem Bild des Adlers zusammengefasst habe. Wenn du fruchtbringende Beziehungen leben willst, die Leben verbreiten, dann geht es darum, vom andern zwar diese Schweinehunde zu kennen, aber mit Blick auf deren Adler zu leben. Dasselbe gilt auch für dich selbst.

Scanne einmal deine Beziehungen und pick dir die raus, in der irgendwie der Wurm drin ist. Mach dir eine Liste mit Schweinehunden, die du beim Gegenüber erkennen kannst. Dann füllst du in die zweite Spalte ihre oder seine Adler-Eigenschaften. Falls du keine entdeckst, dann bitte Gott, dir diese in den nächsten Begegnungen aufzuzeigen. Wie kannst du lernen, vermehrt den Adler zu sehen und den Beitrag des anderen wertzuschätzen? Was genau kannst du aktiv tun, um die Person in ihren Schwächen zu ergänzen und das Handtuch hochzuhalten?

## DIESELBE SPRACHE SPRECHEN

Für gesunde Beziehungen ist es wichtig, eine gemeinsame Sprache zu kultivieren. Denn wenn wir die Sprache des anderen nicht verstehen, kann es leicht passieren, dass wir irgendwo hängen bleiben und nicht am richtigen Ort ankommen. Die Südthailänderin Jaeyaena Beurageng musste das unglaublich schmerzhaft erfahren, als sie 1982 den falschen Bus erwischte. Anstatt zu Hause landete sie im 1200 km nördlich entfernten Ort mit dem wohlklingenden Namen Krung Thep Maha Nakhon Amon Rattanakosin Mahinthara Yutthaya Mahadilok Phop Noppharat Ratchathani Burirom Udom Ratchaniwet Maha Sathan Amon Phiman Awatan Sathit Sakkathattiya Witsanukam Prasit – besser bekannt als Bangkok (so viel zum Thema lange Ortsnamen). Dort erwischte sie gleich noch einmal den falschen Bus und landete im 700 km nördlich gelegenen Chiang Mai. Da sie aber nur den Yawi-Dialekt des Südens sprach und kein Wort Thai, konnte sie sich nicht verständigen und landete nach fünf Jahren auf der Straße in einem Obdachlosenheim. Ihr Mann und die sieben Kinder dachten, sie wäre gestorben – bis Jaeyaena 25 Jahre später auf Studenten aus ihrer Heimatprovinz traf, mit denen sie sich verständigen konnte und die ihre Familie informierten. Ihr Dorf bereitete ihr einen jubelnden Empfang.

Wenn zwei Leute nicht dieselbe Sprache sprechen – und sei es allein eine nonverbale –, dann werden Beziehungen sofort ziemlich schwierig. Manchmal finden Tamara und ich uns in einer Auseinandersetzung wieder, bei der es eigentlich gar nicht um den Inhalt geht, sondern um die Art, wie wir diesen Inhalt transportiert haben. Menschen, die bei Campus für Christus reinschnuppern, sind manchmal perplex, weil wir eine ungewöhnlich direkte Art der Kommunikation haben. Oft wird in christlichen Kreisen nämlich »christlich und liebevoll sein« mit »um den heißen Brei herumreden und harte Tatsachen verschweigen« gleichgesetzt – total falsch, denn Liebe entwickelt ihre göttliche Wirkkraft nur in Kombination mit Wahrheit und Klarheit. Wenn natürlich jemand bei klaren Worten die Vertrauensebene und das »Ich bin für dich« nicht spürt, dann kann ihn das leicht vor den Kopf stoßen.

Meine Lieblings-Kommunikationspanne bei Campus ist legendär und an Peinlichkeit kaum zu überbieten … Es war ein großer Briefversand an die Missionspartner geplant, der dann vom Deutschen ins Französische übersetzt wurde. Dummerweise war die Übersetzung ein bisschen sehr wörtlich und so wurde aus »Liebe Unterstützer« einfach »Chers souteneurs«. Natürlich kann man das im weitesten Sinne als »Unterstützer« verstehen, nur wird das Wort im Französischen klar in Bezug auf etwas »andere« Unterstützung verwendet. So stand auf unserem wichtigen Brief an unzählige Adressen am Ende so viel wie »Liebe Zuhälter«. Definitiv eher suboptimal, auf diese Weise um Geld und Gebet zu bitten.

Wir unterschätzen immer wieder die Dynamik, die durch Kommunikation entsteht. Der Sender und der Empfänger einer Botschaft hören nicht immer exakt das Gleiche, da wir nicht einfach ein neutrales Ohr haben, sondern auf verschiedenen Ebenen hören, die von unserer Geschichte und Persönlichkeit geprägt sind. Jede Botschaft hat laut Schultz von Thun eine Sach-, Beziehungs-, Selbstoffenbarungs- und Appellebene. Wenn ich Tamara gegenüber die harmlose und unverdächtige Frage stelle: »Hast du heute etwas mit deinen Haaren gemacht?«, kann das im dümmsten Falle in einem Drama enden, was mich als Mann dann gleichzeitig überrascht wie überfordert. Die Frage ist, auf welcher Ebene und mit welchem Ohr Tamara gerade gehört hat:

Sachebene: Sie hört die Frage rein sachlich, ob sie etwas mit den Haaren gemacht hat, und sagt Ja oder Nein.

Selbstoffenbarungsebene: Sie hört bei der Frage die Botschaft, dass mir die Frisur auffällt, weil sie mir nicht gefällt.

Appellebene: Tamara versteht meine Frage als Aufforderung, endlich einmal etwas Anständiges mit ihren Haaren zu machen.

Beziehungsebene: Sie hört, dass ich sie damals mit den langen Haaren noch gemocht habe und meine Gefühle nicht mehr so stark sind, seit sie die Haare kurz trägt.

Tatsächlich kann ja meine Botschaft auch auf jeder dieser Ebenen gesendet worden sein. Wenn ich aber auf der Sachebene kommuniziert habe und sie auf dem Beziehungsohr gehört hat, ist das Missverständnis perfekt und der Kleinkrieg lanciert. Wenn wir nicht dieselbe Sprache sprechen, nicht auf derselben Ebene kommunizieren, können heftige Missverständnisse entstehen, die sogar bis zu tatsächlichen Kriegen führen.

So hat laut geschichtlichen Überlieferungen der reiche Lyderkönig Krösus im 6. Jahrhundert vor Christus das Orakel von Delphi um Rat gefragt, als er die Perser angreifen wollte. Die Antwort lautete: »Wenn du das tust, wirst du ein großes Reich zerstören.« Dem König gefiel die Botschaft und er stürzte sich in den Krieg, welcher zu seinem letzten werden sollte. Es stellte sich heraus, dass das »große Reich« sein eigenes war. Nicht selten hören wir nur das, was wir hören wollen. Auch wenn wir auf Gottes Stimme hören, besteht die Gefahr, dass wir ein vielleicht ungeliebtes »Nein« nicht wahrhaben und uns an die kleinsten Andeutungen eines »Jas« klammern.

Mit Kommunikation steht und fällt alles – deshalb hat Gott auch damals, als der Mensch sich über Gott erheben und einen Turm bauen wollte, der bis zum Himmel reicht, genau an dem Punkt eingegriffen: Er hat die Kommunikation verunmöglicht, indem er verschiedene Sprachen eingeführt hat. Und damit eine Herausforderung für das Miteinander geschaffen, die bis heute ungebrochen besteht. So sagte Gott damals:

»Siehe, es ist einerlei Volk und einerlei Sprache unter ihnen allen und dies ist der Anfang ihres Tuns; nun wird ihnen nichts mehr verwehrt werden können von allem, was sie sich vorgenommen haben zu tun. Wohlauf, lasst uns herniederfahren und dort ihre Sprache verwirren, dass keiner des andern Sprache verstehe!« (1. Mose 11,6–7).

Wenn man den Umkehrschluss zieht, könnte man sagen: Wenn wir wieder eine gemeinsame Sprache und zur Einheit finden, dann wird uns nichts mehr unmöglich sein! So etwas Ähnliches haben die Jünger an Pfingsten erlebt, als der Geist Gottes auf sie kam. Während sie in Babel zunächst dieselbe Sprache sprachen und sich plötzlich alle nicht mehr verstanden, sprachen sie an Pfingsten alle eine andere und trotzdem verstanden sie sich. Ich glaube an die Tatsache, dass gerade in der Einheit und dem Sprechen einer Sprache (damit meine ich nicht zwingend ein und dieselbe Landessprache) eine unglaubliche Kraft verborgen liegt. Sie verändert unser Denken, unsere Kultur. Wo wir uns kommunikativ nicht finden, da entstehen Beziehungsprobleme bis hin zur Unfähigkeit, miteinander unterwegs zu sein. Wenn wir aber zu einer gemeinsamen Sprache finden – als Christen, als Lokalgemeinde, aber auch in einer Ehe oder Freundschaft –, dann wird uns nichts mehr unmöglich sein. Es lohnt sich, neuländisch sprechen zu lernen.

## DEN BEZIEHUNGSNERV FREILEGEN

Nach jahrelangen ständig wiederkehrenden Rückenschmerzen erhielt ich unerwartet die Diagnose »Heftige Diskushernie« und die dringliche Aufforderung, mich unverzüglich operieren zu lassen. Obwohl ich bereits Auswirkungen wie Kraftverlust im Bein gespürt hatte, war mir nicht bewusst, wie nahe ich bereits an verschiedenen Schädigungen und Funktionsstörungen des Körpers dran war. Es waren doch »nur« Rückenschmerzen, wie sie jeder Dritte hat, mit dem ich rede.

Offensichtlich war es aber schlimmer, als angenommen. Meine Bandscheibe hatte sich verabschiedet und ihren angestammten Platz verlassen. Dabei drückte sie einen großen Bereich des Nervenkanals ab, was Funktionsstörungen nach sich zog und längerfristig zu bleibenden Schäden führen konnte. Wenig tröstlich, dass man mit der Operation, falls sie nicht optimal lief, genau das auslösen konnte, was man eigentlich mit ihr verhindern wollte. Plötzlich sah ich mich mit Neuland konfrontiert. Was, wenn die Bandscheibe noch weiter rutschte oder man bei der OP einen Nerv verletzte – wie würde ich mit lebenslänglichen Schmerzen klarkommen, mit einem bleibenden Kraftausfall oder Lähmungen? Hatte ich vorgestern womöglich mein allerletztes Tennismatch gespielt?

Das sind alles Dinge, mit denen andere Leute durchaus leben müssen und auch leben können, aber sie kamen so unerwartet für mich wie ein Blitzeinschlag an einem wolkenlosen Frühlingstag. Ich saß in diesem steril-weißen Beratungszimmer, sah mich mit möglichem Neuland konfrontiert und überlegte mir, mit was von alldem ich am meisten zu kämpfen hätte. Es hat nicht wirklich etwas Beruhigendes an sich, wenn ein Arzt mit den Röntgenbildern in der Hand völlig fasziniert Sätze sagt wie: »Oh! So einen heftigen habe ich noch nie gesehen!« Ich hatte die Symptome viel zu lange ignoriert.

Dasselbe geschieht in vielen Beziehungen. Irgendwo beginnt es zu drücken, zu ziehen, zu schmerzen. Aber anstatt der Sache auf den Grund zu gehen, läuft man in der Beziehung weiter, da ja »alle anderen« auch solche Symptome haben. Richtig, es drückt immer mal wieder in Beziehungen. Aber dort, wo man sich so stark »auf die Nerven geht«, dass es Funktionsstörungen und Kraftausfälle gibt, wird es ungesund. Viel zu oft ignorieren wir diese Beziehungssymptome jedoch über längere Phasen hinweg und leben weiter, ohne zu merken, wie es wirklich um unser »Beziehungsrückgrat« steht und dass unser »Beziehungskörper« bleibenden Schaden nimmt, sodass bestimmte Bereiche absterben.

Beispielsweise kann sich über die Jahre ein missmutiger Tonfall einschleichen, wenn bestimmte Themen angeschnitten werden. Es etabliert sich eine abschätzige Art, wie man den anderen in einer bestimmten Situation behandelt. Oder man entwickelt eine unterschwellige Verachtung dafür, wie der andere »nun mal ist«. Vielleicht ignoriert man den anderen auch einfach, was nicht minder verletzend ist. Wenn wir solche Dinge als »normal« betrachten, dann drückt das auf den Beziehungsnerv, bis bleibender Schaden entsteht. Manchmal braucht es in solchen Situationen die Hilfe von außen, von jemandem, der den Druck beseitigt und den Nerv wieder freilegt – so, wie der Chirurg die herausgerutschte Bandscheibe bei mir entfernte.

Tamara und ich haben eben erst realisiert, dass die letzten sechs bis sieben Jahre mit der Kleinkindphase unserer Töchter einen höheren Tribut gezollt haben, als wir es auf den ersten Blick angenommen haben. Die vielen schlechten Nächte, all die neuen Themenfelder im Zusammenhang mit den Kindern, die vielen angespannten Tage mit Herausforderungen und Überforderungen haben dazu geführt, dass wir zu wenig Zeit für uns und unsere Ehe hatten. Wir hatten keine Energie, auch einmal über unsere Befindlichkeit zu reden, und haben manchmal einfach nebeneinanderher gelebt. Das mag wohl für kurze Phasen als Überlebensstrategie dazugehören, aber man muss dann rechtzeitig wieder aussteigen und neue Muster erlernen. Ignoranz, Stolz oder Verletztheit dürfen unsere Beziehungen nicht zerstören.

Gut möglich, dass – wie bei meinem Rücken – dann und wann bei Einzelnen unserer Beziehungen ein »Durchleuchten« dran wäre. Es kann unangenehm und erschreckend sein, wenn man sich unvorbereitet mit der Diagnose »Heftiger Vorfall« konfrontiert sieht. Und doch gibt es einfach diese Beziehungsvorfälle, für die man Hilfe von außen und vielleicht sogar eine tiefergreifende Operation benötigt. Ja, allein sich das einzugestehen, kann wehtun, ganz zu schweigen von dem, was noch vor einem liegt. Weder Operation noch langwieriger Heilungsprozess sind angenehm. Aber sie sind heilsam. Sie ermöglichen erst, wieder entspannt und fröhlich gesunde Beziehungen genießen zu können. Und sie eröffnen auf lange Sicht ganz neue Lebensgefühle.

Was mich an dieser Rücken-Misere sehr bewegt hat, ist, wie so eine kleine Bandscheibe, die einfach nicht mehr an der richtigen Stelle sitzt, den halben Körper außer Gefecht setzen kann. Sie drückt auf die Nerven und, wenn es schlimm kommt, fallen alle Funktionen aus, die unterhalb dieser Stelle liegen. Viel zu lange hatte ich das leichte Drücken auf den Nerv und die Ausstrahlungen ignoriert. Für mich ist das ein Bild für das geworden, was in Gottes Reich oft geschieht. Als Christen werden wir als Leib bezeichnet. Auch in diesem Leib ist immer wieder etwas nicht an der Stelle, an der es sein sollte. Das geht uns dann wortwörtlich heftig auf die Nerven. Es ist unbequem und drückt. Und genau da müssen wir ansetzen: Wir dürfen nicht zulassen, dass uns etwas dermaßen nervt und es dann einfach ignorieren. Sonst beginnt es auszustrahlen und hat Auswirkungen auf den ganzen Körper.

**Wo gibt es in deiner Ehe, deinen Beziehungen und auch in deinem Miteinander mit anderen Christen Druckpunkte? Wo hast du dich in eine Überlebensstrategie geflüchtet und diese nie mehr verlassen? Wo ist vielleicht etwas in dir verrutscht, das begonnen hat, auf die Nerven zu gehen, sodass Dinge abgestorben sind?**

**Bitte Gott darum, diese Bandscheibe wieder zurechtzurücken. Und beginne mit deinen Physio-Übungen, zum Beispiel mit Vergebungs-Kniebeugen oder »Auf den anderen zugehen«-Liegestützen, um diese Beziehung wieder gesunden zu lassen. Sei dir auf keinen Fall zu schade, auch professionelle Hilfe von außen zu holen.**

Seit meinem Bandscheibenvorfall lese ich folgende Bibelstelle mit anderen Augen: »Das Auge kann nicht einfach zur Hand sagen: ›Ich brauche dich nicht!‹ oder der Kopf zu den Füßen: ›Ich brauche euch nicht!‹ Nein, gerade die Teile des Körpers, die schwächer zu sein scheinen, sind besonders wichtig« (1. Korinther 12,21-22).

Die Einheit unter Christen ist genau deshalb in einem schlechten Zustand, weil wir über die anderen sagen oder zumindest denken: »Ich brauche dich nicht!« Weil wir die schlechten Gefühle und Gedanken gegenüber anderen und ihren kirchlichen Traditionen und Denominationen zulassen. Weil wir andere ignorieren, belächeln oder ihnen teils den Glauben fast gänzlich absprechen. Es beginnt, indem man schlecht übereinander redet und das Miteinander ablehnt. Dabei entwickelt man sich unbewusst einseitig, weil die Ergänzung fehlt. Überall treten Schmerzen und Lähmungserscheinungen auf – vor allem aber blockieren wir auch den uns verheißenen Segen. Wenn wir jedoch genau gegensätzlich handeln, positiv übereinander reden, füreinander einstehen, dann verändert sich das ganze Klima und das Miteinander bekommt eine Strahlkraft. Wir dürfen lernen, die anderen mit Gottes Augen zu sehen und neuländische Beziehungen zu leben.

Genau deshalb hat Gott sich ja dazu entschieden, durch Christus zerbrochene Beziehungen wiederherzustellen. In erster Linie natürlich die Beziehung zu ihm. Aber damit auch die Beziehung zu unseren Mitmenschen. Und das haben nicht einfach »die anderen« nötig, sondern es beginnt bei dir und mir. In Matthäus 9,12 sagt er: »Nicht die Gesunden brauchen den Arzt, sondern die Kranken.«

Ich wünsche mir sehr, dass wir diesen drückenden Schmerz und die dadurch entstehenden Lähmungen und den Kraftausfall in Gottes Reich nicht mehr einfach ignorieren und akzeptieren, sondern dass wir Gott als Arzt ranlassen, der operiert und wiederherstellt. Die Folge davon wird sein, dass der Körper – wir als Christen – wieder in voller Kraft laufen und Christus durch die gesunden Beziehungen sichtbar wird. Es wartet Beziehungs-Neuland auf uns – und das ganz stark im Einheits-Neuland!

# 7
# IDYLL
# ISCH

## Das Einheits-Neuland

Das Einheits-Neuland ist ein spezifisches Gebiet im Beziehungs-Neuland. Meine größten Wachstumsschritte habe ich persönlich in den letzten Jahren durch Christen aus anderen Traditionen und mit anderen Hintergründen gemacht. Wir haben uns gegenseitig so viel zu geben – unser Glaubenshorizont erweitert sich durch andere. Gottes Reich ist so viel größer als die Kirche, der wir angehören. Spätestens im Himmel sitzen wir dann ja auch idyllisch nebeneinander – sicher ist es besser, wir üben diese Situation schon jetzt.

Ich höre immer wieder von allen Seiten verständliche und weniger verständliche Argumente, warum »die anderen« nicht wirklich so richtig richtig glauben. Und von friedlicher Idylle sind wir weit entfernt. Über die Jahre beginnt sich bei mir der Verdacht zu erhärten, dass unser gemeinsamer Christus in Sachen Gnade, Weitsicht und Großherzigkeit in einer anderen Liga spielt als wir Christen, die wir ihm nachfolgen. Deshalb hat Mahatma Gandhi, der Kopf der indischen Unabhängigkeitsbewegung, zu Recht gesagt: »Ich mag euren Christus, aber ich mag eure Christen nicht. Eure Christen sind Christus gar nicht ähnlich.«

Unser Glaube und unser Wahrheitskonstrukt sind sehr viel stärker von unserer persönlichen Geschichte geprägt, als wir selbst oft wahrnehmen. Und manches am Glauben anderer kann uns irritieren, uns gar falsch erscheinen – weil wir es mit dem Hintergrund unserer Kultur schlicht nicht einordnen können. Dabei muss uns immer bewusst sein, dass unsere eigene Erkenntnis nur bruchstückhaft ist und wir als Gläubige Gott nie in vollem Umfang ertasten können – genau wie die Blinden, die einen Elefanten untersuchen. Jeder tastet sich an einer anderen Stelle vor – am Ohr, dem Stoßzahn, dem Rüssel, dem Bein oder dem Schwänzchen. Wenn sie sich anschließend darüber austauschen, wie ein Elefant ist, gibt es – wenig überraschend –

doch beträchtliche Abweichungen. Jeder hat den Elefanten sehr gut und absolut richtig wahrgenommen – nur aus einer völlig anderen Perspektive – und ist nun begrenzt durch den eigenen Erfahrungshorizont. Ganz ähnlich ist unser Glaube eine subjektive Wahrheit von dem, was wir erfahren und nach bestem Wissen und Gewissen verstanden haben. Es ist immer wieder gut, sich selbst einzugestehen, dass man womöglich nur den Rüssel hält.

In meiner Begegnung mit Christen aus anderen Traditionen habe ich unglaublich viel gelernt – Irritationen haben sich aufgelöst, weil ich verstanden habe, warum sie so glauben. Anderes ist irritierend geblieben, und das ist völlig in Ordnung. Gemeinsam unterwegs zu sein, heißt nicht, dass wir gleichförmig glauben müssen. Ich muss nicht alles gutheißen, nicht alles verstehen, und kann Dinge nach wie vor falsch finden. Auch wenn ich mit Tamara seit bald zwei Jahrzehnten eine Beziehung führe, haben wir in bestimmten Dingen unterschiedliche Meinungen. Manchmal können wir trotz intensiven Austauschs nicht nachvollziehen, wie man dieselbe Sache derart verschieden wahrnehmen und sehen kann. Aber wir müssen nicht in allen Punkten mit jemandem übereinstimmen, um ihn zu lieben. Und genau darauf baut Einheit auf.

Unser Ziel kann es nicht sein, alles gleich zu sehen und einen schwammigen Glaubensbrei zu erzeugen, um eine möglichst starke Einheit zu kreieren. Ich bin weder für Allversöhnung noch für eine Einheitskirche. Vielmehr geht es darum, dass wir die Einheit in den Kernpunkten suchen und einander trotz anderen Ansichten in Seiten- oder Lieblingsthemen den Glauben nicht absprechen. Dabei ist es hilfreich, wenn wir uns immer wieder kritisch selber beäugen und dabei vielleicht entdecken, dass Jesus andere Akzente setzen würde als die, für die wir feurig unterwegs sind.

Ganz viel Ablehnung geschieht aufgrund persönlicher Glaubensvorlieben, primär aber aus Angst vor dem Fremden und aus Unwissenheit. Dort, wo Menschen sich jedoch über den eigenen Stolz hinausbewegen, über die eigenen festgefahrenen Meinungen hinwegsetzen, können echte, tiefe Begegnungen entstehen, geprägt von gegenseitigem Respekt und Liebe. Und genau in diesem Neuland kommt es schließlich auch zu Momenten des Verstehens, des Erkennens und des Wachsens aneinander und miteinander. Unabhängig davon, was man noch alles anders sieht.

Die Internetgemeinschaft wurde einmal durch das einfache Foto eines Kleides und die Frage nach dessen Farbe gespalten. War es schwarz-blau oder weiß-gold? Ich sah das Foto auf meinem Bildschirm im Büro und fragte mich, was diese doofe Frage sollte, da es so augenscheinlich schwarz-blau war. Zu meiner völligen Verblüffung war rund die Hälfte meiner Büro-Kolleginnen und -Kollegen der Meinung, es sei weiß-gold, was für mich an völlige Absurdität grenzte. Erst die unendliche Liste an Kommentaren unter dem Bild, die ebenfalls 50/50 waren, ließ mir die Tatsache bewusst werden, dass wir Farben tatsächlich anders wahrnehmen – je nachdem, was unser Hirn mit dem Schatten und der Umgebung macht. Beim Glauben ist es genauso. Dinge, die für dich völlig klar scheinen und bei denen du dir überhaupt nicht vorstellen kannst, wie man da nur eine andere Meinung haben kann, sind nicht immer so klar – je nach Wahrnehmung.

Oft wird Weite im Miteinander unter verschiedenen Denominationen mit der Begründung abgelehnt, dass im Glaubenshaus der anderen etwas falsch läuft und man selbst die Wahrheit (so wie man den Glauben jedenfalls als maximal wahr empfindet) zu bewahren versucht. Vieles aber, das als bewahrend daherkommt, ist oft nichts anderes als fromm getarnte Lieblosigkeit.

Als eine Frau Jesus verschwenderisch mit einem Öl salbte, das den Wert von rund einem Jahresgehalt hatte, schien der Kommentar von Judas absolut zulässig, dass man das Geld doch besser den Armen gegeben hätte (Johannes 12,5). Die Frau hatte mit dem Öl jedoch ihre Liebe gegenüber Jesus ausgedrückt, der das wertzuschätzen wusste. Denn Liebe ist ein Geschenk und etwas schenken hat immer mit Verschwendung zu tun. Übrigens: Judas' Einwand klingt logisch und fromm – ist aber schlicht lieblos und entlarvt sein Herz. Öl im Wert von dreihundert Silbergroschen (ca. das Jahresgehalt eines Arbeiters) bezeichnet er als Verschwendung, während er wenig später das Leben seines Freundes für 30 Silbergroschen verkauft.

Immer wieder erschrecke ich über die Tatsache, dass mir oft gerade dort, wo Gottes Liebe am stärksten spürbar und sichtbar werden sollte, am meisten Ablehnung, Abgrenzung und Lieblosigkeit entgegenschlägt. Und das aus der Überzeugung heraus, dass damit Gottes Wahrheit verteidigt und die Spur gehalten wird; dass er sich daran freut, wenn jemand die wahren Werte hochhält und klare Grenzen setzt, dabei den eigenen Glauben nicht verleugnet. Schließlich will niemand erleben, dass ihm ein Hahn Tinnitus-verdächtig ein dreifaches »Kikerikiii« ins Ohr schmettert. Aber wie wir es drehen und wenden: Am Ende verzerrt sich viel dieser gut gemeinten Bewahrungsenergie zu einer lieblosen Aburteilung, und wir bewegen uns fast in den Fußstapfen von Saulus, der sich auch auf göttlicher Mission wähnte und dabei völlig falsch lag.

Hand aufs Herz: Gibt es in deiner Wahrnehmung »die anderen«? Was sind deine Argumente gegen sie? Und wenn du ganz ehrlich hinschaust und hinhorchst: Was sind die Hintergründe dafür? Welche Ängste hast du vielleicht? Wo sind sie begründet, wo nicht? (Lies dann unbedingt auch noch mal das Angstkapitel!)

Oft treten die großen Abwehrreflexe genau in den Bereichen auf, in denen uns eine Weiterentwicklung guttun würde. Man stört sich daran, dass die andern »zu …« sind und findet es »heikel bis gefährlich«. Dabei sollte man sich gerade ein wenig in diese Richtung entwickeln.

Entspann dich und genieß die Idylle der Unterschiedlichkeit, ohne dabei eine gesund-kritische Betrachtungsweise aufgeben zu müssen.

Am Ende bleibt oft ein Dreiklang aus Dingen, die ich gelernt habe, solchen, die ich immer noch nicht verstehe, und Aspekten, die ich falsch finde. Damit kann Gott ganz gut umgehen.

## DER SCHLÜSSEL FÜR EINHEIT

Der Schlüssel für Einheit ist nicht ein identischer Glaube, sondern ein identischer Geist. Für mich sind es bis heute besondere Momente, mit Christen unterschiedlicher Hintergründe gemeinsam zu beten und zu spüren, dass derselbe Geist in uns lebt. Dabei ist es nicht wichtig, dass wir alle äußeren Ausdrucksformen des Glaubens miteinander teilen können, sondern dass uns das Innere verbindet. Wenn der Geist in mir und gleichzeitig meinem Gegenüber wohnt, dann ist auf dieser Basis ein Gegeneinander nicht möglich (Diskussionen und unterschiedliche Meinungen sehr wohl). Gottes Geist bekämpft sich nicht selber. Wenn ein Streit entsteht, dann sind das immer menschliche Dynamiken.

Es braucht Großzügigkeit gegenüber der Andersartigkeit und Freude am Suchen des größten gemeinsamen Nenners.

Ich erlebe, dass dort ein Miteinander möglich ist, wo Menschen nicht irgendeine Lieblings-Theologie oder Lieblings-Glaubensform ins Zentrum rücken, sondern christuszentriert und geisterfüllt unterwegs sind. Weil Christus selbst sich als Weg bezeichnet (Johannes 14,6), finden wir dank ihm auch immer eine gemeinsame Richtung.

Psalm 133,1.3 sagt: »Seht, wie schön und angenehm es ist, wenn Brüder einträchtig beieinander wohnen! […] Wo dies geschieht, hat der Herr seinen Segen versprochen – Leben, das niemals enden wird!« Einträchtig meint, ein friedliches Miteinander zu haben – und das hat nichts mit gleich denken, gleich glauben oder gleich fühlen zu tun. Sondern mit der Herzenshaltung den anderen gegenüber, selbst wenn wir etwas unterschiedlich angehen. Wo wir mit Geschwistern in Einheit unterwegs sind, da kann Gott nicht mehr anders, als uns zu segnen – denn er drückt sich nicht um seine Verheißungen herum.

Ich liebe es, Mauern der Vorurteile einzureißen, um aus denselben Steinen Brücken zu bauen. Ich versuche, weltmeisterlich zu segnen, und suche mit heiliger Leidenschaft nach dem Verbindenden, um Trennendes zu überwinden.

Als ich bei einer katholischen Veranstaltung sprach, war ich tief bewegt davon, wie ehrfürchtig die Eucharistiefeier angegangen wurde. Ich konnte dadurch etwas von Gottes Heiligkeit entdecken, die ich in anderen Gottesdiensten sonst oft nicht spüre. Trotzdem bleiben Fragen offen, aber statt mich an Unterschiedlichkeiten aufzureiben, habe ich gelernt, dieses Neuland neugierig und mit wohlwollendem Herzen zu erkunden – ohne damit gleich alles bejahen, mitzuleben und mitglauben zu müssen. Da, wo wir angstfrei miteinander über unser Unverständnis reden können, werden wir oft mit wunderbaren Erkenntnissen beschenkt.

Diese angstfreie Unvoreingenommenheit ermöglicht es uns,

Vorurteile abzubauen und echte Grundanliegen von Übertreibungen zu unterscheiden. Viele der folgenden Gedanken sind von Peter, meinem weisen Freund und Bürokollegen inspiriert. Sie gehen konkret auf das noch immer oft spannungsgeladene Verhältnis zwischen evangelischen und katholischen Christen ein. Einiges lässt sich natürlich auch auf die Beziehungen zu anderen Kirchen und Gemeinden übertragen, von charismatisch über traditionell bis hin zu orthodox.

Es ist gut, wenn wir das Thema der Einheit im Herzen und im Gebet bewegen, Gott dafür danken, was uns am Andersartigen beeindruckt und inspiriert (oder auch neuländisch weit werden lässt), aber auch dazu stehen, was uns trotz allem fremd ist und bleibt, oder falsch scheint. Die wichtigste Grundlage ist, zwischen innerem und äußerem Geschehen zu unterscheiden. Das bedeutet, dass wir gut unterscheiden zwischen innerer, liebender Verbundenheit mit Gott und den äußeren Ausdrucksformen und Zugangswegen, die wir selbst oder unser Gegenüber pflegen.

Es ist ganz wichtig, äußere Formen und Zugangswege in den Dienst des inneren Lebens zu stellen und nicht umgekehrt. Natürlich sucht das Innere nach äußeren Formen, um sich ausdrücken und kultivieren zu können. Auch sind äußere Formen wichtig, um das innere Leben zu bewahren und andere mit in die Gemeinschaft hineinzunehmen. Trotzdem: Das Äußere kann und soll nicht den Platz des Inneren übernehmen. Sicherlich sind das innere Leben und das Praktizieren von äußeren Formen oft eng miteinander verwoben. Und doch ist es wichtig, sich immer wieder zu vergegenwärtigen: Einheit wächst nicht auf dem Boden des gemeinsamen Praktizierens von äußeren Formen, sondern auf dem gegenseitigen Spüren und Zugestehen des innerlich vorhandenen geistlichen Lebens – wie auch immer das dann ausgelebt wird.

Paulus spricht im Römer 14 über den Umgang mit Speisevorschriften – und erwähnt da Prinzipien, die eins zu eins auf das Miteinander der Denominationen anwendbar sind:

»Nehmt den an, der im Glauben schwach ist, ohne mit ihm über verschiedene Auffassungen zu streiten. Der eine glaubt, alles essen zu dürfen, der Schwache aber isst kein Fleisch« (Verse 1-2; EIN).

Wir können diesen Text aus der Brille einer katholischen Christin lesen, in dessen Augen die evangelische Schwester »schwach« ist, und umgekehrt. Fest steht: Wir sollen einander annehmen, ohne über unterschiedliche Auffassungen zu streiten.

»Wer Fleisch isst, **verachte den nicht,** der es nicht isst; wer kein Fleisch isst, **richte den nicht,** der es isst. Denn Gott hat ihn angenommen« (Verse 3; EIN).

Obwohl hier von einer falsch verstandenen Freiheit in Sachen Essen und Trinken die Rede ist, könnte man diese Verse mutig auch mal auf Eucharistie, das Abendmahl, beziehen und sagen: Wer Fleisch isst (der Katholik, der davon ausgeht, dass die Hostie wirklich zum Leib Christi wird) verachte den nicht, der es nicht isst (oder es nicht exakt im katholischen Lehrsinn versteht). Umgekehrt sollen evangelische die katholischen Geschwister nicht richten.

»Wie kannst also du deinen Bruder richten? Und du, wie kannst du deinen Bruder verachten? Wir werden doch alle vor dem Richterstuhl Gottes stehen« (Verse 10; EIN).

Paulus betont hier nochmals die Eigenverantwortung, die jeder Christ vor Jesus hat.

»Daher wollen wir uns nicht mehr gegenseitig richten. Achtet vielmehr darauf, dem Bruder keinen Anstoß zu geben und ihn nicht zu Fall zu bringen. Auf Jesus, unseren Herrn, gründet sich meine feste Überzeugung, dass an sich nichts unrein ist; unrein ist es nur für den, der es als unrein betrachtet. **Wenn wegen einer Speise, die du isst, dein Bruder verwirrt und betrübt wird,** dann handelst du nicht mehr nach dem Gebot der Liebe. **Richte durch deine Speise nicht den zugrunde, für den Christus gestorben ist. Es darf doch euer wahres Gut nicht der Lästerung preisgegeben werden«** (Verse 13–16; EIN).

Wir sollen darauf achten, dass wir nicht wegen unserer äußeren Ausdrucksform (und unserem Verständnis davon) unsere Geschwister verwirren oder beunruhigen.

»… denn das Reich Gottes ist nicht Essen und Trinken, es ist Gerechtigkeit, Friede und Freude im Heiligen Geist. Und wer Christus so dient, wird von Gott anerkannt und ist bei den Menschen geachtet« (Verse 17–18; EIN).

Im Reich Gottes (und bei Einheit der zum Reich Gottes Gehörenden) geht es somit nicht um Äußerlichkeiten wie essen oder nicht essen, sondern um das Innere, das gemeinsame Erfahren des Heiligen Geistes – seiner Gerechtigkeit, seines Friedens, seiner Freude.

»Lasst uns also nach dem streben, was zum Frieden und zum Aufbau beiträgt. **Reiß nicht wegen einer Speise das Werk Gottes nieder!** Alle Dinge sind rein; schlecht ist es jedoch,

wenn ein Mensch durch sein Essen dem Bruder Anstoß gibt«
(Verse 19–20; EIN).

Das bedeutet: Äußere Formen können manchmal tatsächlich zu
einem Hindernis für die Einheit werden und zwar dann, wenn
wir sie dem anderen überstülpen wollen. Oder wenn wir mit
unserem freiheitlichen Umgang dem anderen einen Anstoß geben. Kurz: Ich respektiere, ich verzichte, wo nötig, lebe selber
nach dem Stand meiner Erkenntnis und bin trotzdem verbunden. Wir können als unterschiedliche Christen volle geistliche
Einheit haben, auch ohne gemeinsame uns »heilige« äußere
Formen.

Der entscheidende Punkt wird immer sein, inwieweit das innere Feuer brennt und wie lebendig und ansteckend die Anbetung des dreieinigen Gottes, die Liebe zu ihm und zum Nächsten ist. Dabei sollten wir darauf achten, dass wir uns nicht bei
den äußeren Formen – so zentral sie für uns sind – aufhalten
und an ihnen aufreiben. Es ist gut, sich immer wieder der eigenen »Einseitigkeit« bewusst zu werden. Genau deswegen sind
der Austausch und die Begegnungen über Konfessionsgrenzen
hinweg enorm wichtig. Entscheidend ist, dass wir uns darauf
konzentrieren, die »Einheit des Geistes zu wahren durch den
Frieden«, der uns zusammenhält (Epheser 4,3; EIN).

Zusammenfassend gesagt, ist es ungemein entlastend, dass
wir einander über Konfessionsgrenzen hinaus echten Glauben
an Jesus, Zugehörigkeit zu ihm und tiefe Glaubenserfahrungen
zugestehen dürfen, ohne dass wir jede äußere Ausdrucksform
oder den Glauben daran teilen müssen. Und ohne, dass wir uns
selbst oder den anderen als »besser« oder »richtiger« beurteilen
müssen.

Mir hat zudem das Bild von Familie geholfen. So viele Familien erleben gerade um die Weihnachtszeit herum dasselbe:

Man freut sich auf das Miteinander, man will irgendwie zusammen sein und sich treffen – wenn man es dann aber schafft, alle über die Tage zusammenzupferchen, kommen die alten Muster zum Tragen; viele merken, dass sie es trotz aller Liebe eigentlich gar nicht so lange miteinander aushalten. Familie ist unerträglich. Und unerträglich schön. Beides trifft wohl manchmal zu. Und genau so ist es auch in Gottes Familie – man ahnt, dass man durch den gemeinsamen himmlischen Vater irgendwie zusammengehört, versucht sich vielleicht sogar auf Begegnungen einzulassen, sieht sich dann oft aber auch mit der vollen Ladung an Nerv-Potenzial einer Familie konfrontiert. (Falls das Buch tatsächlich auch mal von Mitgliedern meiner Familie gelesen werden sollte – bei uns ist das natürlich anders, nichts nervt und ich liebe euch alle ungebrochen!)

**Wo hast du Berührungspunkte mit Christen aus anderen Denominationen? Welche Erfahrungen hast du mit ihnen gemacht?**

Am Ende ist die Einheit für mich in einer Welt, in der es in so vielen Beziehungen kränkelt, einer der wuchtigsten Gottesbeweise überhaupt. Jesus selbst hat das in seinem Gebet für uns so formuliert:

»Ich bete darum, dass sie alle eins sind – sie in uns, so wie du, Vater, in mir bist und ich in dir bin. Dann wird die Welt glauben, dass du mich gesandt hast. Die Herrlichkeit, die du mir gegeben hast, habe ich nun auch ihnen gegeben, damit sie eins sind, so wie wir eins sind. Ich in ihnen und du in mir – so sollen sie zur völligen Einheit gelangen, damit die Welt erkennt, dass du mich gesandt hast und dass sie von dir geliebt sind, wie ich von dir geliebt bin« (Johannes 17,21–23).

Es werden von uns so viele Bemühungen unternommen, damit Menschen in unserem Umfeld Christus begegnen können. Und das ist absolut gut. Jesus macht hier jedoch eine absolut zentrale Aussage: Wenn wir als Christen eins werden, wird die Welt ihn erkennen und glauben! Die besten Bemühungen sind unglaubwürdig, wenn sich Kirchen und Gemeinden gegenseitig bekämpfen.

Als ich einen Freund von mir fragte, warum er nicht an Jesus glauben möchte, war seine Antwort unmissverständlich: »Schau dir doch mal deine Kirchen an, wie die miteinander umgehen. Bring mir diese Kirchen zusammen und ich werde es mir überlegen!« Damit hat er als einer, der nicht an Gott glaubt, wohl manches besser verstanden als wir Christen selbst. Unser Verhalten spricht lauter als alle Predigten.

Begeisternderweise leben wir in einer Zeit, in der Gott diese Einheit neu formiert. Es beginnt sich in starkem Ausmaß Netzwerke von Christen zu bilden, die unterschiedliche Hintergründe haben, aber bereit sind, das Verbindende höher zu werten als das Trennende, solange Christus im Zentrum steht. Gott eröffnet gerade Neuland vor uns und die Frage ist, ob du bereit bist, diesen neuen Weg zu beschreiten und das neue Land zu entdecken – im demütigen Wissen, dass viele vor uns diesen Weg schon gegangen sind.

**Wo begegnest du deiner neuländischen Familie?**
**Wo reibst du dich vielleicht noch zu sehr**
**an äußerlichen Formen auf?**

# DER KRIEG IST VORBEI

Ich treffe immer wieder Menschen, die sich und ihrem Neuland selbst im Wege stehen. Wieder denke ich an den Vers aus Jeremia 4,3: »Pflügt euch Neuland und sät nicht unter die Dornen!« (ELB). Sie nehmen in ihrem persönlichen Glauben kein Neuland ein, weil sie zugelassen haben, dass ein Dornengestrüpp von Sorgen und Ängsten wuchern konnte. Darunter befinden sich auch Vorurteils-Stachelbüsche gegenüber anderen Christen – und sie kriegen diese Vorurteile nicht weg, weil sie durch die Büsche alle auf sauberer Distanz halten und gar keine Chance haben, näher mit dem Andersartigen in Berührung zu kommen. Ganz mühsam sind aber auch die hochgewachsenen Stolz-Hecken, die uns alles auf der anderen Seite ignorieren lassen. Unser Blick wird eingeschränkt, wenn es um die Vielfalt in Gottes Reich, in seinem großen Garten geht.

Was uns oft nicht bewusst ist: Durch unsere ablehnende, uns selbst schützende oder manchmal auch ignorante Haltung halten wir nicht nur das Gegenüber auf Distanz, sondern verwehren uns auch den Blick auf Neuland, das Gott uns zugedacht hat. Wir richten uns bequem und zufrieden im Altland ein, weil das Pflügen von etwas Neuem auch mit Aufwand und Schweiß verbunden ist.

**Wo in deinem Leben wäre es Zeit, Altland ruhen zu lassen und Neuland unter die Füße zu nehmen? Was genau sind die Dornen, die verhindern, dass da überhaupt etwas Neues wachsen kann?**

Der päpstliche Hofprediger Padre Raniero Cantalamessa, mit dem mich eine Freundschaft verbindet, lud mich zu persönlichen Besuchen in den Vatikan und zu Begegnungen mit dem Papst ein. Ich wusste, dass diese Papstbesuche nicht überall auf Begeisterung stoßen würden – aber einzelne Facebook-Kommentare und Briefe ließen jegliche Etikette missen. Wie man da über andere christliche Denominationen sprach, enthüllte ein sich über andere erhebendes Herz, aus dem Lieblosigkeit fließt. Eine erschreckende Tatsache, sollte doch gerade bei uns Christen Gottes Liebe sichtbar werden. Die Lieblosigkeit, die mir durch eine Überdosis an Moralin manchmal aus den eigenen Reihen entgegenschlägt, ist definitiv zerstörender als vieles, was diese Leute eigentlich anprangern wollen. Der deutsche Dichter Johann Paul Friedrich Richter soll gesagt haben: »Man hört immer von Leuten, die vor lauter Liebe den Verstand verloren haben. Aber es gibt auch viele, die vor lauter Verstand die Liebe verloren haben.« So viele Menschen versuchen dermaßen korrekt und verstandesmäßig den christlichen Glauben zu zementieren, dass sie dabei völlig blind dafür werden, dass ihnen irgendwo unterwegs auf der Reise des Lebens die Liebe vom Anhänger gefallen ist. Ohne Liebe ist jedoch alles nichts und nichtig:

»Wenn ich in Sprachen rede, die von Gott eingegeben sind – in irdischen Sprachen und sogar in der Sprache der Engel –, aber keine Liebe habe, bin ich nichts weiter als ein dröhnender Gong oder eine lärmende Pauke. Wenn ich prophetische Eingebungen habe, wenn mir alle Geheimnisse enthüllt sind und ich alle Erkenntnis besitze, wenn mir der Glaube im höchsten nur denkbaren Maß gegeben ist, sodass ich Berge versetzen kann – wenn ich alle diese Gaben besitze, aber keine Liebe habe, bin ich nichts. Wenn ich meinen ganzen Besitz an die Armen verteile, wenn ich sogar bereit bin, mein Leben zu opfern und mich bei lebendigem Leib verbrennen zu lassen, aber keine Liebe habe, nützt es mir nichts. Was für immer bleibt, sind Glaube, Hoffnung und Liebe, diese drei. Aber am größten von ihnen ist die Liebe« (1. Korinther 13,1–3;13).

Ohne Liebe werden selbst die edelsten Bemühungen nicht nur nichtig, sondern geradezu ins Gegenteil verkehrt. Der Ausfluss davon findet sich dann leider oft schäumend zusammengespült in irgendwelchen Kommentar-Zeilen auf Facebook. Teilweise bekomme ich auch Videos zugeschickt, die eine andere christliche Denomination verunglimpfen und angebliche Verschwörungstheorien aufdecken, die es zu so ziemlich jedem geistlichen Leiter und jeder geistlichen Aufbruchsbewegung gibt. Ist dir auch schon mal aufgefallen, dass nur die, die nichts bewegen, keine Gegner haben? Falls es also von deiner Lieblingskirche gar nichts Verschwörerisches zu berichten gibt, dann dürfte dich das ruhig ein wenig nervös machen.

Natürlich: Alle echten geistlichen Aufbrüche sind begleitet von teils ziemlich schrägen menschlichen Auswüchsen. Dabei jedoch den ganzen Aufbruch oder eine Bewegung im Gesamten negativ zu bewerten, wäre wie die Entscheidung, deine Traumfrau nicht zu heiraten, weil du herausgefunden hast, dass sie auf ihrem Abendbrot Nutella, Gurken und Rhabarer-Konfitüre kombiniert. Wir müssen lernen, mutiger, differenzierter und liebevoller hinzuschauen und nicht das Kind mit dem Bade ausschütten, um dann noch mit heiliger Verzweiflung den Lack der Badewanne mit den Fingernägeln wegzukratzen.

Bei meinem ersten Besuch im Vatikan hielt Padre Raniero vor dem Papst und rund 70 katholischen Geistlichen eine eindrückliche Predigt über das Thema Einheit und das Miteinander von evangelischen und katholischen Christen. Er erzählte dabei die

Geschichte von Hiroo Onoda, der im Zweiten Weltkrieg kämpfte und verpasst hatte, dass Japan kapituliert hatte. Er saß irgendwo auf einer der 7107 philippinischen Inseln und hatte es einfach nicht mitbekommen. Alle Versuche, ihn zum Aufgeben zu bewegen, misslangen. Selbst Flugblätter von seiner eigenen Familie hielt er für eine List des Gegners. Hiroo kämpfte ab Kriegsende 1945 ganze 29 Jahre lang weiter. In dieser Zeit tötete er 30 Menschen und verletzte über 100 weitere. Erst 1974 gelang es einem ehemaligen Vorgesetzten von Hiroo, ihn im Dschungel aufzuspüren und ihn zur Aufgabe zu bewegen. Noch immer war dieser in Kampfuniform und hatte Granaten und Munition dabei. Padre Raniero sagte in diesem Zusammenhang die prägnanten Worte: »Der Krieg ist vorbei!« Viele Christen haben das genau wie Hiroo Onoda jedoch nicht mitbekommen.

**Wo genau kämpfst du noch gegen andere Christen? Und wo kämpfst du überhaupt gegen jemanden? Gegen deinen Nachbarn? Gegen die Ausländer? Gegen die Andersdenkenden? Gegen deinen Ehepartner oder am Ende gegen Gott, dich selbst und gegen deine eigenen Ängste ...?**

Bitte, bitte hör auf damit und leg die Waffen nieder! Krieg führt immer in die Zerstörung hinein und richtet zugrunde. Oft richtet der Rückstoß unserer Waffe an uns mehr Schaden an als am Gegner, auf den wir schießen.

Fußball wird ja als völkerverbindendes Spiel verstanden – tatsächlich hat er aber schon das Gegenteil bewirkt. Bei der Qualifikation zur Weltmeisterschaft 1970 spielte Honduras gegen El Salvador. Das entscheidende dritte Spiel am 26. Juni in

Mexico City endete in der Verlängerung 3:2 für El Salvador, weshalb Honduras ausschied. Die Folge war der »Fußballkrieg«, in dem 2100 Menschen ihr Leben verloren und 6000 weitere verletzt wurden. Letzten Endes ging es aber nicht um dieses verlorene Fußballspiel – es war vielmehr eine Frage der Identität. Salvadorianer hatten in den Jahren zuvor Honduras »überschwemmt« und wurden von den Hondurianern als Eindringlinge wahrgenommen.[19]

Genauso geht es bei »Kriegen« zwischen Denominationen oft nicht um das eigentliche Streitthema, sondern um das Tieferliegende: Wir lassen uns von einer falschen Identität treiben. Denn unsere primäre Identität ist weder katholisch noch protestantisch, heilsarmistisch, pfingstlerisch, freikirchlich, anglikanisch, orthodox oder was auch immer. Unsere Identität ist in Christus selbst. Wenn wir diesen Bezugspunkt verlieren und unsere Kirchenzugehörigkeit zur obersten Identität werden lassen, dann haben wir die Schützengräben damit bereits ausgehoben.

Das große Markenzeichen von Jesus ist nicht, dass er Heerführer, sondern Friedefürst ist. Das hat konkrete Auswirkung auf unser persönliches Leben und führt uns zu einem fünften Bereich, in dem wir als Christen in Neuland aufbrechen sollen.

# 8. KÄMPFERISCH

## Das Welt-Neuland

Das himmlische Reich hat andere Werte und eine andere Kultur als die Welt um uns herum, die wir nicht von unserem Umfeld erwarten und auch nicht als Maßstab setzen können. Aber wir können neuländisch leben und so ein Wohlgeruch sein. Da wir nicht beziehungsfrei unterwegs sein können, löst jede Begegnung eine Wechselwirkung aus. Entweder die Situation prägt uns oder wir prägen sie.

Ich bin über viele Jahre hinweg im Speisewagen in mein Büro in Zürich gefahren. Dort gab es eine Bedienung, die mit der Situation in der Regel überfordert war. Man bekam entweder nichts oder das Falsche, sicher aber immer irgendeinen mürrischen Spruch oder ein Anti-Lächeln. Bei einer Zugfahrt sog mich dieser Negativstrudel richtiggehend ein. Ich stieg völlig unbedarft fröhlich ein – so fröhlich, wie man es am Morgen eben hinkriegt –, um dann nach einer Stunde mit einer innerlichen Unruhe, angesäuert und gereizt wieder auszusteigen. Damals habe ich die Entscheidung getroffen, dass ich mich nie mehr von dieser negativen Wolke einhüllen lassen werde. Es entstand der Kampf-Slogan: »Ich präge die Stimmung hier!« Und genau diese Haltung braucht »deine Welt«. Jemanden, der sich nicht negativ prägen lässt, sondern aufsteht und skandiert: »Ich präge die Stimmung hier!«

Zurzeit fragen sich viele ängstlich, was im Weltgeschehen dermaßen schiefzulaufen scheint und wie das mit Europa weitergeht, wann das Finanzsystem kollabiert, wo der nächste Krieg ausbricht, wie die Globalisierung zu bewerten ist, wohin die totalitäre Überwachung führt, wie man die Flutwelle von Flüchtlingen übersteht, wo der Genderwahn, der Werteverfall und der argwöhnische Verdacht gegen alles mit einem christlichen Hintergrund enden wird. Die Gesellschaft scheint vor Sorgen, Angst und Ratlosigkeit nur so zu triefen. Und manchmal wirkt es so, als gäbe es nur dort keine Angst, wo sie von

Ignoranz verdrängt wird. Auch wird von vielen Seiten bewusst oder unbewusst Hoffnungslosigkeit geschürt. Viele Wirtschaftszweige leben von der Unzufriedenheit und den Ängsten der Menschen. Weil man sich sorgt, schließt man Versicherungen ab, versucht man den Anschluss mit neuen Geräten nicht zu verpassen, gibt man Geld aus, um »in« zu sein – man investiert nicht hoffnungsvoll, sondern um sich glücklich oder sicher zu fühlen. Die voherrschende Frage ist oft nur: »Was bringt es mir?« Auch viele Christen lassen sich von der schier apathischen Frustration gepaart mit einem ordentlichen Schuss Egozentrik mitreißen.

Tatsache ist aber: Gott ist mit diesem Planeten noch nicht fertig! Gott ist mit der Menschheit noch nicht fertig! Gott ist mit Europa noch nicht fertig! Und Gott ist mit dir noch nicht fertig! Das ist eine geballte Ladung an Hoffnung! Es gibt immer noch diesen »Ich mache alles neu«-Gott! Er kann sich selbst nicht untreu werden und deshalb reiht sich Neuland an Neuland.

Und genau das ist die Botschaft des Evangeliums. Sie ist vor allem eine Hoffnungsbotschaft: Bei Gott gibt es Neuland! Bei Gott gibt es Hoffnung! Egal, wie abgebrannt die Erde deines Altlandes auch sein mag – Gott hat Neuland für dich vorbereitet! »Sollte dem Herrn etwas unmöglich sein?« (1. Mose 18,14a). Es gibt noch so viel zu erleben und zu entdecken. Die größten Niederlagen im Leben stecken wir nicht ein, wenn wir für etwas kämpfen und dann verlieren. Die größten Niederlagen geschehen in dem Augenblick, in dem wir aufhören, uns nach dem auszustrecken, was Gott eigentlich noch für uns vorbereitet hat.

»Denn wir sind sein Werk, geschaffen in Christus Jesus zu guten Werken, die Gott zuvor bereitet hat, dass wir darin wandeln sollen« (Epheser 2,10; LUT). – Gott hat wunderbare, gute

Werke vor uns in unserem Neuland platziert. Doch in dem Moment, wo wir uns hinsetzen und aufhören, diesen nachzujagen, verpassen wir den Segen.

Wenn dich die Lotteriegesellschaft anschreibt, um dir mitzuteilen, dass dein Los ein Hauptgewinn ist und du nun vier Wochen Zeit hast, mit deinem Schein deine 32 Millionen abzuholen, dann kämst du wohl kaum auf die Idee, die Zeit einfach verstreichen zu lassen. Vielmehr würdest du panisch die ganze Wohnung auf den Kopf stellen, weil du keinen Plan mehr hast, wo du diesen Zettel hingelegt hast. Vielen Christen aber scheint es schlichtweg egal zu sein, wo der himmlische Lotterieschein eigentlich ist. Ein solches lebloses Christentum, ein starrer, bewegungsloser Glaube fördert nicht nur viele gesellschaftliche Probleme, sondern ist oft sogar deren Ursache. Weil der lebendige Glaube nicht mehr sicht- und spürbar ist, bewegt sich die Gesellschaft überhaupt erst in die Hoffnungslosigkeit hinein. Eine neuländische Kultur hingegen ist die Grundlage für pulsierendes Christsein und gleichermaßen der Nährboden für einen lebendigen Glauben. Leider lassen sich viele Christen durch ihre Ängste und Verunsicherungen dazu verleiten, sich irgendwelche Feindbilder zu schaffen und heftig gegen sie anzukämpfen.

Als Christen sind wir Bürger des Himmels und dürfen diese himmlische Kultur hier auf Erden sichtbar werden lassen. Mehr als alles andere müssen wir uns danach ausstrecken, eine Sicht für Gottes Reich zu gewinnen und sie in unserem Leben Form annehmen zu lassen.

Präg deine Welt, indem du neuländisch darin lebst.

# DIE FRIEDENSSTIFTER-AUFGABE

»Selig sind, die Frieden stiften; denn sie werden Gottes Kinder heißen« (Matthäus 5,9; LUT). – Auf eindrückliche Weise wurde das am 24. Dezember 1914, mitten im Kriegsgetümmel des Ersten Weltkrieges, erfahrbar.[20] Nachdem viele Soldaten enthusiastisch einen schnellen Sieg erwartend in den Krieg gezogen waren, verflog die Hoffnung nach und nach, an Weihnachten könnten sie wieder zu Hause sein. In Flandern lagen sich die Soldaten beider Seiten in Grabensystemen gegenüber, die sich bedingt durch das schlechte Wetter in eisige Schlammlöcher verwandelt hatten. Nach fünf Monaten war die Westfront beinahe erstarrt, die Soldaten ernüchtert durch hohen Personenverlust, Munitionsmangel und die fehlende Perspektive auf einen raschen Sieg. Der Wunsch von Papst Benedikt XV., zu Weihnachten einen Waffenstillstand zu vereinbaren, wurde von beiden Kriegsparteien abgelehnt.

Zum Fest selbt wurden 355 000 Geschenkpakete an die britischen Soldaten geschickt, mit Segenswünschen vom König. Auch auf der deutschen Seite gingen viele private Geschenke und außerdem zehntausende Mini-Weihnachtsbäume an der Front ein. Auf beiden Seiten wuchs in diesen Weihnachtstagen die Sehnsucht nach Frieden, nach ungestörtem Öffnen der Pakete und nach Waffenruhe.

An einigen Stellen lagen die feindlichen Gräben nur rund 50 bis 100 Meter auseinander, sodass man problemlos miteinander sprechen konnte. Ein englischer Korrespondent beschrieb, wie die Deutschen anstatt der sonst üblichen Granaten plötzlich einen Schokoladenkuchen über das Niemandsland auf die britische Seite hinüberbeförderten, der dankbar angenommen wurde. Man erzählt sich, wie die Deutschen Weihnachtslieder sangen, woraufhin die Briten applaudierten. Die Briten begannen ebenfalls zu singen, worauf die Deutschen ein paar Weihnachtsbäume auf dem Grabenrand platzierten. Am Morgen des 24. war an den meisten Sektoren Ruhe eingekehrt. Man rief sich zu, dass man die Gefallenen bergen wollte, und tatsächlich wurde nicht geschossen, als sich die Männer aufs Niemandsland hinauswagten, wo sie miteinander zu sprechen begannen. An einer Stelle wurden den Briten zwei Fässer Bier geschenkt, worauf diese Christmas-Puddings zurückgaben. Beim Dorf Fromelles wurde bei der Begegnung auf dem rund 80 Meter breiten Niemandsland sogar ein gemeinsamer Gottesdienst gefeiert und Psalm 23 gesprochen. Vielen Tagebüchern und Berichten lässt sich entnehmen, dass dieser Moment für die Beteiligten wunderbar unwirklich war, ein unglaubliches Erlebnis, über dem ein geheimnisvoller Zauber lag. Man liest von gemeinsamen Weihnachtsfeiern, mindestens einem gemeinsamen Schweinegrillen, gegenseitigem Rasieren und Haareschneiden, dem Betrachten von Familienfotos, mehreren Fußballspielen und gegenseitigen Geschenken wie Tabak, Zigaretten und Schokolade. Der Zauber von Weihnachten entfaltete sich mit einer schlichten und entwaffnenden Kraft und führte vielerorts zu einer ungeplanten Verbrüderung. Der Grund? Weihnachten! Der Tag, an dem der Friedefürst geboren wurde, hat Frieden in dieser Welt überhaupt erst wieder möglich gemacht. Frieden mit Gott, anderen Menschen und uns selbst.

Tatsächlich braucht es sehr viel Mut, für diesen Frieden auf- und einzustehen. Wer sich aus dem Graben erhebt, weiß nicht, ob sein Friedensangebot und die ausgestreckte leere Hand angenommen werden. Er weiß nicht, ob ihn Kuchen oder Kugeln erwarten. Aber genau dazu sind wir berufen – unsere Schützengräben zu verlassen, die Ränder mit Christbäumen zu schmücken und mutig mit offenen Armen auf unser Gegenüber zuzugehen.

Wer nicht bereit ist, ins Neu-Niemandsland zu schreiten, der verfällt automatisch der Versuchung, Altland zu verteidigen. Dann gibt es Grabenkämpfe, die nichts als Tod produzieren und keinen Meter weiterbringen. Wir sind als Friedensstifter berufen und sollten alles in unserer Macht Stehende tun, diesen Frieden zu ermöglichen – was von der anderen Seite zurückkommt, liegt nicht in unserer Hand.

Vor einigen Monaten bin ich über einen Vers gestolpert, der mich nicht mehr loslässt: »Die Früchte, die vor Gott bestehen können, wachsen dort, wo Friedensstifter eine Saat des Friedens säen« (Jakobus 3,18). Ich habe von Gott her den Auftrag, Frieden zu stiften und die Saat des Friedens auszusäen. Das Wunderbare daran ist, dass ich nicht nur den Auftrag, sondern auch die Fähigkeit zum Friedenstiften bekommen habe. In jeder noch so alltäglichen Situation kann ich mich entscheiden, wie ich reagieren möchte. Gerade auch dann, wenn ich mich unangemessen behandelt fühle: Es ist immer meine Entscheidung, Frieden zu säen oder Krieg. Es ist, als hätte uns Gott in die rechte Hosentasche Samen des Friedens gefüllt, während wir in der linken Samen des Krieges aufbewahren. Viel zu oft lasse ich mich dazu verleiten, anstatt den Samen des Friedens eben die Kriegssamen auszusäen. Diese bringen niemals gute Frucht, sie lassen vielmehr alles Leben absterben – das Resultat sind keine gesunden, sondern kranke, dysfunktionale und tote Beziehungen.

Was wäre, wenn wir uns diesen Friedensstifter-Auftrag wirklich zu Herzen nähmen? Praktisch könnte das in deinem Alltag so aussehen: Gib etwas in deine rechte Hosentasche, das dich an die »Friedenssamen« erinnert – zum Beispiel kannst du ein paar kleine Traubenzucker hineinstecken. Jedes Mal, wenn dich im Alltag etwas aus dem Tritt bringt – sei es nun dein Partner, sei es der nervige Typ im Auto vor dir, sei es deine

»spezielle« Arbeitskollegin –, erinnern dich die Friedenssamen daran: Du kannst Menschen und Umstände zwar nicht ändern, aber du hast in der Hand, welche Samen du aussät – und welche Frucht du in deinem Leben und deinen Beziehungen sehen willst. Jedesmal, wenn es dir in einer Situation gelungen ist, Friedenssamen zu säen, darfst du einen Traubenzucker zur Belohnung lutschen. Ziel: Am Abend sind alle weg!

Bei einem Besuch der UN in Genf traf ich einen Mann aus Ghana. Ein unscheinbarer, kleiner Mann, der von allen in den höchsten Tönen gelobt wurde, was mich neugierig werden ließ. Seine Story ist bewegend und ein Hollywood-Drehbuch wert. Er war als einfacher Buchhalter bei den UN eingestiegen. Als er im Juli 2003 spät am Abend plötzlich auf einen Scheck stieß, den er selbst ausgestellt hatte, bei dem aber jemand den Empfänger-Namen durchgestrichen und nachträglich abgeändert hatte, wurde er misstrauisch, suchte weiter und stieß auf 25 solcher Schecks im Wert von rund 400 000 Dollar. Als er seinen Vorgesetzten davon berichten wollte, wurde er abgewiesen. Es gehe ihn nichts an. Er ging von Stelle zu Stelle und hörte immer wieder dieselben Worte. Man wollte nicht, dass er da herumschnüffelte, und drohte ihm gar damit, dass er seine Stelle verlieren würde. Schließlich bekam er sogar anonyme Drohanrufe. Aber der Mann aus Ghana glaubte an Christus und lebte überzeugt nach christlichen Werten. Also gab er um der Wahrheit willen nicht auf – bis ihm jemand Gehör schenkte. Es entpuppte sich als einer der größten UN-Skandale: Jemand hatte über einige Jahre hinweg über 3 Millionen Dollar abgezogen. Die Story schaffte es bis in die New York Times und viele wichtige Personen mussten den Hut nehmen.

Kurz darauf wurde ein neuer Finanzchef gesucht. Man wählte eine integere Person, der man vertrauen konnte: diesen unscheinbaren Mann aus Ghana. Mich bewegte die Begegnung mit ihm und seine Geschichte, wie er mutig bereit war, für den »Frieden« aufzustehen und zu kämpfen. Er hatte sich entschieden, nicht einfach zuzuschauen, wenn andere Menschen Unrecht und Krieg säen. Durch seinen Mut und die Integrität hat er in einer ganzen Organisation Frieden gestiftet. Die Früchte davon sind bis heute unübersehbar.

**Du bist eine Friedensstifterin, ein Friedensstifter. Wo in deinem Umfeld, in deinem Leben siehst du Krieg und Unfrieden? Wie könntest du mutig aufstehen und Frieden in diese Situationen hineinsäen? Oder etwas konkret anpacken, anstatt ständig wegzuschauen?**

**Wenn du einmal deine Lebensbereiche durchgehst – Nachbarschaft, Ehe, Kirche, Job, Freundeskreis, Sportteam etc. –, wo erwischst du am ehesten die falsche Hosentasche?**

## DAS OSTERINSEL-DRAMA

Was geschieht, wenn wir Unfrieden statt neuländischen Frieden säen, zeigt uns die Geschichte der Osterinsel in ihrer ganzen brachialen Dramatik. Es ranken sich viele Mythen und Theorien um sie – eine sehr plausible hat mich in ihren Bann gezogen:

Als man die völlig isoliert gelegene Insel im Südostpazifik wiederentdeckte, war sie nicht mehr bewohnt. Sie ist 163 km² groß und dem Wetter ungeschützt ausgeliefert. Überall liegen Steinfiguren herum – Köpfe auf Körpern, die bis zu 21 m groß sind und ein Gewicht von 10 bis 270 Tonnen aufweisen.

Ursprünglich standen diese Steinköpfe, und um ihren Hintergrund ranken sich viele Mythen. Untersuchungen von Feuerstellen und der Insel insgesamt malen folgendes Szenario:

Die Insel war in 11 Bezirke mit Häuptlingen aufgeteilt. Man nimmt an, dass diese Häuptlinge als Macht- oder Statussymbol solche Steinmänner aufstellen ließen. Diese wurden im Laufe der Zeit immer größer, was sich aus der Tatsache schließen lässt, dass die größten noch unfertig im Steinbruch liegen. Nachstellungen haben ergeben, dass die Schwersten von etwa 500 Mann gezogen werden mussten, was etwa einem Clan entsprochen hätte. Für diese Transporte wurden Holz und Seile von großen Bäumen verwendet – die ursprünglich auf dieser Insel wuchsen. Irgendwann waren alle abgeholzt. Das lässt sich auch aus den Ablagerungen in den Feuerstellen folgern: Zuunterst finden sich Knochen von Delfinen, die man nur weit draußen im Meer fangen kann. Mit der Zeit verschwanden diese Knochen. Wahrscheinlich hatten die Insulaner irgendwann keine großen Bäume mehr, um sich Einbäume zu bauen, und konnten auch keine Steinmänner mehr aufstellen. Daher begann man, die Steinmänner der andern umzustoßen. Irgendwann war auch kein Feuerholz mehr da und die Menschen mussten mit Pflanzenresten und Farn anfeuern. Durch die fehlenden Bäume war die Insel weitgehend ungeschützt und den Gezeiten ausgeliefert. So konnte nichts mehr angebaut werden. Der Niedergang einer Zivilisation war unaufhaltsam beschlossen. Es verschwanden die Angelhaken; in den oberen Schichten finden sich Ratten-, dann Menschenknochen. Das dramatische Ende war der Kannibalismus. Eine Insel, auf der in ihrer Hochzeit einmal 15 000 Menschen lebten, starb aus, weil der Mensch – blind vor Machtgier – die eigene Lebensgrundlage zerstörte.

Wissenschaftler ziehen Rückschlüsse von diesem in sich geschlossenen Insel-System auf unsere Weltgesellschaft. Das

Verhalten ist genau das gleiche – viele Menschen streben nach Macht, nach dem eigenen Vorteil. Sie bauen sich ihr persönliches Reich und kämpfen um eigene Vorteile. Heute stellt man keine Steinmänner mehr auf, um andere zu beeindrucken, stattdessen ist es vielleicht das Auto, das immer wuchtiger wird. Oder das Haus. Vielleicht ist es die Position in der Firma, der Kirche, der Politik, die noch höher sein könnte, oder das neueste Smartphone, möglichst viele Follower auf Instagram, eine teure Uhr und das gut gefüllte Bankkonto.

Dort, wo Leiterschaft nicht dienend gelebt wird, beginnt der Strudel der Selbstzerstörung. Anstatt Frieden zu säen, beharrt man auf seinem Standpunkt und will den größten Steinkopf haben. Anstatt demütig und lernend aufeinander zuzugehen und gemeinsam die Insel zu bewohnen, kämpft man stolz um Vorteile, Macht, Territorium – und das verhindert Leben. Mehr Holzkopf als Steinkopf.

Wenn Leiterinnen und Leiter ihrem Stolz folgen und den eigenen Vorteil suchen, anstatt die Welt neuländisch zu prägen, reißen sie alle und alles mit sich in den Tod. Ganz allgemein wird das Streben nach den eigenen Vorteilen und die fehlende Bereitschaft, sich auf andere zuzubewegen, Ehen und andere Beziehungen sterben lassen, Einheit unter Christen verunmöglichen und keinen Frieden, sondern Krieg säen.

Du bist als Friedensstifter berufen, nicht als Häuptling! Was für Steinmänner stellst du auf? In welchen Situationen entdeckst du bei dir eine Spur von ungesundem Stolz? Ein Machtstreben? Eine Unzufriedenheit gegenüber dem, was andere haben und du nicht? Wo packt dich Eifersucht? Und wo hast du vielleicht sogar eine manipulative Tendenz und ziehst

Es geht nicht um unser Reich, sondern um das von Gott. Dies ist mir ganz stark bewusst geworden, als ich mit dem Predigen begann und die Bühnen rasch immer größer wurden. Deshalb habe ich seit meinen ersten Predigtgehversuchen ein Gebetsritual. Bevor ich auf eine Bühne gehe, ist mein Gebet immer: »Vater im Himmel, bitte erweitere du dein Reich und nicht meines!« Es ist nicht unser Reich, dass wir bauen sollen, sondern Gottes Reich, das Gott durch uns sichtbar werden lassen möchte. Dies, indem wir durch ihn aktiv in diese Welt hineinwirken und sie auf allen Ebenen mitgestalten – Frieden stiften ist nur ein Aspekt. Unser Welt-Neuland beinhaltet ganz viel, von sozialer Gerechtigkeit über Politik, Wirtschaft, praktische Hilfe bis hin zu Zeugensein von dem, was Gott in und um uns tut – in Wort und Tat.

**Wo baust du insgeheim an deinem eigenen Reich? Oder wo folgst du vielleicht Menschen, die stark ihr eigenes Reich im Blick haben? Wie baust du Gottes Reich in dieser Welt?**

Du stehst in einer Welt drin und die Frage ist nicht primär, wie diese Welt ist – die Frage ist, wie du in dieser Welt drinstehst! Prägst du sie oder prägt sie dich? Du prägst die Stimmung hier!

# 9
# MAG
# ISCH

Der neuländische Spirit

Manche der vor uns liegenden neuen Ländereien wählen wir selber aus. Ich habe einen Beruf gewählt, habe geheiratet, habe mich zusammen mit Tamara für vier Kinder entschieden – was in der Schweiz ja schon fast als anormal gilt. Kriegt man das erste, wird euphorisch gratuliert und Party gemacht. Kriegt man das zweite, heißt es: »Oh toll, das ging aber rasch!« Kommt das dritte, sammelt man verwirrte Blicke mit der Botschaft: »Oh, hoppla! War das so gewollt?«, und wenn dann knapp danach ein viertes anrauscht, ist da nur noch ein Mix aus mitleidigem »Gehören die alle zu euch?« und entsetztem »Wie kann man nur?!«. Während es bei unserer Auszeit auf den Philippinen überall hieß: »Vier Kinder? Nur vier Kinder?«, konnte ich uns beim hiesigen Passbüro gar nicht mehr als Familie anmelden. Ich musste doch tatsächlich als »Gruppe« einen Termin buchen.

Aber zurück zu den Entscheidungen, dem Neuland, das wir ganz bewusst ansteuern: Ich habe beispielsweise Neuland betreten, als ich meinen gut bezahlten und sicheren Beruf als Lehrer gegen einen Job als Missionar und Prediger, der von den Spenden seiner Unterstützer lebt, eingetauscht habe. Meinem Tagebuch habe ich damals ängstlich meine Zweifel anvertraut: »Will mir denn überhaupt jemand zuhören?« Es war ebenfalls Neuland, bewusst mit einer anderen Familie als Weggemeinschaft zusammenzuziehen, um miteinander Ressourcen teilen zu können und in unserem lokalen Umfeld Christus durch unsere Gemeinschaft sichtbar werden zu lassen. Und es ist gerade jetzt wieder Neuland, mit diesen zwei Familien und ihren je vier Kindern in eine ganz andere Region in der Schweiz umzuziehen, um näher bei der Arbeit und beim Flughafen zu sein. Ich habe trotz meiner Sprach-Spastik Englisch gelernt und versuche mich nun schon seit längerer Zeit hart an der Grenze zur Erfolglosigkeit an Französisch.

Immer wieder steht in unseren Leben aber auch Neuland an, das wir so nicht gewählt haben: eine notfallmäßige Operation, ein unerwarteter Todesfall, eine Kündigung, eine zerbrochene Beziehung, eine verhauene, wichtige Prüfung oder ein geplatzter Traum. Die Frage ist nie, *ob* Neuland kommt, sondern nur *wann.* Und wie wir damit umgehen, wie wir uns auf die neue Situation einstellen und wie wir an ihr wachsen.

Ich habe ja schon geschrieben, dass ich eher der gemütliche Typ bin. Bei der Lawineneinheit im Militär war ich manchmal auf Skitouren – der Blick vom Gipfel entschädigt für alle vorangegangenen Strapazen. Aber auf einen Gipfel zu laufen, der auch mit einem Sessellift bequem erreichbar gewesen wäre – so etwas ging schlicht nicht in meinen Kopf. Und komm mir jetzt nicht mit so etwas wie »Schönheit der Natur« oder »Glücksgefühl nach der körperlichen Strapaze«.

Bei aller Bequemlichkeit habe ich jedoch begriffen: Das Magische des Lebens – also das Außergewöhnliche und Unbeschreibliche – spielt sich immer außerhalb meiner Komfortzone ab. Nur wenn ich mich wie Petrus aufs Wasser wage, habe ich auch Chancen auf einen unvergesslichen Moment des Getragenseins.

Deine
Komfortzone

Wo das
Magische passiert

Ich habe deshalb trotz meiner Bünzli-Persönlichkeit – oder vielmehr gerade deswegen – den Faktor Neuland fix in mein Leben integriert und mir einen neuländischen Spirit zugelegt.

Jedes Jahr möchte ich bei Campus für Christus irgendetwas ins System einfließen lassen, das uns unangenehm aus dem Gleichgewicht bringt und uns deshalb dazu zwingt, uns zu bewegen. Nur weil man etwas nicht mag, heißt es noch lange nicht, dass es nicht hilft.

**Wie kannst du zu einem Umarmer, einer Umarmerin des Neulandes werden? Was brächte dich wohltuend aus dem Gleichgewicht und würde dich belebend aus deiner Komfortzone hinauskatapultieren?**

# VERSÖHN DICH MIT DIR SELBST

Beim Thema Unzufriedenheit habe ich immer sofort das Bild der Kuh vor Augen, die auf einer netten grünen Wiese steht, aber auf den Vorderbeinen kniend ihren Hals so lang wie möglich macht und unter dem Zaun hindurchsteckt, um irgendein Pflänzchen auf der Wiese des Nachbarn mit der Zungenspitze zu erobern. Knapp hinter ihrem eigenen Schwänzchen stehen gleich ein paar Dutzend von derselben Pflanze. Aber diese eine hat es ihr eben angetan.

Wir benehmen uns oft genauso. Gott hat jedem Menschen ein bestimmtes Maß an Land zugedacht, das er erobern kann und soll – er hat uns mit einem bestimmten Einflussgebiet und Begabungen beschenkt, aber oft verbiegen wir uns bis zum Hexenschuss, um irgendetwas zu kriegen, was am Ende eigentlich gar nicht für uns gut ist. Wir müssen das Neuland einnehmen, das Gott uns zugedacht hat.

Der begnadete amerikanische Pianist Keith Jarrett war am 24. Januar 1975 in Köln für ein Improvisations-Solokonzert.[21] Es ging darum, ohne Vorbereitung, »aus dem Nichts heraus«, Musik entstehen zu lassen. Leider lief im Vorfeld dieses berühmt gewordenen »Köln Concert« so ziemlich alles schief, was schiefgehen konnte. Die Nacht davor war bereits ziemlich kurz, da er schon ganz früh mit dem Auto von der Schweiz nach Köln fahren musste. Im Konzertsaal angekommen, wartete die bittere Überraschung: Anstatt des bestellten Bösendorfer 290 Imperial Konzertflügels, des Rolls-Royce unter den Konzertflügeln, stand da aufgrund einer dummen Verwechslung nur ein mäßiger Bösendorfer-Stutzflügel, den man eigentlich für Proben benutzte. Das war noch nicht alles: Der Flügel war nämlich auch noch verstimmt, die Pedale hakten und einige Tasten verklemmten sich beim Spielen. Schließlich wurde das Essen vor dem Konzert viel zu spät geliefert und niemand hätte es Keith verübeln können, hätte er das mit 1 400 Zuhörern ausverkaufte Konzert einfach abgesagt. Aber er ließ sich überzeugen, doch noch aufzutreten. Die geplante Live-Aufnahme wollte man zuerst kippen, einigte sich dann jedoch, die Aufnahmegeräte für den internen Gebrauch mitlaufen zu lassen. Keith setzte sich ans Klavier und begann seine Musik den Gegebenheiten anzupassen – er spielte einfach auf den Bereichen des Klaviers, die einigermaßen funktionierten.

Das Resultat war nicht einfach nur okay, sondern dermaßen herausragend, ekstatisch und überwältigend, dass die Aufnahme mit etwa 3,5 Millionen CDs und Schallplatten die meistverkaufteste Jazz-Soloplatte und die meistverkaufteste Klavier-Soloplatte der Welt wurde! Ein Stück, das nie entstanden und nie gehört worden wäre, hätte Keith sich geweigert, das zu nehmen, was vor seinen Füßen lag, und das Beste daraus zu machen. Genauso, wie Jesus die paar Fische und Brote genommen hat, als er Tausende von Menschen hungernd vor sich sah (Matthäus 14,13-21).

Das Grundkonzept ist simpel: Nimm die Dinge, die Gott dir anvertraut hat, und gebrauche sie. Jammer nicht, weil dein Lebensklavier nicht so perfekt ist, wie du es gerne hättest, weil da ein paar Tasten fehlen oder irgendetwas klemmt – spiel das beste Lied, das in deiner Situation möglich ist. Nimm, was er dir vor die Füße legt, und verpass nicht göttliche Momente und Möglichkeiten, nur weil du mit den Umständen deines Lebens haderst. Es gibt immer Dinge, die perfekter sein könnten, und da werden immer Sachen sein, die nicht ganz so sind, wie du sie eigentlich haben möchtest. Aber es lohnt sich nicht, sich hinter dem eigenen Leben, den eigenen Unzulänglichkeiten und Limitierungen, der eigenen Geschichte zu verstecken – wir müssen ein Ja zu dem finden, was wir sind und was uns dazu gemacht hat. Umarme deine Voraussetzungen, umarme dein Klavier. Das meint Jesus damit, wenn er sagt, dass jeder sein Kreuz tragen soll (Matthäus 16,24). Nur wer das Kreuz trägt, kann auch die Krone tragen.

Ich erlebe viele Menschen, die keine Schritte ins Neuland wagen, weil irgendein Faktor noch nicht ganz stimmt. Sie warten darauf, dass die Finanzen besser aussehen, der richtige Partner gefunden ist, die Berufung klarer und die Situation ein bisschen angenehmer für einen Umzug wird, oder sie weigern sich zu gehen, weil sie eine üble Vergangenheit haben, in ein paar Situationen heftig versagt haben oder die Ausgangslage in der Familie einfach nicht optimal ist. Sie wähnen sich in einer »Übergangsphase« und kommunizieren das auch – und ich zucke innerlich jeweils leicht zusammen, wenn ich dann sehe, dass diese Übergangsphasen sich auf zwei Jahrzehnte ausweiten und kein Ende in Sicht ist.

In Wahrheit fehlt uns oft nur der Mut, die Dinge anzupacken, die Gott uns vor die Füße legt. Ja, es sind unperfekte Voraussetzungen und ja, es gäbe andere, die dafür zigmal besser geeignet wären – aber vollständigerweise muss man sich eingestehen, dass ein drittes Ja von Gott gesprochen worden ist: Ja, ich habe dich für genau diese Situation und diesen Moment ausgesucht. Und diesem Ja dürfen wir mehr vertrauen als allen Bedenken und Ängsten. Nimm das Klavier und versuch, deine Ohnmacht, deine Müdigkeit und dein Hungergefühl zu vergessen – und dann spiel darauf das Musikstück deines Lebens! Auch wenn du vielleicht zwei Drittel der Tasten nicht verwenden kannst und fast nur auf den schwarzen Tasten herumklimperst.

Die Frage ist nicht, wie gut du in etwas bist und wie optimal deine Situation ist – sondern nur, ob du aufhörst, nach einem unerreichbaren Klavier zu schielen, und stattdessen anfängst, das zu spielen, was Gott dir auf den Notenständer gestellt hat. Wohlgemerkt: Was Gott dir dahin gestellt hat. Nicht alles, was dir vor die Nase kommt, musst du tun. Du musst nicht zu allem Ja und Amen sagen. Das zu prüfen, ist wichtig.

**Was liegt im Moment vor deinen Füßen?**
**Warum willst du dein Lied nicht spielen?**

Es ist absolut okay, wenn du Gott sagst, dass du Angst vor dem hast, was da vor deinen Füßen liegt. Er mag es, wenn wir ihm ehrlich mitteilen, was wir wollen, so lange wir dabei offen bleiben für das, was *er* will. Als ich so um die 18 Jahre alt war, verdichteten sich die Zeichen und Eindrücke innerhalb von wenigen Wochen, dass Gott mich womöglich für den Predigtdienst vorgesehen hatte. Mit aller Vehemenz und Panik betete ich daher damals oft: »Lieber Gott, wenn du willst, dass ich predige, dann sag bitte ganz klar Ja! Aber bitte sag Nein.«

Selten habe ich leidenschaftlicher und dringlicher gebetet – und trotzdem war es ein ziemlich erfolgloses Gebet. Sozusagen eine heftige Anti-Erhörung, denn ich predige nun schon über die Hälfte meines Lebens. Aber tatsächlich gibt es heute nichts, was ich lieber täte. Es gibt nur Weniges, das mich mehr ausfüllt. Gott kennt dich und mich viel besser, als wir es selber je tun werden. Er kennt selbst die Bereiche unseres Herzens, die für uns verborgen oder von uns selbst noch unerforscht sind. Dabei hat er die Bedienungsanleitung unseres Herzens nicht nur bis ins Detail studiert, er hat sie selbst geschrieben und alles zusammengesetzt. Er weiß genau, was da drin noch alles im Verborgenen schlummert und welche Ländereien es noch zu entdecken gibt.

»Was du mir für mein Leben geschenkt hast, ist wie ein fruchtbares Stück Land, das mich glücklich macht. Ja, ein schönes Erbteil hast du mir gegeben!« (Psalm 16,6) – es ist essentiell, sich mit dem Land und dem Erbteil zu versöhnen, das man von Gott bekommen hat. Ein neuländischer Spirit bedeutet deshalb, die eigenen Voraussetzungen anzunehmen und aus ihnen heraus kraftvoll nach vorne zu leben.

Vertrau ihm, wenn er dir etwas vor die Füße legt. Spiel dein Klavier.

# BLEIBE LERNBEREIT

In allen Phasen unseres Lebens sind wir Lernende und sollten wir Lernende bleiben. Das war schon bei Gottes ursprünglicher Idee mit den Menschen so, das bleibt Bestandteil einer gefallenen Schöpfung und das wird sich selbst in der Ewigkeit nicht ändern. Lernbereitschaft ist deshalb ein wesentliches Merkmal eines neuländischen Spirits.

Wir müssen lernbereit bleiben, weil wir niemals im Leben alles im Griff und einen endgültigen Zustand erreicht haben werden. Gott offenbart sich uns immer nur bruchstückhaft, unsere Identität erkennen wir nur fragmentarisch und auch von dem, was vor uns liegt, ist das meiste verborgen.

Im Leben werden wir immer wieder gezwungen, neu zu denken, etwas Neues zu lernen und Paradigmenwechsel zuzulassen. Das kann natürlich schrecklich anstrengend klingen: »Kann man denn nicht einfach mal sein?« Doch, natürlich! Es ist sogar geradezu tödlich, wenn man im Leben immer nur auf dem Gaspedal steht und alles gibt. Es ist falsch, immer 100 Prozent zu geben – spätestens beim Blutspenden wird einem das sehr deutlich bewusst.

Das Unterwegssein in der Nachfolge ist jedoch so normal wie die Erdrotation – und nicht anstrengend. Erst die Bewegung führt uns in diesen angenehmen Rhythmus von Tag und Nacht hinein. Und erst die Bewegung ermöglicht es uns, uns auf der Oberfläche der Erde normal zu bewegen. Obwohl man am Äquator stehend an einem Tag über 40 000 km zurücklegt und mit einer Geschwindigkeit von über 1670 km pro Stunde unterwegs ist, fühlt es sich gut und unangestrengt an. Das ist aber noch lange nicht alles. Wir drehen ja auch noch mit einer Durchschnittsgeschwindigkeit von 29,78 km pro Sekunde um die Sonne, das sind ungefähr 107 000 km pro Stunde. Und dann ist da noch das ganze Sonnensystem, das sich mit rund 280 km pro Sekunde um die Milchstraße dreht. Das sind etwa eine Million km/h.[22] Da erscheinen die Geschwindigkeitsbeschränkungen auf den Schweizer Autobahnen ziemlich lächerlich. Falls die Erde einfach so anhalten würde, würde aufgrund der Trägheit alles, was nicht wirklich festgemacht ist, also auch du und ich, mit 1670 km/h Richtung Osten düsen. Gewaltige Naturkatastrophen, von Hurrikanen über Erdbeben bis zu Flutkatastrophen, wären die Folge, die Temperaturen kämen völlig aus dem Gleichgewicht. Tatsache ist: Niemand kommt auf die Idee zu verlangen, dass die Erde mal eine Pause machen sollte. Und genau wie die Erde brauchen wir die Bewegung der Nachfolge, damit unser Glaube stabil bleibt. Und es ist nicht anstrengend.

Für mich war es eine überraschende Erkenntnis, dass das stetige Lernen und innere Wachsen zum Leben dazugehört, damals, jetzt und auch bis in die Ewigkeit hinein. Gleichzeitig steigert es meine Vorfreude auf den Himmel. Die Vorstellung, da oben, begleitet vom himmlischen Harfen-Symphonie-Orchester, bis in alle Ewigkeit Anbetungslieder zu singen, jagte mir einen kalten Schauder über den Rücken. Kein Wunder, will zwar jeder irgendwie ewig dort leben, aber auf keinen Fall jetzt schon. Zu realisieren, dass das zukünftige Leben jedoch gar nicht so stark von dem im Hier und Jetzt abweicht, weil Gott alles zu seinem ursprünglichen Plan zurückführen wird, wenn er einen neuen Himmel und eine neue Erde schafft, macht mich erwartungsvoll euphorisch! Die Ewigkeit ist ein heftiges Upgrade zum Leben jetzt – als hättest du einen Flugzeug-Stehplatz gebucht und landest dann plötzlich in der Business-Klasse mit Massage-Sitz.

Wir werden auch im Himmel noch nicht fertig sein und ausgelernt haben. Zwar werden wir Christus immer ähnlicher, aber da oben kommt immer noch Boppi an und nicht eine

Christus-Kopie. Vielleicht denkst du jetzt an die Aussage von Paulus, dass die Christusähnlichkeit beim Eintritt in die Ewigkeit doch abgeschlossen sein wird:

»Ja, liebe Freunde, wir sind Gottes Kinder, wir sind es hier und heute. Und das ist erst der Anfang! Was darin alles eingeschlossen ist, ist uns vorläufig noch nicht enthüllt. Doch eines wissen wir: Wenn Jesus in seiner Herrlichkeit erscheint, werden wir ihm gleich sein; denn dann werden wir ihn so sehen, wie er wirklich ist« (1. Johannes 3,2).

Aber wir werden Christus gleich sein und nicht Christus selbst – Gott spricht immer von »Kindern« und nicht etwa von Klonen. Dieses Gleichsein bezieht sich also nicht darauf, dass wir »wie Gott sind«, sondern dass wir ihm in bestimmten Fähigkeiten und Eigenschaften gleich sein werden. Daher gibt es im Vers diese »denn«-Verknüpfung: Wir sind ihm gleich, denn wir sehen die Dinge, wie er sie sieht – nämlich wie sie wirklich sind. Und wir sind ihm gleich, weil wir dann wie er ohne Sünde sein werden. Doch nach wie vor werden wir nicht alles wissen, sondern in der Gegenwart dessen sein, der alles weiß. Wir werden nicht Gott sein, sondern *bei* Gott. Er ist die einzige sich nicht verändernde Konstante in diesem Universum (Hebräer 13,8; Jakobus 1,17).

Der Himmel, also unsere zukünftige Erde, wird zu einer gewaltigen Entdeckungsreise. In alle Ewigkeit hinein werden wir neue und begeisternde Seiten an Gott und dem Neuland entdecken. Begeistert dich das nicht auch?

Vielleicht kannst du dich noch schwach an das Thema Primzahlen aus dem Matheunterricht erinnern. Das sind Zahlen größer als eins, die nur durch sich selbst und durch eins teilbar sind. Der Grieche Euklid hat schon im vierten Jahrhundert vor Christus entdeckt, dass jede Generation eine eigene größte Primzahl haben wird, weil es keine »Größte« gibt. Die Menge der Primzahlen ist unendlich und so wird laufend immer wieder eine noch größere entdeckt werden.

Am 7. Januar 2016 wurde die bisher größte Primzahl gefunden, $2^{74.207.281}-1$, eine Zahl mit 22 338 618 dezimalen Stellen. Es wird nicht die letzte bleiben, weil man mit zukünftigen Rechnern noch bessere Möglichkeiten hat, weitere Primzahlen aufzuspüren. Und man wird vor allem nie die letzte Primzahl gefunden haben, weil da immer noch eine »Noch-Letztere« kommt. Genauso hat Gott auch unser Leben konzipiert. Er hat bei dir und mir überall göttliche Dinge genau wie Primzahlen eingebaut, die wir entdecken können, und wir werden nie damit fertig sein.

Wenn bei dir Primzahlen nicht gerade Endorphinschübe auslösen, dann ersetz sie beispielsweise mit den für deine Zukunft bereits angelegten »guten Werken« (Epheser 2,10). Es gibt keinen Grund zur Annahme, dass diese Werke nur auf das Leben jetzt beschränkt sein sollen. Da liegen gute Werke vor dir, die in die Unendlichkeit hineinreichen. Schließlich erhalten wir ein unvergängliches und makelloses Erbe (1. Petrus 1,4), und da wird es bestimmt auch etwas zu tun geben. Jedes Mal, wenn du wieder eines dieser Werke entdeckst, kannst du sicher sein, dass noch ein nächstes folgt. Und es gibt immer ein »Noch-Letzteres«. Gott wird zwar deinen Christus-Ähnlichkeits-Prozess einmal abschließen, aber deine Entdeckungsreise und das Abenteuer »Leben« wird weitergehen.

Mehrfach schreibt Paulus über das »Gott immer mehr«-Kennenlernen, zum Beispiel 2. Petrus 1,2: »Ich wünsche euch, dass ihr Gott und unseren Herrn Jesus immer besser kennenlernt und dadurch in immer größerem Maß Gnade und Frieden erfahrt.«

Die Tatsache, dass wir bis in alle Ewigkeit lernen und entdecken werden, enthüllt nicht nur, was Gott sich mit uns gedacht hat, sondern weckt in mir Vorfreude auf diese Ewigkeit, die alles andere als langweilig und ein ewig gleichbleibender Status Quo sein wird. Deshalb ist es mir so wichtig zu zeigen, dass es in dir und mir angelegt ist, neugierig unterwegs zu sein und immer neue Seiten an Gott zu entdecken, neue Seiten an uns, unserem Gegenüber, in unserer Ehe, neue Interessen, Fähigkeiten … Lernen ist neuländisch. Es verändert die Art und Weise, wie wir auf andere zugehen, wie wir Glauben leben, wie wir uns im Leben entwickeln und wie wir Menschen begeistern können, sich mit uns auf die Zukunft zu freuen. Wenn sich Leute bei uns bewerben, ist für mich »Lernbereitschaft« eine absolut zentrale Voraussetzung. Wenn jemand nicht lernbereit ist, sind die Probleme vorprogrammiert – unabhängig vom Level der Kompetenzen.

Jesus hat das Lernen höchstpersönlich verordnet, als er die Leute um sich herum aufgefordert hat: »Lernt von mir« (Matthäus 11,29). In Matthäus 9,13 und 12,7 schickt Jesus die Leute weg, damit sie lernen und über Dinge brüten.

Neben dem Versöhntsein mit dem eigenen Leben ist Lernbereitschaft daher eine weitere Grundeigenschaft des neuländischen Spirits. Sie durchdringt unser Wesen und prägt die Art, wie wir unsere Beziehungen leben und wie wir Menschen begegnen. Jemand, der lernbereit ist, geht viel großzügiger mit Anders-Denkenden um, da sie oder er überzeugt ist, aus jeder Begegnung etwas mitnehmen und von jeder Person noch etwas lernen zu können. Wir können uns diesen Wesenszug aneignen, indem wir mutig lernen, Fragen zu stellen, wenn wir etwas nicht verstehen, indem wir zuhören, anstatt gleich unsere Sichtweise zu präsentieren, indem wir aktiv nach Dingen suchen, die für uns neu sein könnten – denn oftmals sind die wahren Schätze ein wenig vergraben.

Von welcher Person hast du zuletzt etwas gelernt?
Lernst du gerne oder fällt es dir eher schwer? Was hat
dir früher beim Lernen geholfen?

# KONZENTRIER DICH AUF DAS RICHTIGE

Seit 1211 bezahlt die Stadt London dem Königshaus Miete für zwei Moorgebiete.[23] Der Mietpreis: eine Axt, ein Messer, sechs Hufeisen und 61 Stahlnägel. Keine Ahnung, was die Queen mit all den Äxten anfangen soll, die sie in den letzten Jahrzehnten erhalten hat – und das für zwei Landstücke, von denen niemand mehr weiß, welche genau eigentlich gemeint sind. Laut Vertrag ist die Sache absolut korrekt – aber sie macht schlicht keinen Sinn mehr. Genauso wenig Sinn, wie wenn man fromme Übungen einfach übernimmt und weiterführt, ohne zu verstehen, wo sie eigentlich ihren Ursprung haben, und ohne zu überlegen, ob sie heute noch Gültigkeit haben oder adaptiert werden müssten. Korrekt sein ist nicht immer richtig. Damit rufe ich nicht zur Revolution auf, oder dazu, stehende Regeln klammheimlich zu umgehen. Wobei das manchmal auch zu tollen Ergebnissen führen kann. So erzählt man sich beispielsweise die Geschichte vom Zisterzienser-Laienmönch Jakob aus Maulbronn. In den Hungerjahren des Dreißigjährigen Krieges im 17. Jahrhundert fiel ihm auf wunderliche Weise ein Stück Fleisch zu, das er wegen der Fastenzeit allerdings nicht essen durfte. Es wegzuwerfen, brachte er nicht übers Herz, also soll er es kleingehackt, mit Kräutern und Spinat durchmischt und dann mit Teig umhüllt haben, um es doch verzehren zu können.

Aus den »Maulbronner Nudeltaschen« wurden irgendwann die Maultauschen, die gemäß der Geschichte des schlitzohrigen Bruder Jakob auch »Herrgottsb'scheißerle« genannt werden.

Es geht mir mit dem Aufruf zum Ausbrechen aus der Korrektheit nicht darum, einer rebellischen Haltung das Wort zu reden; diese Art von Schlaumeiertum meine ich nicht. Vielmehr ist mein Plädoyer, dass wir vor lauter Korrektheit nicht verpassen dürfen, Gottes Willen zu tun. Denn dieser kann manchmal diametral entgegengesetzt sein zu dem, was uns unser religiöses System vorgibt. Wollen wir Neuland entdecken, müssen wir Gott mehr gehorchen als den Menschen (Apostelgeschichte 5,29) und dürfen nicht das Erfüllen von irgendwelchen Erwartungen zur obersten Priorität machen.

Raniero Cantalamessa hat in seinem Buch »Das Antlitz der Barmherzigkeit«[24] einen für mich neuen Twist in die ganze Geschichte des barmherzigen Samariters hineingebracht (Lukas 10). Da liegt dieser halbtot geschlagene Mann im Straßengraben und zwei gut-fromme Männer, ein Priester und ein Levit, laufen an ihm vorbei. In meinem Herzen machte sich jedes Mal ein leicht empörtes Gefühl breit, wenn ich las, dass diese »Heuchler« sich nicht um den Mann kümmerten. Cantalamessa schreibt aber, dass die Männer entsprechend ihren religiösen Vorschriften – dem mosaischen Gesetz – das einzig Richtige getan haben. Da sie annehmen mussten, dass der Mann tot war, durften sie auf keinen Fall hingehen und den Leichnam berühren. Sie hätten sich damit unrein gemacht und ihren Dienst nicht mehr ausüben dürfen (3. Mose 21,1). Folglich haben sie absolut korrekt gehandelt, als sie an dem Mann vorbeimarschiert sind, ohne ihn anzufassen. Trotzdem sagt Jesus, wir sollen uns verhalten wie der Samariter, der sich nächstenliebend um den Mann gekümmert hat. Man darf also nicht einfach beim Gesetz stehen bleiben, so gut und notwendig es auch sein mag.[25]

Korrekt sein ist nicht immer richtig. Das Korrekte tun bedeutet nicht automatisch, dass man damit auch richtig liegt! Wobei Jesus durchaus korrekt war. Er hat sich nicht einfach über die Gesetze hinweggesetzt – aber in seiner Liebe hat er sie erfüllt und gleichzeitig einen größeren Rahmen gesetzt.

Manchmal haben wir den Eindruck, Jesus hätte die damaligen Gesetze einfach so vom Tisch gewischt – z. B. wenn er am Sabbat heilte. Aber das ist nicht der Fall. Die Auseinandersetzungen, in die er geriet, lagen vielmehr darin begründet, dass die Rabbiner ein komplexes Regelwerk um die Gesetze herum gebaut hatten (zum Beispiel, in welchen Fällen genau das Heilen am Sabbat zulässig war: Bei akuter Lebensgefahr war es erlaubt, selbst mit Heilmitteln zu arbeiten, die man etwa mit einem Mörser herstellen musste). Darüber hinaus vertraten die unterschiedlichen Rabbiner und Schulen verschiedene Positionen und sind sich häufig nicht einig geworden. Und gegen dieses »Kleingedruckte« hatte Jesus etwas einzuwenden. Denn Glaube hat wenig mit dem starren Einhalten eines frommen Regelwerks zu tun. Deswegen wies er seine Zuhörer auf den eigentlichen Sinn des Sabbatgebotes hin: »Ich frage euch: Was ist richtig – am Sabbat Gutes zu tun oder Böses? Einem Menschen das Leben zu retten oder ihn ins Verderben zu stürzen?« (Lukas 6,9). Dabei spielte er auf ein schon damals bekanntes jüdisches Sprichwort an: »Wer einen einzigen Menschen verderben lässt, lässt die ganze Welt verderben, und wer einen einzigen Menschen rettet, rettet die ganze Welt« (Mishna, Sanhedrin 4,5). Mit dieser Anspielung sagte Jesus aus, dass das Nichthelfen am Sabbat einem Verderben gleicht – einem Fehlverhalten, auch wenn man ganz korrekt bleibt.

Jesus hat immer wieder Dinge getan, die einigen Menschen ziemlich gegen den Strich gingen, vor allem religiösen Autoritäten. Er hat mit dem Zöllner Zachäus Zeit verbracht und gegessen, hatte Kontakt mit Aussätzigen und hing mit irgend-welchen zwielichtigen Gestalten ab. Vielen schien das nicht korrekt, es war aber genau das Richtige. Vor allem anderen wollte er in den Augen seines Vaters das Richtige tun und die Menschen dazu auffordern, sich dies ebenfalls zum Ziel zu set-zen – und die Liebe über alles stellen, denn ohne diese Liebe ist selbst das korrekteste Verhalten nichts wert.

Gesetzlichkeit und Lieblosigkeit entwachsen einem fromm-korrekten Glauben ohne Nachfolge. »Wenn ihr in meinem Wort bleibt, seid ihr wirklich meine Jünger, und ihr werdet die Wahrheit erkennen, und die Wahrheit wird euch frei machen«, hat Jesus zu den gläubig gewordenen Juden gesagt (Johannes 8,31-32). Nachfolge – an ihm und seinem Wort dranzubleiben – führt uns in die Wahrheit und in die Freiheit – und entlarvt unsere falsche »geistliche Correctness«, die nicht nur uns leblos macht, sondern auch das Leben um uns herum abtötet. Wenn in Gemeinschaften ständig laut postuliert wird, was man darf und was nicht, dann tötet das langfristig das Glaubensleben der Menschen ab.

Dass fromme Übungen ohne Geist wertlos sind, haben die sieben Söhne des jüdischen Priesters Skevas schmerzhaft erfah-ren müssen (Apostelgeschichte 19,13-16). Weil sie miterlebt hatten, dass Menschen sogar gesund wurden, wenn sie nur mit einem Tuch in Kontakt kamen, das einmal Paulus' Haut berührt hatte, versuchten sie es mit Copy-and-Paste – mit Kopieren und Einfügen. Sie versuchten, Dämonen auszutreiben, indem sie sagten: »Ich beschwöre euch bei dem Jesus, den Paulus ver-kündet!«

Nette Idee eigentlich, schließlich erlebten sie, dass dieser Paulus-Jesus sehr kraftvoll war und einem Dämon womöglich dermaßen einfahren würde, dass dieser gleich ausfuhr. Nur war ihr Problem, dass dies eine reine fromme Formel war – sie selber hatten keine Identität in Christus. Daher erhielten sie vom bösen Geist eines Besessenen die klare Antwort: »Jesus kenne ich, und wer Paulus ist, weiß ich ebenfalls; aber wer seid ihr?«, worauf sich der Geist auf die Sieben stürzte und sie so übel zurichtete, dass ihre Kleider in Fetzen hingen und sie nackt und blutend aus dem Haus fliehen mussten.

Ich bin froh, dass ich ganz genau weiß, was meine Identität in Christus ist, weil nicht mehr ich lebe, sondern er in mir. Ich möchte nie erleben, dass ich irgendwo eine Predigt über Jesus halte, dabei mit frommen Geschichten aus dem Neuen Testament um mich werfe, um dann plötzlich von einer scheußlich kratzenden Stimme aus dem Off unterbrochen zu werden: »Jesus kenne ich. Dem Paulus bin ich vor ein paar Jahrhunderten auch schon mal kurz begegnet. Aber wer bist du?« Die Fortsetzung der Geschichte erspare ich mir und euch.

Die sieben Söhne des Skevas hatten mit ihrer »Formel«, die sie rezitieren wollten, um Dämonen auszutreiben, alles irgendwie korrekt gemacht. Aber es war trotzdem nicht das Richtige, sondern eine bloße religiöse Übung.

Mit einem neuländischen Spirit zu leben, bedeutet nicht, sich möglichst korrekt zu verhalten, sondern das in Gottes Augen Richtige zu tun. Das fordert uns heraus, ganz nah mit Jesus unterwegs zu sein, auf die Stimme des Heiligen Geistes zu hören und dieser Stimme dann Folge zu leisten. Womöglich muss man Neues wagen. Neu denken. »Was wäre das Leben, hätten wir nicht den Mut, etwas zu riskieren?«, fragte schon Vincent van Gogh. Und ja: Wenn man sich nicht den erwarteten Normen entsprechend verhält, kann das sehr schnell für Irritationen im Umfeld (Familie, Firma, Kirche etc.) sorgen.

Ein neuländischer Spirit sucht mit aller Leidenschaft nach dem Richtigen und nicht nach dem Korrekten. Während das Korrekte in eine tote Religion hineinführt, führt das Richtige in einen lebendigen Glauben. Gott sucht weder nach gesetzlichen Korrekten noch nach selbstverliebten Rebellen – er sucht nach Menschen, die bereit sind, das Richtige zu tun, indem sie sich der Liebe verschreiben und im Alltag auf die Stimme des Heiligen Geistes hören.

## DURCHQUER DIE WÜSTE

Es reicht meistens nicht, einfach vor dem Zubettgehen mit dem Finger zu schnippen, um am nächsten Morgen im Neuland wieder aufzuwachen. Auch das Volk Israel hatte eine Wüstenerfahrung, bevor es ins verheißene Land ging. Aber was es an übernatürlicher Versorgung und Gottes Führung in dieser Zeit erlebt hat, war schlicht unbezahlbar und langfristig prägend – selbst wenn sie es kurzfristig immer wieder vergaßen. Ganz oft wollen wir das großartige Neuland, aber nicht die Beschwernisse der Reise dorthin. Wir wollen den unerschütterlichen Glauben von Paulus, aber vergessen, dass dieser durch Gefängnis, Folter, Auspeitschen, Schiffbruch und vieles andere Unbequeme überhaupt erst gewachsen ist. Wir wollen Wunder ohne Verfolgung, bodenloses Gottvertrauen ohne Leiden und Heilung ohne Geschliffenwerden … Doch vor dem verheißenen Land liegt nicht selten die Wüste.

Wer ins Neuland will, muss auch den heißen Sand unter den Zehennägeln aushalten. Aber das ist gar nicht so einfach. Manchmal kommt die Wüste, bevor du Neuland am Horizont siehst, und trifft dich mit ihrer unbarmherzigen Hitze und den lebensunfreundlichen Bedingungen in aller Härte und völlig unerwartet: Du verlierst deinen Job. Du wirst ungeplant schwanger oder erfährst, dass ihr nie Kinder haben werdet. Die Lehrstelle wurde anderweitig besetzt oder du hast eine wichtige Prüfung versemmelt. Es ist ein »Ich liebe dich nicht mehr«, das dich völlig vor den Kopf stößt, oder ein »Ich bin fremdgegangen«. Eine Nachricht wie »Ich habe Krebs« oder »Deine Schwester ist heute Morgen tödlich verunfallt«. Eine Sekunde reicht und du stehst mit nackten Füssen auf heißem Sand, vor dir flimmert der Horizont und du weißt nicht mehr, wohin dein Leben sich bewegt, ob es sich überhaupt bewegt. Der unbarmherzige Duft von Leere und Tod hängt in der Luft, während sich dunkle Wolken bedrohlich über dir zusammenbrauen.

Solche Wüstenzeiten können unerträglich endlos und eintönig scheinen. Das Volk Israel aß Tag für Tag nur Manna, genau wie es auf den Philippinen bis zu dreimal täglich Reis gab. Wir haben dann jeweils am Morgen trockene Toastscheiben gegessen, einfach um wenigstens einmal dem Reis zu entgehen und einen Hauch von ausgewogener Ernährung zu erzeugen.

Es ist wichtig, mit der Hoffnung unterwegs zu sein, dass irgendwo da vorne von Gott vorbereitetes Neuland liegt. Wir können diese Wüste weder abkürzen noch umgehen – sondern dürfen lernen, sie als Teil unserer Reise zu akzeptieren und uns an Gott festzuhalten. Oder wie es David ausdrückt: »Herr, zeige mir deine Wege und lehre mich, auf deinen Pfaden zu gehen! Führe mich durch deine Treue und unterweise mich. Denn du bist der Gott, der mir Rettung schafft. Auf dich hoffe ich Tag für Tag« (Psalm 25,4-5).

Oft setzen wir Gebet völlig einseitig ein – indem wir nämlich versuchen, alles Unangenehme wegzubeten. Wir wollen von der Wüste in die Oase gebeamt werden. Dabei gibt es Dinge, die wir nur in den Wüsten lernen können. Und es scheint so, als führen uns oft genau diese Lernschritte erst wieder aus der Wüste hinaus.

1896 führte man in Deutschland die wichtige Regel ein, dass ein Fußballfeld baum- und strauchfrei sein muss. Tatsächlich würde ich mir bei manchen Spielen heute wünschen, da würden noch ein paar Bäume rumstehen, weil es der Partie eine gesund unkontrollierbare Komponente geben und nicht immer alles so strategisch geplant ablaufen würde. Im Spielfeld des Lebens ist die »baumfreie« Zone leider nie eingeführt worden. So kann es gut sein, dass ein Ball mal unerwartet die Richtung ändert oder wir schmerzhaft gegen einen Stamm laufen und Rinde lutschen.

Es gibt Situationen im Leben, da läuft's rund, und manchmal stoßen wir auf Hindernisse. David hat genau dieses Auf und Ab erlebt. Er wird vom Vater missachtet und nicht einmal geholt, als in seiner Familie nach einem neuen König gesucht wird – dann aber wird er gesalbt. Vor Löwen- und Bärenangriffen wird er als Hirte nicht bewahrt. Wird zum Helden, als er Goliat besiegt, muss dann aber vor Saul fliehen. Einmal versteckt er sich mit seinen Männern in einer Höhle: »Saul ging hinein, um seine Notdurft zu verrichten. David aber und seine Männer saßen hinten in der Höhle« (1. Samuel 24,4; EIN).

Ich habe mich fast nicht mehr eingekriegt, als ich mir diese Situation vorstellte. Da rennst du vor Saul davon, versteckst dich irgendwo in einer Höhle und dann kommt dein Verfolger und kackt dir genau vor die Nase. Dümmer geht es ja wohl nicht. Natürlich hätte das dann auch für Saul dumm enden können, hätte David nicht so klar nach Gottes Werten gehandelt und ihn verschont. Sonst wäre Sauls Abgang ziemlich unrühmlich in die Geschichte eingegangen. Todesursache: defäkieren.

David verschont Saul mehrfach, obwohl dieser ihm das Leben nehmen will – er hat verstanden, dass er nicht gesegnet sein wird, wenn er sich die Königskrone einfach selbst holt. Deshalb überlässt er es Gott, den Zeitpunkt für Sauls Ende und damit das Ende seiner eigenen Wüstenzeit zu bestimmen. Wir tun ebenfalls gut daran, uns im Leben nicht Dinge zu nehmen, die vom Zeitpunkt her noch nicht für uns bestimmt sind. Darauf wird nie Segen liegen. Deshalb müssen wir manchmal den unangenehmen Weg zu Ende gehen, auch wenn uns eine Abkürzung anlacht.

Ich finde es durchaus spannend, dass wir die Bibel manchmal so lesen, als würde Gott steinige Wege immer mit einer Walze zur Autobahn planieren. Dabei gingen viele unserer Glaubenshelden durchs Feuer – die Freunde von Daniel wortwörtlich (Daniel 3). Man kann sich irgendeine Person herauspicken – nehmen wir zum Beispiel Noah. Ja, er und seine Familie werden gerettet. Aber 40 Tage in einer schaukelnden Arche mit dem Geruch-Mix eines Zoos in der Nase zuzubringen, ist wohl nicht die angenehmste aller Kreuzfahrten. Mit Gebet lässt sich nicht jedes Zusammentreffen mit einem Baumstamm, nicht jede Löwengrube und nicht jeder Feuerofen umgehen – aber zumindest durchstehen. Das Resultat ist, dass wir mit unserem Glauben an einem völlig anderen Punkt stehen als zuvor. Auf Neuland. Selbst wenn uns Menschen Hindernisse in den Weg legen, dient uns das am Ende zum Besten – wie es Römer 8,28 verspricht. »Auch aus Steinen, die dir in den Weg gelegt werden, kannst du etwas Schönes bauen«, hat Johann Wolfgang von Goethe dazu gesagt. Oder um es mit den Worten von Aristoteles auszudrücken: »Wir können den Wind nicht ändern, aber wir können die Segel richtig setzen.«

Es gibt Kaffeebohnen, die haben mehr Grips als wir Menschen – denn sie haben begriffen, dass unangenehme Prozesse manchmal nötig sind, um an einem bestimmten Ort zu landen. Auf den Philippinen bin ich auf den berühmten Kape Musang gestoßen, Kaffee von der Wildkatze. Dieser Kaffee wird aus glücklichen, freilaufenden Kaffeebohnen produziert. Die Bohnen werden aber nicht einfach von Menschen geerntet, sondern erleiden das unangenehme Schicksal, dass sie von Wildkatzen gefressen werden. Als Kaffeebohne muss man da einfach durch. Wörtlich unten durch. Die Ausscheidungen der Wildkatzen werden dann »geerntet«, und daraus wird der weltbeste Kaffee gewonnen.

Genau so fühlt sich das Leben manchmal an. Man muss irgendwie unten durch, und wenn man dann hinten rauskommt, fühlt man sich bescheiden. Wie bei der Bohne ist nach so einem Prozess alles Fleisch vom »Knochen« und man fühlt sich wertlos. Die Frage nach dem »Warum ich?« kreist unaufhörlich, während man am Boden liegt. Traurig, wäre da nicht der wunderbare Twist dieser Geschichte, die Veredelung.

Man hat herausgefunden, dass die Bohnen im Magen der Wildkatze einen einzigartigen chemischen Prozess durchlaufen, der dann ein einzigartiges Aroma erzeugt. Das rare Angebot lässt den Kilopreis in Europa bis auf 1 200 CHF ansteigen – der kostbarste Kaffe der ganzen Welt. Und genau so ist es auch mit deinem Leben. Manchmal wird es unbequem. Aber in den richtigen Händen – in Gottes Händen – wird dein Leben unbezahlbar wertvoll. Er nimmt das, was andere vielleicht nicht mal beachten würden, und holt das Beste aus deinem Leben heraus. Falls du gerade am Boden bist – lass dich von Gott aufheben und »verarbeiten«. Er wird etwas Wunderbares aus dir machen.

Gut möglich, dass du irgendwo auf deiner Reise aufgegeben

hast, weil es schlicht zu anstrengend schien – aber wenn du darüber nachdenkst aufzugeben, solltest du fairerweise auch darüber nachdenken, warum du überhaupt begonnen hast. Und warum du bis hierhin durchgehalten hast.

**Was waren Wüstenzeiten in deinem Leben? Und was für Neuland hast du durch sie entdeckt?**

# JAG DAS UNSICHTBARE

In 2. Könige 6 lesen wir vom Krieg der Aramäer gegen die Israeliten. Der König von Aram war irgendwann ziemlich angesäuert, weil der Prophet Elisa dem König von Israel immer seine Schlachtpläne verriet. Als er dann hörte, dass Elisa in der Stadt Dotan war, ließ er diese in der Nacht kurzerhand von einem riesigen Heer umstellen.

»Und der Diener des Mannes Gottes stand früh auf und trat heraus, und siehe, da lag ein Heer um die Stadt mit Rossen und Wagen. Da sprach sein Diener zu ihm: O weh, mein Herr! Was sollen wir nun tun?« (2. Könige 6,15).

Ich stelle mir vor, wie der Typ seine Arme reckte und einen Gähner von ganz tief unten in die Morgendämmerung hinauslaufen ließ, um dann durch die Augenschlitze hindurch wahrzunehmen, dass ein gewaltiges Heer vor der Stadt lagerte. Seine sechs Liter Blut sammelten sich innerhalb von Sekundenbruchteilen in der Fußregion und er kämpfte wohl gegen Brechreiz und Ohnmachtsanfälle, als er panisch zu Elisa spurtete. Als ich bei »Herr der Ringe« das wogende Meer aus geifernden Orks sah, die vor der Stadt lagerten, fühlte ich mich im Ansatz ähnlich. Und ich war nicht mal in der Stadt drin, sondern saß mit Chips auf meinem Sofa. Elisa jedoch war eine taffe Socke (Verse 16-17):

»Er sprach: Fürchte dich nicht, denn derer sind mehr, die bei uns sind, als derer, die bei ihnen sind! Und Elisa betete und sprach: HERR, öffne ihm die Augen, dass er sehe! Da öffnete der HERR dem Diener die Augen, und er sah, und siehe, da war der Berg voll feuriger Rosse und Wagen um Elisa her.«

Was für eine unglaubliche Coolness! Und was für eine total andere Sicht! Während der Diener nur das sah, was vor Augen lag – total selbstverständlich, nebenbei –, sah Elisa das größere Bild, die unsichtbare Realität. Er hatte den Blick für die »Auch-noch-Realität«. Und genau dieser Blick ist unglaublich hilfreich in unserem Leben.

Wir müssen lernen, das Unsichtbare wahrzunehmen. In Menschen nicht das zu sehen, was augenscheinlich ist, sondern das, was Gott in ihnen angelegt hat. In Situationen nicht nur festzustellen, wie schlimm es doch ist, sondern was Gott für Möglichkeiten hat, sich darin zu verherrlichen. Nicht nur das Ist zu sehen, sondern auch das Was-sein-Könnte. Wenn wir neuländisch sehen, bekommt das Leben sofort eine andere Farbe: »Wir richten unseren Blick nämlich nicht auf das, was wir sehen, sondern auf das, was jetzt noch unsichtbar ist. Denn das Sichtbare ist vergänglich, aber das Unsichtbare ist ewig« (2. Korinther 4,18).

Es ist für mich gerade für Menschen, die andere leiten (vom Hausmann über den Pastor bis zur Unternehmerin), die wohl zentralste Fähigkeit: ==Lerne, das Unsichtbare zu sehen!== Wir können Menschen nur vorangehen, wenn wir das wahrnehmen, was Gott bereits angelegt hat, und in das wir mutig und im Glauben hineinmarschieren können. Wir müssen lernen, Situationen und Umständen abzuspüren, was Gott mit ihnen vorhaben könnte. Glaube heißt, das Noch-Nicht zu sehen, und ein neuländischer Spirit rechnet mit diesem Noch-Nicht im Alltag. ==Wer nicht auf das Unsichtbare ausgerichtet lebt, ist wie ein Pilot, der nur auf Sicht fliegt.== Es bedeutet auch, nicht nur aus der Erfahrung heraus zu leben, sondern in den Verheißungen Gottes zu laufen.

Erfahrungen gaukeln uns oft Realität und Wahrheit vor – aber wir können damit völlig falsch liegen. Als ich einmal bei einem Freund im Auto saß, hat er in einem Bergdorf, wo die Straße eher schmal als breit ist, die Kurve um die Hausecke geschnitten. Ich habe als Beifahrer die Füße pseudo-bremsend in den Boden gestemmt und sanft entrüstet gefragt, was er gemacht hätte, wenn da einer entgegengekommen wäre! Seine Antwort war ziemlich pragmatisch: »Da bin ich schon öfter durchgefahren und es ist noch nie jemand gekommen!« Heikel, wenn man sein Leben rein auf Erfahrungen aufbaut. Natürlich sind sie wichtig, auch im Glauben, damit Wurzeln wachsen. Wenn man aber rein aus Erfahrungen heraus lebt, wird der Glaubensbaum absterben, sobald sie in einer Dürrezeit einmal ausbleiben.

Vieles, das Gott in der Zukunft für uns angelegt hat, ist bereits irgendwo niedergeschrieben, aber nicht sichtbar für uns. Als hätte Gott einen dieser Stifte mit unsichtbarer Zaubertinte verwendet, die mich als Kind unglaublich begeistert haben. Im richtigen Licht betrachtet, zum Beispiel unter einer UV-Lampe, wird das Geschriebene plötzlich lesbar. Jesus selbst ist das perfekte Licht, um Dinge zu betrachten (Johannes 8,12). Wenn ich also lerne, Situationen in meinem Leben durch seine Augen hindurch zu betrachten, kann ich einen Blick dafür gewinnen, was eigentlich nicht sichtbar ist.

»Mose ging entschlossen seinen Weg, weil er auf den sah, der unsichtbar ist«, heißt es in Hebräer 11,27. Und damit sind wir bei einer ganz grundsätzlichen Dimension des Glaubens angelangt. »Was ist denn der Glaube? Er ist ein Rechnen mit der Erfüllung dessen, worauf man hofft, ein Überzeugtsein von der Wirklichkeit unsichtbarer Dinge« (Hebräer 11,1).

Verheißungen gehören zu den unsichtbaren Dingen, die irgendwo vor uns bereits unseren Lebensweg säumen. Wenn wir das Unsichtbare sehen wollen, gehören Verheißungen – oder vielmehr: das Sich-an-Verheißungen-Klammern – dazu. Gott liebt diese Hartnäckigkeit.

»Wir begehren aber, dass jeder von euch denselben Eifer beweise, die Hoffnung festzuhalten bis ans Ende, damit ihr nicht träge werdet, sondern die nachahmt, die durch Glauben und Geduld die Verheißungen ererben« (Hebräer 6,11-12). Diese Ermutigung ist Gold wert – ich bin überzeugt, dass wir oft nur deshalb nicht das volle Potenzial unseres Lebens ausschöpfen, weil wir aufgehört haben, Jäger von Verheißungen zu sein. Wer aber nach Verheißungen jagt wie Pokémon-Jäger nach Pokémons, wird diese auch ererben.

Ich habe mich in meinem Leben immer wieder an Verheißungen geklammert und wurde dabei nicht enttäuscht. Als ich noch ein Teenager war, begann ich davon zu träumen, in Stadien zu stehen. Ich begriff irgendwann, dass es ein Traum war, den Gott in mein Herz gepflanzt hatte und der nicht dem eigenen Stolz entsprang. So behielt ich diese Verheißung fest in meinem Herzen. Als ich mich dann auf eigene Faust bei einem größeren Event als Redner bewarb, bezahlte ich Lehrgeld, weil ich begreifen musste, dass es so nicht läuft und ich Gott nicht nachhelfen muss. Ich musste einfach auf seinen Zeitplan vertrauen. Rund zwei Jahrzehnte später sprach ich zum ersten Mal in einem Stadion. Für mich eine der gewaltigsten Erfahrungen – nicht wegen des Stadions, sondern weil ich erleben durfte, wie Gott seinen Verheißungen treu ist, wenn wir ihm treu bleiben.

Gott hat viel mehr Weitblick und scheint nicht ganz so gestresst zu sein, wie wir es oft sind. Als junge Kirche mieteten wir uns in unserer Region in einer riesigen ehemaligen Weberei ein und versuchten bei Gott zu erspüren, ob das auch seine Pläne waren. Die eindrückliche Antwort kam ein paar Monate später. Wir hörten von einem Mann, der in dieser Weberei gearbeitet und rund 25 Jahre zuvor von Gott den Auftrag bekommen hatte, für diesen Ort zu beten, weil Gott ihn zu einem Ort machen würde, an dem sich junge Menschen in seinem Namen treffen. Exakt dort starteten wir ein Vierteljahrhundert später die Kirche und es fanden viele Menschen zum Glauben. Wer sich an die Verheißungen klammert, den wird Gott nicht enttäuschen.

Als ich kürzlich beim Zubettgehen meinen Kids die Abraham-Geschichte vorlas, wurde ich neu bewegt, was für einen Glaubensmut dieser Mann hatte. Er wird von Gott herausgefordert, sich in ein neues Land aufzumachen. Ihm geht es dabei so, wie es mir auch gehen würde: Er würde gerne wissen, wohin die Reise geht, aber Gott meint nur, dass er ihm das noch zeigen wird (Hebräer 11,8; 1. Mose 12,1). Ich würde dann ja einfach trotzig und wohl auch ängstlich sitzen bleiben, während Abraham seine ganze Familie und all seinen Besitz zusammenpackt und ins noch Unsichtbare aufbricht.

»Wie kam es, dass Abraham dem Ruf Gottes gehorchte, seine Heimat verließ und an einen Ort zog, der nach Gottes Zusage einmal sein Erbbesitz sein würde? Warum machte er sich auf den Weg, obwohl er nicht wusste, wohin er kommen würde? Der Grund dafür war sein Glaube« (Hebräer 11,8).

Irgendwann landet er tatsächlich in diesem ihm verheißenen Land, das prächtig ist – aber gleichzeitig fühlt er sich nicht nur wohl dort und bleibt ein Fremder in einem fremden Land (Hebräer 11,9). Genauso kann es auch uns manchmal gehen. Mit Gott unterwegs zu sein, ist nicht einfach immer nur heitere Freude und fröhlicher Friede. Es kann auch sein, dass wir uns nicht ganz so wohl fühlen, obwohl wir am richtigen Ort sind. Abraham bekommt dann die Verheißung, dass aus ihm ein großes Volk entstehen wird, aber er und seine Frau sind schon sehr alt und haben keine Kinder. Wieder ist da etwas, das er nicht sehen kann. Und ganz logisch, dass da selbst bei einem wie Abraham sanfte Zweifel aufkeimen. Viele Glaubenshelden der Bibel haben irgendwann in ihrem Leben mit Zweifeln zu kämpfen und verlieren für kurze oder längere Zeit den Blick für das Unsichtbare. Johannes der Täufer sprach von nichts anderem als diesem Christus, der einmal kommen würde – trotzdem musste er Jesus, als dieser dann endlich in Erscheinung trat, fragen lassen: »Bist du es wirklich?« (siehe Matthäus 11,3).

Solche Zweifel sind nicht etwa falsch oder unnötig, sondern fördern vielmehr unser Glaubenswachstum. Würde man beispielsweise Reben ständig überwässern, würden sie nur oberflächlich Wurzeln schlagen und beim nächsten Sturm irgendwo ins Reben-Nirwana entgleiten. Zeiten der Trockenheit zwingen sie deshalb, ihre Wurzeln tiefer zu schlagen. Genauso ist es mit unserem persönlichen Glauben – Zeiten der Trockenheit und des Zweifels zwingen uns, unsere Wurzeln noch tiefer in Richtung Gottes Herz zu treiben.

Ich liebe die Stelle, an der Gott den zweifelnden Abraham herausfordert, aus seinem Zelt zu kommen (1. Mose 15,5). Er zeigt ihm den Sternenhimmel und verspricht ihm, dass seine Nachkommen genauso zahlreich sein werden. Ist es möglich, dass wir uns glaubensmäßig wie Abraham manchmal in einem mickrig kleinen, stickigen Zelt aufhalten? Wir sehen gerade die Zeltwand vor uns, das wunderschöne Mondlicht kriegt ein sanft-hässliches Grün und anstatt den Duft der Natur haben wir den muffeligen Geruch des Schlafsacks und der benutzten Wandersocken in der Nase. Gott muss dir und mir dann zurufen: »Komm raus aus dem Zelt!« Folgen wir seiner Stimme, sehen wir diese unglaublich atemberaubende Kulisse, die größere Dimension des Unsichtbaren. Abraham hat sich daran festgeklammert und seine Blickrichtung gewechselt. Er betrachtete den Himmel, nicht die Zeltwand.

Einer, der dieses Klammern in Extremis gelebt hat, war sein Enkel Jakob. Mich fasziniert, dass er, anders als sein Bruder Esau, einen Blick für das Unsichtbare hatte, eine Sehnsucht nach dem göttlichen Segen und eine Bereitschaft, alles dafür zu tun. Man erkennt, dass er das Herz seines Großvaters Abraham geerbt hat. Jakob wusste genau wie er, dass es nichts Besseres gab, als diesen Segen von Gott zu erhalten, sich nach diesem Noch-nicht-Sichtbaren auszustrecken. Leider war der große Segen an das Erstgeburtsrecht geknüpft, und das stand seinem Bruder Esau zu. Nur: Esau schätzte überhaupt nicht, was er da eigentlich bekommen sollte. Als er eines Tages von der Jagd nach Hause kam, hatte er Hunger. Jakob kochte gerade ein Linsengericht und Esau wollte etwas davon abbekommen. Der schlaue Jakob offerierte ihm eine Portion Linsen unter der Bedingung, dass Esau ihm das Erstgeburtsrecht abtrat, und das Erschreckende an der Geschichte ist: Esau willigte einfach ein! Ein echter An-die-Stirn-klatsch-Moment!

Ich kann die Stelle noch so oft lesen, jedes Mal packt mich innerlich wieder das blanke Entsetzen. In mir drin schreit alles:

»Stopp!!! ESAU!!! Du dumme Nuss!!! Nimm den Segen! DEN SEGEN!« Aber irgendwie ist er nicht nur ein gutes Studienobjekt für die Morologie – die Wissenschaft von der Dummheit –, sondern auch noch taub. Unglaublich, was Hunger mit uns Männern macht. Ich werde auch unausstehlich, wenn ich nichts gegessen habe. Von daher verstehe ich, dass Esau eingeknickt ist. Was ich aber überhaupt nicht verstehen kann: Er verkauft den Segen für ein Linsengericht! Wäre es wenigstens für einen dieser Deluxe-Burger gewesen, den es bei uns in der Nähe gibt, oder irgendein saft-triefendes Sirloin-Steak vom Grill, aber doch nicht Linsen!

Der Punkt ist: Oftmals funktionieren wir im Leben genau so. Wir geben die große Sicht auf, die wir eigentlich haben könnten oder vielleicht einmal hatten, um ein Hungergefühl zu stillen. Die Probleme des Hier und Jetzt absorbieren uns dermaßen, dass wir schnelle Symptombekämpfung betreiben, anstatt zu schauen, was für einen Effekt die Entscheidung eigentlich längerfristig haben könnte: Ich brauche jetzt einen Mitarbeiter, es muss sich jetzt etwas an meiner Wohnsituation ändern, ich will das jetzt kaufen, Gott muss mein Gebet jetzt erhören.

**Für welches Linsengericht hast du deine Verheißung losgelassen? Für welches Linsensüpplein hast du deinen Segen und dein Neuland verkauft? Worauf genau beruht dein Hungergefühl?**

Lass seine Verheißungen nicht los, das, was du noch nicht sehen kannst. Ring mit Gott darum so wie Jakob, als er mit dem Engel kämpfte und zu diesem sagte: »Ich lasse dich nicht los, wenn du mich nicht segnest« (1. Mose 32,27; EIN).

Es ist nicht einfach nur optional, ob du den Segen und die Verheißungen nimmst oder nicht, sondern der tiefe Wunsch Gottes, dass du sie packst. In Römer 9,13 sagt er: »Jakob habe ich geliebt, aber Esau habe ich gehasst.« Wieso hasst Gott den lieben, hungrigen Esau, der einfach in einem wichtigen Moment mit ein wenig Doofheit geschlagen war, und liebt den listigen Jakob, einen augenscheinlichen Betrüger? Allein mit Auserwählung lässt sich für mich diese Stelle nicht stimmig erklären. Das Einzige, was wirklich ansatzweise plausibel ist: Gott hat es gehasst, dass Esau sich gegen den Segen und für die Linsen entschieden hat! Ich glaube nicht, dass es zu heftig ist, wenn ich behaupte, dass Gott es hasst, wenn ich seinen Segen ausschlage, dass er es hasst, wenn ich die Verheißungen in den Wind schlage und mich nicht nach dem größeren Bild ausstrecke, das er mit meinem Leben zeichnen will. Ordne deine Entscheidungen nicht deinem Hungergefühl unter. Es wird dir am Ende nur eine kurzfristige Befriedigung verschaffen. Hör nicht auf, dem Unsichtbaren nachzujagen! Gib dich nicht mit einem Teller Linsen zufrieden, wenn du einen Topf Segen haben kannst.

# 10 STRA TEG ISCH

Nimm dein
Neuland ein

Für Josua zahlte es sich aus, an den Verheißungen Gottes fest-zuhalten. Gott hielt, was er versprach: »Keine von all den Zu-sagen, die der Herr dem Haus Israel gegeben hatte, war ausge-blieben; jede war in Erfüllung gegangen« (Josua 21,45; EIN).

Wie wir im Buch Josua lesen, gibt es beim Einnehmen des Neulandes immer wieder »Städte«, die erobert werden, und Kriege, die geführt werden müssen. Dabei lief jede Stadterobe-rung und jeder Krieg anders ab. Auch in unserem Leben müs-sen wir immer wieder bestimmte Städte erobern, Situationen meistern – und jede braucht eine andere Strategie. Wenn ich eine Prüfung habe, muss ich mich sehr gut darauf vorberei-ten und dann unter Druck abliefern. Ganz andere Strategien brauche ich, um eine schlechte Eigenschaft loszuwerden oder meinen Vorsatz umzusetzen, mehr Sport zu machen.

Überleg dir zu Beginn dieses Kapitels, in welcher Situation deines Lebens du im Moment eine Herausforderung erlebst. Notier sie dir mit einem Stichwort und dann sprich mit Gott da-rüber, ob eine der Strategien Josuas dich inspiriert oder ob Gott dich vielleicht ganz anders durch diese Situation hindurchfüh-ren möchte.

Im Folgenden möchte ich mit dir in einige dieser Strategien eintauchen.

## DIE JERICHO-GEDULD

Die Strategie: Geduld und Gottvertrauen (Josua 6)

Es war wohl nicht Josuas favorisierte Stadteroberungsvari-ante: ungeschützt gegen die Pfeile der Verteidiger sechs Tage lang je eine Runde um die Stadt zu drehen, um dann am sieb-ten Tag siebenmal ganz drum herum zu laufen. Es war nahelie-gend, dass die Verteidiger einen Ausfall machen würden, und dann hätte man in dieser Ring-Formation keine guten Chancen gehabt, sich schlagkräftig zu wehren. Als erfahrener Kriegsmann hätte Josua bestimmt erfolgsversprechendere Taktiken in seinem Ideen-Repertoire gehabt. Aber es war Gottes Idee. Wahrscheinlich um nicht nur allen Völkern rundherum, sondern allen voran dem Volk Israel zu zeigen, dass Erfolg einzig und allein von Gott kommt.

Einem meiner Mitarbeiter wurde in einer Kirche einmal das Predigen verboten, unter anderem mit der Begründung, »weil er bei Campus für Christus arbeitet«. Ich empfand das nicht nur unverständlich und ungerecht, sondern auch unglaublich dreist. In mir drehten sich die Gedanken, wie ich darauf reagieren, wem ich schreiben und ob ich diese Unverschämtheit nicht gleich am besten breit publik machen sollte. Ich schrieb der betreffenden Person drei E-Mails, die an inhaltlicher Klarheit nicht zu übertreffen waren. Und jedes Mal, kurz vor dem Abschicken, löschte ich sie wieder. (Insgeheim hatte ich sie schon in dem Bewusstsein geschrieben, dass ich sie sowieso nie abschicken würde. Aber meiner Seele hat es gutgetan, ein wenig David-gleich allem Frust über die Ungerechtigkeit freien Lauf zu lassen.) Am Ende rang der Christus-Boppi in mir Gott sei Dank den alten Boppi nieder und ich begann diese Person von ganzem Herzen zu segnen.

Leider strotze ich nicht immer so von Weisheit und Besonnenheit, wie ich es mir oft wünschen würde. In dieser Situation segnete ich jedoch immer wieder, auch in den folgenden Monaten. Nach über einem Jahr hatte ich den Impuls, den betreffenden Leiter um einen Rat zu bitten, was mich doch ein wenig Überwindung kostete. Ich tat es, und plötzlich, ohne, dass es Thema gewesen wäre, entschuldigte er sich beim Treffen für sein damaliges Verhalten. Die Situation hat sich nicht nur geklärt, sondern Gott hat sie sogar ins Gegenteil gedreht, sodass mein ehemaliger Mitarbeiter dort nun in leitender Funktion mitarbeitet und predigt. Ich hätte mit einer naheliegenden menschlich-logischen Reaktion einiges an Geschirr zerbrochen. Nicht immer ist es richtig, einen Krieg anzuzetteln und mit wehenden Fahnen geradeaus in die Schlacht zu stürmen. Manchmal ist einfach Geduld, Gebet und Vertrauen angesagt. Ich bin unendlich froh, dass ich letztlich Gottes Strategie für diese Schlacht gewählt und einfach unermüdlich segnend meine Kreise um diese Stadt gezogen habe – bis Gott die Mauern einstürzen ließ.

Wenn wir Gebets- und Segnungskreise ziehen, werden wir in vielen Fällen erleben, wie Mauern plötzlich ins Wanken kommen und Einstürzen. Vielleicht gibt es eine Situation oder eine Person in deinem Leben, bei der »Jericho-Geduld« angesagt ist? Dann fang mit dem Kreisen an.

## DIE AI-LIST

Die Strategie: schlau sein (Josua 7-8)

Das Kapitel 7, direkt nach dem großen Erfolg mit Jericho, beginnt in der Luther-Übersetzung mit dem Wort »Aber«. Nie bist du gefährdeter, eine Niederlage einzustecken, als direkt nach einem großartigen Sieg. Der Erfolg lässt einen unachtsam werden, im Siegestaumel denkt man nicht immer klar. Die Schlacht von Ai ging ziemlich in die Hose, bewirkt durch den Ungehorsam von Achan, der etwas von der Kriegsbeute veruntreute, die eigentlich Gott geweiht war. Manchmal haben wir das Gefühl, dass Dinge, die wir tun, doch »nicht so schlimm« sind, und vergessen bei aller Begeisterung für den himmlischen Vater, dass wir es auch mit einem heiligen Gott zu tun haben.

Weiter trug zu der Niederlage bei, dass die Kundschafter sich völlig in der Situation von Ai verschätzten – sie sprachen von »wenigen Männern« und dass wohl zwei- bis dreitausend Mann für den Kampf genügen würden. In Wirklichkeit lebten dort ungefähr 6 000 Männer. So fuhr Josua seine erste schmerzhafte Niederlage ein.

Nachdem Josua zusammen mit Gott das Problem mit Achan gelöst hatte, nahm er die Stadt Ai dann doch noch erfolgreich ein. Diesmal war allerdings nicht Drumherumlatschen angesagt. Gott beauftragte Josua, die Eroberung mit einer List vorzunehmen – sie lockten die Krieger aus der Stadt und nahmen dann das Heer so richtig auseinander.

Als Jesus seine zwölf Apostel aussandte, sagte er ihnen unter anderem: »Seht, ich sende euch wie Schafe mitten unter die Wölfe. Seid darum klug wie die Schlangen und ohne Falsch wie die Tauben« (Matthäus 10,16). Jesus hat uns zwar wie Schafe gesendet, das heißt aber nicht, dass wir wie die Schafe bloß doof gucken sollen. In der Bibel begegnen wir dieser »Schlauheit« immer wieder. Als das Volk Israel vom Moabiter-König Eglon unterdrückt wurde, bestimmte Gott Ehud als Befreier. Ehud war Linkshänder, wie es in Richter 3,15 beiläufig heißt – eine absolute Schlüsseleigenschaft für die bevorstehende Rettungstat. Er fertigte sich einen ca. 30 cm langen Dolch, den er an der rechten Hüfte befestigte, sodass er ihn als Linkshänder perfekt ziehen konnte. Das war vermutlich der Grund, weshalb ihn niemand entdeckte, als er bei König Eglon vorsprach. Mit einer List lockte er die Wachen aus dem Raum, und als er mit dem König allein war – der sehr füllig gewesen ist, oder um es wortgetreu wiederzugeben: »Eglon aber war ein sehr fetter Mann« (Richter 3,17) –, nahm er mit seiner Linken den Dolch an seiner rechten Seite und stach Eglon in den Bauch.

Die Bibel ist an dieser Stelle außergewöhnlich detailliert –

so heißt es, dass der Dolch mitsamt seinem Griff im Fett verschwand. Weil die Diener lange vor der verschlossenen Tür warteten, da sie dachten, dass Eglon auf dem Klo saß, wurde sein Tod viel zu spät bemerkt und Ehud konnte fliehen. Das Volk Israel besiegte die Moabiter und die Folge war ein 80 Jahre währender Friede. Ich mag die Geschichte wegen ihrer ungeschminkten bildhaften Erzählung. Aber auch, weil es schlichtweg nichts anderes als superschlau war, einen Linkshänder für so ein Unternehmen auszusuchen.

Im Alltag gibt es immer wieder Situationen und Begegnungen, in denen es hilfreich ist, wenn man schlau ist. Dabei geht es nicht darum, dass wir andere mit List übertölpeln, Ansätze von Boshaftigkeit ausleben oder unseren Mitmenschen bestimmte Informationen vorenthalten, um einen persönlichen Profit daraus zu schlagen. Vielmehr meint dieses Schlausein, dass wir zum Beispiel unsere Wortwahl weise wählen und dadurch anderen nicht unnötig Anstoß geben, wenn wir etwas erreichen wollen.

Schlau zu sein, kann auch bedeuten, dass Gott uns kreative Ideen zur Lösung eines Problems gibt – vielleicht sollten wir etwas ganz Unkonventionelles wagen oder etwas, das auf den ersten Blick keinen Sinn ergibt (auf den zweiten aber natürlich schon!).

**Wo bräuchtest du vielleicht gerade diese Woche diese Josua-Schläue? Bitte Gott um kreative Ideen und Inspiration.**

# DIE SICHEM-RUTSCHE

Die Strategie: das Vorbereitete suchen (Josua 8)

Auf der Reise zu den Bergen von Ebal und Garizim führte Josua das Volk an Sichem vorbei. Von der Eroberung dieser Stadt, die den Eingang zum Tal zwischen den Bergen bewachte, hören wir nichts, obwohl man an ihr kaum einfach so vorbeiziehen konnte. Es ist daher sehr wahrscheinlich, dass sie sich kampflos ergeben hat. Und genau so kann es im Leben auch manchmal sein – es gibt Städte, die nimmst du kampflos ein, weil es von Gott einfach schon vorbereitet ist. Es fällt dir einfach zu; es sind genau die Momente, wo im Leben alles passt und flutscht wie auf einer Wasserrutsche.

Als ich die Inspiration für eine nationale Kampagne erhielt, waren wir gerade mitten in den Vorbereitungen für unsere große Explo-Konferenz und es war klar, dass wir nicht für zwei Projekte parallel Spenden sammeln konnten. Vor allem nicht eine dermaßen große Summe, wie wir sie benötigten – allein die Kampagne war nah am siebenstelligen Bereich. Also versprach ich Gott, dass ich für so eine Kampagne in die Hosen steigen würde, wenn er sie bezahlte, ohne dass ich Dutzende von Personen anschreiben musste. Mir kamen zwei Namen von Geschäftsmännern in den Sinn, bei denen ich mich meldete, und erstaunlicherweise fiel die Idee auf völlig vorbereiteten Boden. Innerhalb weniger Tage sagten beide einen gewaltigen Betrag zu und wir konnten die Aktion lancieren. Das Resultat war nicht einfach nur eine evangelistische Kampagne und die Mobilisation von vielen Christen, sondern auch eine wachsende Einheit und Vernetzung unter christlichen Leitungspersönlichkeiten, von der wir heute noch profitieren.

Manchmal gehen Dinge im Leben nur zähflüssig und superklebrig voran. Dann gilt es herauszufinden, ob die Sache nicht dran ist und man an der falschen Stelle schaufelt oder ob es schlicht Widerstände sind, die es zu überwinden gilt. Beides kann sich manchmal zum Verwechseln ähnlich anfühlen. Manchmal muss man sich irgendwo reinhängen – aber wenn die Sache von A bis Z nur ein Krampf ist, ist es gut möglich, dass es nicht Gottes Idee ist. Such nach vorbereiteten Städten, bei denen es vielleicht nach anfänglichen Widerständen plötzlich einfach läuft. Es geht dabei überhaupt nicht darum, immer den Weg des geringsten Widerstands zu suchen. Wenn du aber an dem, was du erreichen willst, beinahe zerbrichst, es all deine Energie auffrisst und du nicht mehr vorwärtskommst, dann ist die Chance groß, dass du dich auf einer Wegstrecke befindest, die Gott so nicht für dich geplant hat. Wenn Gott drin ist, wird es immer irgendwann leicht (Matthäus 11,30).

## DIE AMORITER-WUNDER

Die Strategie: übernatürlich (Josua 10)

Josua griff das Heer der fünf Amoriter-Könige, die sich verbündet hatten, auf offenem Felde an. Allein der Weg dorthin war beschwerlich und ermüdend – die Israeliten mussten in der Dunkelheit 40 km durch unwegsames Gelände marschieren und dabei viele Höhenmeter überwinden. Schon diese Tatsache zeigt, dass Josua fest mit dem Eingreifen Gottes gerechnet hat – denn nach so einem Marsch noch einen siegreichen Kampf zu führen, ist alles andere als realistisch. Diesen Sieg nun errang er weder durch Kreisen noch durch Schläue, und nach »flutsch« fühlte sich die lange Reise schon gar nicht an. Gott griff jedoch übernatürlich ein – er ließ bei der Flucht der Amoriter Steine vom Himmel regnen, was mehr Menschen tötete als der Angriff von Josuas Heer. Zudem ließ er die »Sonne still stehen«, wie auch immer er das bewerkstelligt hat (Josua 10,13). Am Ende war dieser Sieg ein Zusammenspiel von menschlichem Einsatz und einer noch viel größeren Portion übernatürlichem Wunderwirken. Ora et labohra, frei übersetzt: Bete und gib ihnen eins auf die Ohren.

David Ben-Gurion, der erste Ministerpräsident von Israel, sagte: »Wer nicht an Wunder glaubt, ist kein Realist.« Es ist immer gut, wenn wir uns nach dem übernatürlichen Wirken Gottes ausstrecken. Seine Wunder sind nach wie vor Realität, er fügt der Apostelgeschichte ein Kapitel nach dem anderen hinzu. Uns erreichen so viele Geschichten von übernatürlichem Wirken, ganz stark auch aus Gebieten, wo die Verfolgung von Christen und Minderheiten am stärksten ist. Menschen kommen durch Träume zum Glauben oder erleben auf unglaubliche Art und Weise Gottes Eingreifen. So auch der junge Ägypter aus Kairo, der bei einem Treffen von Leitern der Untergrundkirche von einem Traum erzählte, in dem ihm Jesus einen Straßennamen und eine Hausnummer zeigte mit dem Auftrag, dorthin zu gehen und den Leuten im Haus von ihm zu erzählen. Also nahm er seinen Mut zusammen, besuchte die Straße und läutete an der besagten Haustür. Zu seinem Erstaunen erschien ein Imam. Sollte er dem wirklich von Gott erzählen? Doch er traute sich und sagte: »Jesus schickt mich, um Ihnen von ihm zu erzählen.«

Zu seiner Überraschung hob der Imam seine Hände, sagte »Halleluja«, nahm den jungen Mann bei der Hand und führt ihn in seine Wohnstube. Da saßen zwölf weitere Imame im Kreis und einer erklärte: »Wir sind vor Wochen durch ein christliches Fernsehprogramm zum Glauben an Jesus Christus gekommen. Wir haben begonnen, die Bibel zu lesen, und verstehen nicht alles. Deshalb haben wir gebetet, dass Gott uns jemanden sendet, der uns sein Wort erklärt. Nun sind Sie endlich hier – wo haben Sie auch so lange gesteckt?«

Es ist nur ein Wunder unter unzähligen, die Gott im Moment in den krisengeschüttelten Regionen der Welt schenkt. Gleichzeitig ereignen sich auch in unseren Breitengraden immer wieder solche Momente, in denen der Himmel den Boden der Realität küsst, in denen Menschen geheilt werden, Herzen transformiert und unmögliche Situationen verändert.

Die Spannung lässt sich nicht aufheben, dass viele Menschen nicht geheilt werden, obwohl viel für sie gebetet wird. Heilung ist ein Bestandteil des neuen Reiches, das auf uns wartet. Wir leben aber immer noch in der gefallenen Schöpfung. Es existiert im Hier und Jetzt kein Recht auf Heilung und kein Anspruch, dass Gott uns schon hier alle Segnungen zukommen lassen muss. Aber immer wieder tropft die Herrlichkeit des neuen Reiches, das schon angebrochen ist, in unsere Realität hinein, und dann geschieht eben auch dieses unverdiente übernatürliche Wirken – Gnadentropfen des Himmels. Gottes Sehnsucht ist und bleibt es, dass wir uns stärker nach ihm und der Beziehung mit ihm ausstrecken als nach irgendwelchen Wundern. Dass wir uns nicht in die Wunder verlieben, sondern in den Wundertäter dahinter. Und gleichzeitig brauchen wir Christen wieder viel mehr Mut, fest an die Realität des Übernatürlichen zu glauben und entsprechend zu handeln. Unverkrampft und verschwenderisch Gottes Liebe zu verbreiten, für Menschen zu beten, gemeinsam Bibel zu lesen – selbst wenn manchmal nicht gleich ein Resultat sichtbar ist. Du bist fürs Beten verantwortlich und nicht für das Resultat. Ein wesentlicher Schritt in Richtung erweckliche Aufbrüche sind Menschen, die aufbrechen und erwecklich leben.

# DIE ABHÄNGIGKEITS-STRATEGIE

Wir können in Bezug auf das Einnehmen des Neulandes ganz konkret von Josua lernen, auch wenn unsere Städte anders aussehen. Vor dir liegt dein Leben, mit viel verheißenem und dir zugedachtem Land. Es wartet darauf, zur richtigen Zeit mit der richtigen Strategie erobert zu werden. Oft gelangen wir an Punkte, bei denen uns der Blick nach vorne Angst macht. Ob das nun ein unmöglich zu überquerender Fluss ist, eine schier uneinnehmbare Stadt oder Herausforderungen, die sich wie anakitische Riesen aufbäumen: Immer wieder spricht Gott Josua und dem Volk Mut zu und erinnert ihn an diese Verheißung: »Habe ich dir nicht geboten: Sei getrost und unverzagt? Lass dir nicht grauen und entsetze dich nicht; denn der Herr, dein Gott, ist mit dir in allem, was du tun wirst« (Josua 1,9). Auch mit dir ist Gott. Sei mutig und hab keine Angst.

Gleichzeitig verknüpft Gott seine Verheißungen mit Anforderungen, die auch für uns heute noch gelten: »Der Herr, euer Gott, streitet für euch, wie er euch zugesagt hat. Darum achtet ernstlich darauf um eures Lebens willen, dass ihr den Herrn, euren Gott, lieb habt« (Josua 23,10-11).

Gott lieb haben ist das Beste, was wir überhaupt tun können. Und das Wichtigste. Wenn ich meinen Kindern nur einen einzigen Lebenstipp geben könnte, dann wäre es der: »Habt Gott lieb, von ganzem Herzen!« Wenn wir uns darauf ausrichten, werden wir wie Josua immer wieder erleben, dass wir in unverdienten Segen hineinlaufen: »Und ich habe euch ein Land gegeben, um das du dich nicht gemüht hast, und Städte, die ihr nicht gebaut habt, um darin zu wohnen, und ihr esst von Weinbergen und Ölbäumen, die ihr nicht gepflanzt habt« (Josua 24,13).

Der springende Punkt ist: Wir kommen nicht darum herum, in der Abhängigkeit von Gott unterwegs zu sein und unterwegs zu bleiben. Wir können nicht einfach die immer gleiche Erfolgs-strategie für jede Situation anwenden. So zogen die Kreuzritter im Jahr 1099 dem Beispiel von Josua folgend um die Mauern von Jerusalem – barfüßig und fastend. Eingestürzt ist dabei nichts, aber zumindest wurde die Moral angehoben und die Stadt am Ende auf andere Weise eingenommen.

In den verschiedenen Situationen unseres Lebens und an den verschiedenen strategisch wichtigen Knotenpunkten unser Ver-trauen auf Gott zu werfen und nach seinen Gedanken zu han-deln, das ist die eigentliche Über-Strategie – die Strategie hinter all den Erfolgsstrategien von Josua. Immer dort, wo er sein gan-zes Vertrauen auf Gott setzte, erlebte er gewaltige Siege.

Josuas Geheimnis war, dass er immer wieder auf diese Stim-me von Gott hörte und seinen Zusagen Vertrauen schenkte. So führte er die göttlichen Aufträge akribisch genau durch. »Wie der Herr dem Mose, seinem Knecht, und Mose dem Josua gebo-ten hatte, so tat Josua, dass nichts fehlte an allem, was der Herr dem Mose geboten hatte« (Josua 11,15). Josua nahm nach und nach das ganze Land ein (Josua 11,16) oder zumindest Haupt-zentren im ganzen Land. Trotzdem heißt es irgendwann: »Da nun Josua alt war und hochbetagt, sprach der HERR zu ihm: Du bist alt geworden und hochbetagt, und vom Lande bleibt noch sehr viel einzunehmen« (Josua 13,1). Genauso ist es auch in deinem Leben. Egal, wie viel Land du bereits eingenommen hast – vor dir liegt immer noch Neuland, das Gott dir zuge-dacht hat, das auf deine Beschreitung wartet, weil es dir und den Menschen um dich herum zum Segen werden soll.

**Wie ist deine Strategie? In welchen Bereichen des Lebens oder Alltags bittest du Gott um Rat? Was, wenn du keine Antwort von ihm bekommst?**

Denk noch mal an das Stichwort, das du am Anfang dieses Kapitels notiert hast. Es ging um eine Situation, in der du im Moment Gottes Rat benötigen könntest. Leg sie betend vor Gottes Füße und schreib die Gedanken auf, die dir dazu während der nächsten vier bis fünf Minuten durch den Kopf gehen. Klingt etwas nach Gottes Reden? Nach seiner Strategie?

Noch ein ganz wichtiger Gedanke zum Abschluss: Immer wieder ließ Josua einzelne Parteien und Völker entgegen Gottes Auftrag am Leben. Oft führte das im Nachhinein zu Problemen – das war zum Beispiel bei der Stadt Jarmut der Fall, die David später erobern musste (2. Samuel 5,7), ebenso bei den Anakitern (Josua 11), den Riesen. Aus diesem Grund musste David irgendwann Goliat in die Augen sehen (1. Samuel 17). Missachtung von Gottes Geboten führt ganze Gesellschaften in große Probleme hinein.

Es lohnt sich, die von Gott für uns vorbereiteten Lebensschlachten zu schlagen und dies gründlich zu tun. Dann wird es am Ende auch über deinem Leben immer wieder heißen: »Und das Land war zur Ruhe gekommen vom Kriege« (Josua 11,23).

Es ist für dein Leben zentral, dass du mit Gott gemeinsam das für dich vorbereitete Neuland eroberst. Eher wenige deiner Lebensschlachten werden dermaßen epische Ausmaße annehmen wie die in der Bibel. Aber einige haben zumindest immense Auswirkung auf dein Leben und das Leben vieler Menschen um dich herum.

Sei mutig und entschlossen.

# 11 PRAKT ISCH

## Schritte ins Neuland

Zu erkennen, wo Neuland auf einen wartet, ist die eine Seite. Hingegen mutig erste Schritte zu wagen, daran scheitert es oft eher. Spätestens jetzt wäre es Zeit für eine kurze Zwischenbilanz.

**Was hat dich bisher angesprochen?**
**Wo besteht Handlungsbedarf in deinem Leben?**

In diesem Kapitel geht es darum, wie du nicht nur staunend ins Neuland hinüberspähst, sondern es ganz praktisch auch wirklich betrittst. Dabei hilft es, wenn du dir nicht zu viel auf einmal vornimmst, sondern einfach zwei bis drei konkrete Schritte planst und auch, wann genau du sie anpackst. Und es ist gut, wenn du Freunde in dieses Abenteuer einweihst und mit ihnen unterwegs bleibst.

Wahrscheinlich kannst du nach all den Seiten das Wort Neuland schon gar nicht mehr hören. Und die Gefahr in Kauf nehmend, alles Vorhergehende zu relativieren, möchte ich hiermit anmerken: Am Ende geht es nicht um dich und dein »Neuland«, sondern primär um dich und deinen »Heiland«! Wenn du an seiner Seite läufst, wirst du ganz natürlich immer wieder überrascht mitten im Neuland stehen. Aber manchmal braucht es eben auch bewusste Entscheidungen, in welche Richtung du gehen willst oder was du anpacken möchtest.

Mit der Ankündigung vom Einsatz von Wunderwaffen versuchte Hitler während des Zweiten Weltkrieges die Truppenmoral zu heben. Vieles davon blieben bizarre Ideen auf dem Papier, manches wurde umgesetzt, ein echtes Wunderding war jedoch die neuartige Konstruktion einer Tiefsee-Hochdruck-Toilette im U-Boot.[26] Die U-Boote vom Typ VII bildeten das Rückgrat der Deutschen Marine im Dritten Reich. Sie hatten eine Länge von 67 Metern, konnten an die 50 Matrosen aufnehmen und besaßen eine Reichweite von 12 000 Kilometern. Das U-1206 war eines der verbesserten Modelle, bei dem man die Wundertoilette eingebaut hatte. Bis dahin hatte man alles, was bei 50 Mann Besatzung in die Schüssel kam, lagern und irgendwann ablassen müssen. Dafür hatte man allerdings in die Nähe der Oberfläche steigen müssen und somit riskiert, in Reichweite von feindlichen Bombern zu kommen. Bei der neuen Hightech-Toilette wurde das Abwasser direkt von der Toilette aus durch eine komplizierte Kette an Kammern zu einer Schleuse transportiert, wo er dann mit Druckluft ins Meer hinausgeschossen wurde. Das war so kompliziert, dass ein Mitglied der Crew speziell dafür ausgebildet war, all die Ventile bei der Toiletten-Entleerung in der richtigen Reihenfolge zu bedienen.

Die U-1206 ging am 2. April 1945 unter dem Kommando von Kapitänleutnant Karl-Adolf Schlitt auf Feindesfahrt. Zwei Wochen später, am 14. April, überkam Schlitt irgendwo vor der schottischen Küste ein ganz normales menschliches Bedürfnis. Er vertraute seiner instinktiven Erfahrung im Umgang mit Toiletten und setzte den Spülmechanismus in Gang. Doch das ging wortwörtlich in die Hose. Ein kräftiger und heftig duftender Strahl von gebrauchtem »Wasser« ergoss sich in das Boot. Ein Überlebender beschrieb, dass das U-Boot »wie ein Stein« weggesackt sei. Mitten in Feindesland mussten sie auftauchen, kamen unter Beschuss und mussten sich mit Schlauchbooten an Land retten. Karl-Adolf hatte es tatsächlich geschafft, beim Verrichten seines Geschäfts sein eigenes U-Boot zu versenken. Es wäre nicht verwunderlich, wenn dieser Situation die Geburtsstunde der Redewendung zuzuordnen ist: »Ich hab's verkackt!« Auch wäre es nicht unpassend, hätte man in Gedenken an Schlitts wenig ruhmreiche Tat das »l« im Nachnamen weg-gelassen.

Wir lernen: Im Leben ist es essentiell, die richtigen Hebel in Bewegung zu setzen. Unser Tun hat immer Konsequenzen. Und in manchen Fällen sollte man nicht selbst tätig werden, sondern einen Spezialisten hinzuziehen. Von dem her ist es nie falsch, wenn du Gott bei den komplexen Entscheidungen deines Lebens einbindest und nicht einfach wild draufloshebelst, bis die »Kacke am Dampfen« ist. Nachfolgend gibt es ein paar konkrete »Hebel«, die du ziehen kannst, um in dem Thema weiterzukommen.

## DECK DAS DACH AB

Es gibt so viele »Ich müsste eigentlich«-Sätze und unzählige Dinge, die ich mir vornehme und nach kurzer Zeit wieder aufgebe. Einer meiner legendären »Ich faste nun mal rasch eine Woche, wenn nicht gleich 40 Tage«-Vorsätze endete schon um die Mittagszeit des ersten Tages kläglich in einer McDonalds-Filiale. Ich kann immer noch nicht ganz nachvollziehen, wieso Adam und Eva an einer Frucht gescheitert sind. Wäre es ein saftiger Burger-Baum gewesen, hätte ich jedoch keine Fragezeichen.

Ich müsste mehr Zeit mit meinen Kindern verbringen, ich müsste mehr Sport machen, eigentlich müsste ich mehr beten, meiner Frau mehr Blumen mitbringen, mehr sparen, mehr Freude am Leben haben, dankbarer sein, mehr Komplimente machen, mehr in den Garten investieren … aber das Einzige, wovon ich bei all den Vorsätzen wirklich mehr habe, sind mehr gescheiterte Versuche, mich selbst zu verbessern. Und dadurch mehr Frustration.

Tatsächlich gibt es jedoch Dinge, für die wir uns einfach einmal entscheiden müssen. Und dann aufstehen und es tun. Manchmal ist es schlicht unsere Bequemlichkeit, die uns ein Bein stellt, und es hilft, wenn wir uns praktische Hilfen zur Unterstützung suchen. Ich wollte meinen ersten Gedanken am Morgen nicht der Arbeit, sondern Gott schenken, weshalb ich mir die Tageslosung auf dem PC installiert habe, die mich nun täglich zuerst auf das Richtige fokussiert.

In Sachen »Dinge anpacken« bin ich ein echter Fan von der Attitüde der Typen, die ihren gelähmten Freund zu Jesus bringen wollten. Jesus war damals in seiner Region so bekannt wie eine Kombi aus Justin Bieber, Adele und Roger Federer zusammen. Er flüchtete sogar in einsame Gegenden, um nicht ständig dem Andrang und all den Paparazzi ausgesetzt zu sein, aber mit eher minderem Erfolg. Als die Menschen hörten, dass er in einem Haus in Kapernaum war, wurde er förmlich überrannt. Alle wollten zu ihm, viele wollten geheilt werden. Für die vier Freunde mit dem Gelähmten gab es kein Durchkommen. Ich wäre wohl umgekehrt und hätte versucht, Jesus bei einer anderen Gelegenheit abzupassen. Nicht so diese vier. Sie begaben sich aufs Dach und begannen es abzudecken.

Gerne hätte ich die Gesichter der Menschen im Haus gesehen, als sie entgeistert nach oben starrten, weil ihnen plötzlich die Sonne aufs Hirn brannte und Dreck in die Augen rieselte. Die vier ließen ihren Freund durch das Dach hinunter, direkt vor die Füße Jesu, der dem Mann die Sünden vergab und ihn anschließend auch heilte. Für mich ist vor allem erstaunlich, was Jesus zu seiner Tat veranlasste: »Als Jesus ihren Glauben sah ...« (Markus 2,5). Natürlich sah Jesus bei der Sündenvergebung auch das Herz und den Glauben des gelähmten Mannes – aber was ihn in Bewegung versetzte, war der Glaube dieser Freunde. Glaube ist nicht einfach nur eine individuelle Sache –

dein Glaube hat direkte Auswirkungen auf die Menschen um dich herum, setzt etwas in Bewegung.

Wie sieht man aber Glaube überhaupt? Wahrscheinlich wird er da deutlich, wo er durch unser leidenschaftliches Handeln ganz praktisch sichtbar wird. Er tritt immer dann zutage, wenn man so fest glaubt und hofft, dass man bereit ist, dafür Dächer abzudecken und böse Kommentare und Blicke von andern zu ignorieren. Wenn man aufsteht und das einem Mögliche tut.

**Für wen oder was solltest du glauben? Welches Dach sollst du dazu abdecken? Und wer hilft dir dabei?**

Also: Statt nur sehnsüchtig aufs Neuland zu sehen, schnapp dir ein paar Freunde und pack das Dach an.

## MACH DEIN BETT SELBER

Der amerikanische Unternehmensberater Gary Hamel hat gesagt: »Du kannst keine alte Landkarte benutzen, um Neuland zu entdecken.« Manchmal kann Neuland einen klaren Kurswechsel im Leben bedeuten. Man muss das Alte hinter sich lassen, die Türen hinter sich ganz bewusst schließen.

Einige Jünger waren vor ihrer Zeit mit Jesus Fischer gewesen. Als Jesus dann plötzlich weg war, entstand ein Vakuum und sie fielen zurück in ihre alten Gewohnheiten. Simon Petrus sagte: »Ich gehe fischen.« – »Wir auch«, meinten die anderen, »wir kommen mit« (Johannes 21,3). Scheinbar hatten sie ihr Angelzeug noch, anders als Elisa. Als er von Elia zum Propheten berufen wurde, war er gerade mit seinem alten Leben beschäftigt: Er pflügte mit ein paar Jochen und Rindern einen Acker. Als Einstieg ins Neuland fachte er mit den Jochen ein Feuerchen an und grillte darauf seine Rinder. Du magst das übertrieben nennen, ein anderer hilfreich – das hängt stark von deiner Persönlichkeit und der jeweiligen Lebenssituation ab.

Sokrates meinte jedenfalls: »Konzentriere nicht all deine Kraft auf das Bekämpfen des Alten, sondern darauf, das Neue zu formen.« Dieser ganz praktische Tipp kann helfen, dem Geheimnis von erfolgreicher Neulandsuche auf die Spur zu kommen. Er ist hoffnungsvoll vorwärtsgewandt und schaut nicht lähmend rückwärts.

Beim Aufbruch in unser Neuland geht es darum, erst einmal jenes Altland bewusst loszulassen, das uns zurückhält. Das können Träume und Wünsche sein, die Gott uns aber so nicht zugedacht hat, das können falsche Selbstbilder sein oder auch Gebete, bei denen wir klare Vorstellungen haben, wie Gott sie erhören muss. Manchmal ist es eine Vergangenheit, von der wir nicht loskommen und die unser ganzes Jetzt bestimmt.

Ein Schüler von mir war immer völlig blockiert, wenn ich ihm irgendwelche Aufträge gab. Auf meine Rückfrage erzählte er mir, dass ihm einmal ein Lehrer gesagt habe, er sei dumm und werde es zu nichts bringen. Dies hatte sich tief in sein Herz gebrannt und er hatte begonnen, es insgeheim selbst zu glauben. Er kam von diesem Altland nicht los, bis er begriff, woher seine Blockade eigentlich kam und dass dieser Lehrer mit seiner Aussage total falsch gelegen hatte. Leider begegne ich überall Menschen, die sich an irgendein lähmendes Altland klammern, als wäre es ihre Rettungsboje. Wir sind Meister darin, uns an vertrauten Dingen festzuklammern, selbst wenn sie nicht hilfreich sind.

Auf seinen Reisen kam Petrus eines Tages nach Lydda, wo er Äneas begegnete, der seit acht Jahren ans Bett gefesselt war.

Ich war nach meiner Rückenoperation im letzten Sommer nur ein paar Tage bettlägerig und habe im Spital bei all diesen sterilen Gerüchen und dem immer gleich schmeckenden Essen bereits den Koller bekommen. »Und Petrus sprach zu ihm: Äneas, Jesus Christus macht dich gesund; steh auf und mach dir selber das Bett. Und sogleich stand er auf« (Apostelgeschichte 9,34; LUT).

Für mich klingt das, als hätte der Mann sich schon sehr an seine Situation gewöhnt; als hätte er sich mit seinen Einschränkungen abgefunden. Womöglich war es sogar noch bequem, dass andere ihm »das Bett« machten. Doch er wird nicht einfach nur geheilt – er soll sich das Bett selber machen! Was für eine wichtige Botschaft, die wir immer wieder hören müssen. Da, wo wir uns mit unseren Einschränkungen abgefunden haben, da, wo die Limitierung bequem geworden ist – da kommt Jesus und sagt: »Steh auf und mach dein Bett selber!« Es verlangt von dir und mir, dass wir mit dem Selbstmitleid aufhören. Mit den Ausreden, warum wir nicht nachfolgen können.

Nur wer Altes loslässt, hat die Arme und Hände frei, um Neues zu umarmen. In bereits volle und verkrampfte Hände kann Gott nichts Neues hineinschenken. Wir klammern uns an Dinge, die uns lieb sind und die wir unbedingt haben möchten. Das können ungute Beziehungen sein, Besitztümer, ein bestimmter Lebensstil, spezifische Glaubensvorstellungen usw. Am Ende klammern wir uns an dieses »Altland« wie Äneas an seine Matte und merken nicht, dass wir dadurch festsitzen.

Ich hatte mit Freunden in unserer Jugendzeit eine Band – und als Schweizer träumte ich immer von den »großen« Auftritten im Ausland. Just in dem Moment, als die erste Anfrage für ein deutsches Festival kam, fanden die anderen, dass es Zeit war, die Band zu beerdigen. Ich konnte mir das absolut nicht vorstellen, weil ich damit meine Träume verband. Am Ende musste ich loslassen – und ging ohne Band zu diesem Festival, wo ich dann für eine Predigt angefragt wurde. Das war der überraschende Startschuss für meinen internationalen Predigtdienst. Ich musste das Gute für das Beste opfern, wäre aber von mir aus nicht bereit dafür gewesen, weil ich mich an mein geliebtes Altland geklammert habe.

Wir müssen unsere Hand entkrampfen und loslassen. Unsere Unfähigkeit dazu hat oft einfach damit zu tun, dass unser Herz es nicht schafft, sich vorzustellen, dass Gott uns besser kennt als wir selber und er das Beste für uns geplant hat. Wir misstrauen ihm, dass er wirklich »gute Werke« vor uns am Wegrand platziert hat.

Ich habe das Loslassen einmal sehr schmerzhaft lernen dürfen. Wir waren mit einer wilden Truppe Sportbegeisterter im Tessin, der Sonnenstube der Schweiz, und suchten nach verschiedenen sportlichen Adrenalinkicks. Ein Tag war dem Wasser gewidmet und wir legten uns auf Fun Tubes, aufgeblasene Luftkissen, die wir dann mit einem Motorboot auf ein hohes Tempo beschleunigten. Irgendwie packte mich dabei der Ehrgeiz und ich wollte wie beim Rodeo länger als alle anderen oben bleiben. Deshalb klammerte ich mich mit aller Kraft an dieses Gummiteil.

Die erste Minute überstand ich problemlos, als das Motorboot dann jedoch ein paar Kurven einlegte, wurde die Sache ziemlich holprig, da meine Tube das Fahrwasser des Bootes kreuzte und dabei ordentliche Sprünge machte. Einer dieser Sprünge drehte mein Luftkissen, sodass ich nicht mehr obendrauf war, sondern mich untendran klammerte. Nicht lange. Die Wucht des Wassers überraschte mich völlig. Mein vor Schreck geöffneter Mund wurde geflutet, es riss mir den Kopf in den Nacken und streckte meine Arme wie auf einer dieser mittelalterlichen Streckbänke. Als ich nach Sekunden weit weg von meiner Fun Tube wieder auftauchte, war ich sicher, dass ich nun den Rest des Tages mit Schnorchel ausgerüstet nach ein paar Fingern und meinem Unterkiffer tauchen würde … Seither weiß ich: Bei manchen Dingen lohnt es sich nicht, zu klammern wie ein Idiot!

**Bist du bereit, deine festgefahrenen Vorstellungen loszulassen? Oder wählst du lieber die schmerzhafte Variante?**

Altland loslassen hat auch damit zu tun, dass du Dinge in deinem Glauben weglässt, die eigentlich leblos sind. Immer wieder begegne ich Menschen irgendwo in der Mitte ihres Lebens, die schon lange Christ sind – und deren ganzes Glaubensgebäude plötzlich zerbricht. Manchmal sind Krisen in ihrer Ehe oder der Familie der Auslöser. Und sie landen an einem Ort, an dem sie hinterfragen, ob Gott sie je gesehen hat, wer dieser Gott überhaupt ist und was von ihrem Gottesbild wahr ist, ob er existiert und was dieses ganze fromme Zeugs soll, dem sie jahrelang nachgeeifert haben. Das Problem ist, dass sie sich an Dinge geklammert haben, die leblos waren. Es ist wie das Bauen eines Legohauses. Da bauen streckenweise ganz viele Menschen an deinem Haus mit. Dabei pappen sie dir Steine auf, die du eigentlich nie richtig durchdacht hast. »Gott ist Liebe«, »Der Himmel ist schön«, »Ein Christ ist nett«, »In deiner Ehe darfst du keine Probleme haben« usw. Das Resultat ist, dass da unten am Fundament nur ganz wenige Steine stehen und obendrauf sind viele angepappt, die du selber nie festgedrückt hast und die das Ganze sehr wackelig machen.

Mein Vorschlag ist, dass du solche Wackelsteine einmal benennst und sie zunächst mutig wieder wegnimmst. Was genau steckt auf deinem Turm, zu dem du nie herzhaft Ja gesagt hast? Doch, es ist völlig okay, deinen Glauben kritisch zu hinterfragen und, wo nötig, nochmals ganz vorne anzufangen. Gott kann das aushalten. Und dann setzt du all die Steine neu, aber nur die, zu denen du wirklich ein Ja findest. Dadurch wird dein Glaube echt und stabil. Und am Ende lebendig.

**Wo fordert Gott dich auf, Altland loszulassen? Dinge, Vorstellungen, Ideale, in die du dich verbissen hast? Wo bist du zu bequem oder zu ängstlich, um loszulassen?**

**Mach doch einmal eine kleine innere Zeitreise. Lehn dich zurück (außer du sitzt irgendwo auf einem zehn Meter hohen Mauervorsprung) und stell dir dein Leben in fünf oder zehn Jahren vor. Wie sollte es aussehen?**

**Was wäre, wenn dein jetziges Leben irgendwie »einfriert« und in zehn Jahren alles gleich liefe, Job, Hobby, Familie, und du einfach nur älter geworden bist? Was sollte dann noch sein, was nicht mehr?**

Nur wenn du bereit bist, dich von der Küste zu lösen, an der du gelangweilt sitzt, wirst du auch die Chance haben, das Neuland zu entdecken, das auf dich wartet.

# KOMM HERAUS

Neuland entdecken hat oft auch mit dem Wiederentdecken von Altland zu tun. Das mag nun total widersprüchlich klingen, da du dich vielleicht gerade dazu durchgerungen hast, störendes und bremsendes Altland loszulassen. Aber wie in der Bibel nicht das Entweder-oder vorherrscht, sondern vielmehr das Sowohl-als-auch, gibt es auch in dieser Thematik nicht nur eine Richtung, in die wir uns bewegen dürfen. Wir sind aufgerufen, Neuland wie auch Altland neu zu entdecken!

Nicht jedes Altland ist entdeckungswürdig – wie gerade beschrieben gibt es jenes, das ich bewusst verlassen muss, weil es für mich als Bodenfläche für die nächste Phase des Lebens ausgedient hat oder weil es mir schlicht von Gott her nicht zugedacht ist. Daneben gibt es aber auch Altland, das von Gott für mich bestimmt ist – aber ich habe es aus irgendwelchen Gründen freigegeben, verlassen, aus dem Blick verloren.

Zu meinen Lieblingsstorys in der Bibel gehört diejenige, in der Jesus seinen Freund Lazarus heftig spektakulär vom Tod wieder zum Leben erweckt (Johannes 11). Nach dieser Geschichte ist der Lazarus-Effekt benannt, worunter man das Wiederauffinden von Tierarten versteht, die eigentlich ausgestorben sind. Es gibt gleich mehrere Seebärarten, die seit dem 19. Jahrhundert als ausgestorben galten und teils erst weit über hundert Jahre später wiederentdeckt wurden. Die laotische Felsenratte war nur als Fossil bekannt, bis Wissenschaftler vor einigen Jahren auf einem Markt in Khammouan, Laos, auf ein gegrilltes Exemplar stießen. Der Utila-Leguan wurde Ende des 20. Jahrhunderts endlich wiederentdeckt, nachdem man knapp 100 Jahre nach ihm gesucht hatte.[27] Mich fasziniert das. Zahlreiche Vögel, aber auch Fische, Insekten, Amphibien etc. galten als ausgestorben – bis sie urplötzlich wieder auftauchten. Und manchmal entdecken wir auch in unserem Leben Dinge neu, die wir bereits totgeglaubt haben. Wichtig ist, dass wir sie dann am Leben erhalten und es nicht so machen wie Tibbles, die Katze des neuseeländischen Leuchtturmwärters David Lyall. Sie war es nämlich, die 1894 eine neue Vogelart entdeckte, den Stephenschlüpfer. Dummerweise konnte diese nur noch dort beheimatete Art nicht fliegen. Und so hat Tibbles die Vogelart nicht nur entdeckt, sondern gleich auch eigenhändig wieder ausgerottet, wie es die Geschichte festhält. Zu Tibbles Verteidigung lässt sich sagen, dass es viele streunende Katzen auf der Insel gab. Immerhin: Elf erbeutete Vogel-Exemplare liegen nun ausgestellt – von Tibbles zerzaust und zerfleddert – in verschiedenen Museen.[28]

Es gibt Dinge, die man wiederentdeckt, Dinge, die man vielleicht unterwegs durchs Leben verloren hat. Träume, Fähigkeiten, Unbeschwertheit, eine bestimmte Art, für etwas zu glauben. Wer sich aufmacht, um neues Land zu entdecken, wird unweigerlich lernen, altes Land mit neuen Augen zu sehen.

Ich hatte phasenweise die Freude an und Leidenschaft für Gottes Wort verloren. Hatte begonnen, lustlos zu lesen, dann gehorsam zu lesen und irgendwann nicht mehr zu lesen. Bis ich mit Freunden durch gemeinsames Lesen wieder neu entdeckt habe, was für eine Kraft in der Bibel steckt und wie viel sich daraus in unseren Alltag übertragen lässt. Jeder einzelne Abend, den wir gemeinsam verbrachten, war eine Inspiration und Ermutigung. Und ich habe daraufhin beschlossen, dieses Altland wieder neu für mich einzunehmen.

Vielleicht hast du deine Höhen und Tiefen im Bereich Gebet – du betest nur noch, weil du irgendetwas von Gott brauchst. Und dann betest du phasenweise gar nicht mehr, weil du insgeheim das Gefühl hast, dass deine Gebete nirgends ankommen. Für mich ist das Gebet wie Lazarus wieder lebendig geworden, als ich neu begriffen habe, dass Gebet das tragende Element der Beziehung mit Gott ist und es dabei nicht um eine Verzweckung geht, sondern primär um diese Beziehungsebene.

Manchmal lassen wir das Leben auch einfach ein wenig schleifen und verlieren Land – genau wie die Gemeinde in Ephesus. Gott lobt sie in Offenbarung 4 als tolle Gemeinde, die sich engagiert und viel Gutes getan hat. Aber dann kommt die entlarvende Aussage: »Doch einen Vorwurf muss ich dir machen: Du liebst mich nicht mehr so wie am Anfang« (Offenbarung 2,4). Gerade in dem Bereich unserer Liebesbeziehung zu Gott, in der Intimität mit ihm, ist es schnell passiert, dass wir Land verlieren. Das ist allgemein bei Beziehungen so. In der Zeit der »ersten Liebe« mit Tamara konnte ich es kaum erwarten, bis ihre versprochene Mail im Posteingang war. Es waren harte Zeiten, wenn wir uns auf dem Bahnsteig nach einem Wochenende wieder verabschieden mussten. Ich bin sieben Stunden Zug gefahren, um einfach nur eine Stunde lang mit ihr Schule schwänzend in einem Café zu sitzen. Als Student habe ich zwei Wochen bei ihren Eltern auf dem Weingut gearbeitet, um den Lohn dann auf ihr Konto überweisen zu lassen, damit sie sich überflüssige Dinge kaufen konnte. Da hat die erste Liebe spürbar pulsiert. Wenn mich Tamara heute fragt, ob ich ihr noch was Süßes aus der Küche hole, dann ist die Antwort womöglich: »Ich sitz gerade so bequem, aber wenn du gehst, hol mir doch auch was!«

Wenn man zu bequem wird, dann nimmt dieses lodernde Feuer immer mehr ab, um irgendwann nur noch sanft zu glühen. Oder vielleicht ganz auszulöschen. Deshalb sagt Gott in Offenbarung 2,5, dass wir wieder die ersten Werke tun sollen. »Kehr um und handle wieder so wie am Anfang!« Wenn du dir eine innigere Beziehung zu Gott wünschst, musst du nicht warten, bis er dir irgendwo begegnet. Oder bis dir irgendwo vom Himmel her Emotionen zufallen. Du kannst dich aktiv aufmachen und Liebeswerke tun. Nicht einfach nur beten, bis du gesagt hast, was du willst und brauchst – sondern darüber hinaus. Nicht einfach abgezählte Stunden investieren, sondern darüber hinaus Zeit mit und an Gott »verschwenden«. Dasselbe Prinzip funktioniert in allen Beziehungen, auch in der Ehe. Dein Herz und deine Emotionen folgen deinen Liebestaten.

**Wo hast du in deinem Leben Altland verloren,
das du nicht hättest aufgeben sollen?
Wo möchtest du Land zurückgewinnen?**

Vielleicht ist es heute dran, »umzukehren« oder auch für bestimmte Dinge oder Versäumnisse »Buße« zu tun, wie Luther es schreibt. Buße scheint irgendwie ein wenig aus der Mode gekommen zu sein – abgesehen von den Parkbußgeldern, die manch einer sammelt. Es geht dabei darum, Dinge, die falsch oder nicht gut waren, zu erkennen und dann zu bekennen – und umzukehren.

**Was hindert dich daran, heute neu zu starten?**

Jesus steht vor den toten Bereichen deines Lebens, vor dem verlorenen Altland und ruft mit lauter Stimme: »Lazarus, komm heraus!« Wage den Schritt ins Neuland!

# 12

# HIMML ISCH

Im Neuland leben

Egal, was bei dir gerade für eine Jahreszeit herrscht, die Weihnachtsgeschichte hat uns immer etwas zu sagen: Da laufen drei Weise im Vertrauen auf ein paar astrologische Zeichen los. Ohne speziell an Gott zu glauben, vertrauen sie auf diese himmlischen Signale. Nach langer Reise landen sie an dem Ort, auf den sie so lange hoffnungsvoll zugesteuert sind, und spüren, dass dieses Persönchen zu ihren Füßen der gesuchte König sein muss. Nicht sonderlich irritiert über die eher unkönigliche Einrichtung des Stalls, beschenken sie Jesus mit den mitgebrachten Kostbarkeiten. Sie haben ihr Neuland entdeckt. Doch anstatt wie von König Herodes gefordert direkt zu ihm zurückzukehren und ihm alles zu berichten, vertrauen sie einem Traum und nehmen einen Umweg nach Hause. Mich beeindruckt zu sehen, wie die drei selbst im größten Erfolg nach einem unglaublich langen »Anfahrtsweg« kein bisschen unachtsam werden, sondern weiterhin auf die himmlische Führung vertrauen.

Gerade in Zeiten von Erfolgen ist es wichtig, nicht vom Erfolg selbst zu leben, sondern weiterhin aus dem Vertrauen auf Gott. Hätten die Weisen anders gehandelt, ein wenig unvorsichtiger und unbedacht, wäre es nämlich eine ziemlich üble Weihnachtsgeschichte geworden. Sie wären zu Herodes zurückgekehrt, hätten ihm einen Plan mit der Lage des Stalls gezeichnet und die Evangelisten hätten nicht mehr wirklich viel zu schreiben gehabt. Damit wäre die erstaunlichste aller Geschichten von einem Gott, der Mensch wird, schon gleich wieder zu Ende gewesen. Die drei Weisen wären zu den drei schusseligsten Trotteln der Weltgeschichte avanciert, die durch ihre Doofheit Gottes einzigartigen Befreiungsplan erfolgreich sabotiert hätten.

Neuländisch leben heißt, dass wir an Gott dran und auf ihn ausgerichtet bleiben – in Erfolgen wie in Misserfolgen.

# AM NEULAND DRANBLEIBEN

Einer der größten Hinderungsgründe für Erfolg in unserem Leben ist, dass wir zu früh aufgeben. Wenn Gott etwas für dich in der Zukunft platziert hat, dann wird er auch dafür sorgen, dass es für dich erreichbar ist – und du solltest nicht aufgeben, nach dieser Sache zu streben. Rückschläge hin oder her.

Für mich ist Thomas Edison in dieser Hinsicht eine unglaubliche Inspiration. Am 11. Februar 1847 kam er in einem Dorf im Norden von Ohio zur Welt. Schon in jungen Jahren hatte er mit Herausforderungen wie Schwerhörigkeit zu kämpfen. Weil er aber unnachgiebig und unbeirrt seinen Weg verfolgte, prägte er durch rund 2 000 Erfindungen und 1 100 Patente die Weltgeschichte wie wenig andere. Allein im Jahr 1882 reichte er 70 neue Erfindungen ein. Viele waren historische Marksteine. Andere, wie die Herstellung von Klavieren und Möbelstücken aus Beton, konnten sich wenig überraschend nicht wirklich durchsetzen.

Am meisten fasziniert mich bei Edison, wie er das Problem der elektrischen Glühlampe anging. Viele Erfinder vor ihm scheiterten am Versuch, ein Produkt zu entwickeln, das den Gaslampen den Rang ablief. Das Teil sollte beständig sein, geruchs- und flackerfrei, weniger Wärme abgeben, ein- und ausschaltbar sein und an einer Stromquelle betrieben werden können. Einige Physiker hielten das Problem für unlösbar – nicht so Edison.

Der Weg zu seiner erfolgreichen Glühbirne war allerdings mit Rückschlägen gepflastert. Die ganze Entwicklung soll an die 40 000 Seiten an Notizen gefüllt haben. Er testete verschiedenste Materialien, um einen geeigneten Glühfaden zu finden. Wie viele Anläufe er dafür brauchte, ist umstritten. Wenn wir mal davon ausgehen, dass es beim 10 000sten geklappt hat, gingen dem 9 999 mehr oder weniger erfolglose Versuche voraus. Wäre schade gewesen, hätte er beim 7 438 aufgegeben. Oder noch übler, beim 9 999. Jedenfalls soll er nach Tausenden von erfolglosen Versuchen gesagt haben: »Ich bin nicht gescheitert. Ich habe einfach 10 000 Wege gefunden, wie es nicht funktioniert.«

Auch andere Aussagen, die Thomas Edison zugeschrieben werden, sind eins zu eins auf viele unserer Lebenssituationen übertragbar, zum Beispiel diese: »Unsere größte Schwäche liegt im Aufgeben. Der sicherste Weg zum Erfolg ist immer, es doch noch einmal zu versuchen.«

Dranbleiben ist eine Grundvoraussetzung für Edisons Erfolg. Lass dich nicht entmutigen durch Rückschläge, wenn du spürst, dass du die richtige Lebensspur verfolgst. Schlittschuhfahren lernt man auch nicht ohne Stürze. Ganz viele der wirklich großen Erfolge deines Lebens werden erst über lange Distanzen sichtbar. Meine Kinder lassen sich zum Beispiel nicht in einer Woche erziehen – es geht darum, über viele Jahre dranzubleiben. Auch eine Freundschaft oder Ehe ist nicht mit einem Kuss gefestigt, sondern ist ein lebenslanger Prozess des Miteinander-unterwegs-Bleibens. Genau deshalb dürfen wir nicht irgendwo auf halber Strecke unsere Träume begraben und aufgeben.

Kaleb ist für mich der Edison der Bibel. Nicht etwa, weil er so vieles erfunden hätte, sondern weil er drangeblieben ist und nicht aufgegeben hat. 45 Jahre, nachdem er ein bestimmtes Stück Land verheißen bekam, forderte er es bei Gott ein:

»So gib mir nun dies Gebirge, von dem der HERR geredet hat an jenem Tage; denn du hast's gehört am selben Tage, dass dort die Anakiter wohnen und große und feste Städte sind. Vielleicht wird der HERR mit mir sein, dass ich sie vertreibe, wie der HERR zugesagt hat« (Josua 14,12).

Hätte Kaleb allein auf die Umstände geachtet, hätte er wohl irgendwann in all den Jahren seinen Traum auf das eigene Land begraben. Es waren viele Schlachten zu schlagen und es schien kein Ende zu nehmen. Aber Kaleb hielt an dieser Verheißung fest und bekam dafür als Erster unter den Stämmen sein Land. Zu diesem Zeitpunkt war er schon 85 Jahre alt und hätte nach all den Kämpfen nach einem kuscheligen Grundstück mit Whirlpool und Kühlschrank mit integriertem Eiswürfelspender bitten können. Das Land, das er jedoch von Gott einforderte, war alles andere als kuschelig und überhaupt nicht einfach einzunehmen. Es lag im Gebirge, wo die großgewachsenen und gefürchteten Anakiter lebten und die Städte massiv befestigt waren. Wahrscheinlich sind alle anderen innerlich zusammengezuckt, als sie hörten, wohin Kaleb wollte. Und waren gleichzeitig erleichtert, dass er diesen unwirtlichen Fleck kriegte und nicht sie.

Wir haben an Weihnachten mit unseren Verwandten einmal das Spiel gespielt, dass jeder einen Gegenstand einpackt und mitbringt, den er unbedingt loswerden will. Während des Würfelns kann man dann entweder ein ausgewähltes Geschenk auspacken oder sich eines der bereits ausgepackten bei jemand anderem stehlen. Dabei gibt es immer ein paar Geschenke, die total beliebt und heiß umkämpft sind, während andere kollektiv als Mega-Zonk gemieden werden. Alle sind glücklich, sie nicht auf den eigenen Knien zu haben. Etwa so muss es sich damals angefühlt haben: »Gott sei Dank, dass Kaleb nun dieses unwirtliche Neuland an der Backe hat.« Gleichzeitig hatten wohl alle gehörigen Respekt vor ihm, dass er noch immer solchen Schneid besaß.

Kaleb verließ sich so fest auf die ursprüngliche Verheißung, dass ihm sogar ein »vielleicht« reichte. »Vielleicht ist Gott mit mir!« (Josua 14,12). Mir ist nicht immer klar, wo Gott mit mir hin möchte. Ich ahne es, aber oft spricht er nicht unmissverständlich klar. Eher selten bin ich am Morgen erwacht und habe die Antwort auf mein Gebet in Schokoladenmilchschrift an der Wand entdeckt. Was ich aber sehr oft mache, ist, genau wie Kaleb diesen Verheißungen oder einem inneren Frieden zu folgen. »Es wäre möglich, dass Gott das für mich vorbereitet hat«, und dann teste ich dieses »vielleicht«. Ich habe gelernt, dass es oft reicht, dass sich Gott »vielleicht« zu mir stellt. Falls ich ihn dann hinter dem »Vielleicht« nicht entdecke, korrigiere ich einfach meinen Kurs wieder. Natürlich wird Gott sich nie einfach von uns zurückziehen und uns alleine auf weiter Flur stehen lassen. In Jesaja 46,4 sagt er: »Auch bis in euer Alter bin ich derselbe, und ich will euch tragen, bis ihr grau werdet. Ich habe es getan; ich will heben und tragen und erretten.«

Gott bleibt ein Leben lang an dir dran – bleib du auch an ihm dran und an seinen Träumen für dich! Lass dich wie Edison durch Rückschläge nicht beirren und habe den Kaleb-Mut, Dinge von Gott einzufordern und weiterzulaufen, auch wenn du als Sicherheit nur ein »vielleicht« hast. Hinter jedem »Vielleicht« kann Gottes Segen auf dich warten.

Ist es vielleicht dran, etwas wieder aufzunehmen, das du vor langer Zeit abgebrochen hast? Der 23-jährige Shisho Kanaguri startete bei den olympischen Spielen 1912 in Stockholm im Marathon.[29] Ein Marathon nach dem Marathon sozusagen, denn bereits die 18-tägige Anreise bedeutete für den Japaner einiges an Strapazen. Mit dem Schiff von Tokio nach Wladiwostok und dann mit der transsibirischen Eisenbahn durch Russland über Finnland nach Stockholm. Er brauchte anschließend fünf Tage, um sich zu erholen.

Für die laufsportverrückten Schweden war es das Ereignis schlechthin. 22 000 Besucher füllten das Stadion und Tausende wohnten dem Lauf entlang der Strecke bei. Allerdings machte die außerordentliche Temperatur von 32 Grad nicht nur den Organisatoren, sondern vor allem auch den Läufern zu schaffen. Von den 98 gemeldeten starteten nur 69, und davon schafften es gerade mal 35 bis ins Ziel. Der Portugiese Francisco Lazaro verstarb gar. Ebenso wurde Shisho Kanaguri ein paar Tage später für tot erklärt – er war auf unerklärliche Weise verschwunden und tauchte nicht mehr auf. Der erste Japaner, der für Olympia am Start war, ging schlichtweg verloren. Man ging davon aus, dass er ein weiteres Opfer des Marathons geworden war.

Tatsächlich aber wurde Shisho bei Kilometer 30 von Zuschauern zu einer Erfrischung in ihren Garten eingeladen. Der kurz vor dem Zusammenbruch stehende Kanaguri trank etwas und schlief dann erschöpft ein, wo er erst am Folgetag wieder erwachte. Die olympischen Spiele waren da bereits vorbei – und weil ihm das so peinlich war, reiste er direkt nach Japan zurück, ohne sich abzumelden. 54 Jahre später kam er als 75-jähriger pensionierter Universitätsprofessor zurück, um den Marathon von der Stelle aus zu beenden, wo er ihn 1912 abgebrochen hatte. So beendete er schließlich den längsten je gelaufenen Marathon der Weltgeschichte mit einer Zeit von 54 Jahren, 8 Monaten, 6 Tagen, 8 Stunden, 32 Minuten und 20,3 Sekunden. Das entspricht einer Geschwindigkeit von etwa 8,4 Zentimetern pro Stunde. Schneckentempo, ist man versucht zu sagen – wobei das übertrieben wäre, da die Weinbergschnecken in unserem Garten in einer Stunde satte drei Meter weit kommen und deshalb im Tiefflug an Shisho vorbeigezogen wären.

Es war ein weiter Weg, wie er selber sagte. »Während« seines Marathons hat er geheiratet, sechs Kinder und zehn Enkelkinder bekommen. Ziemlich beeindruckende Leistung!

**Was hast du vor langer Zeit aufgegeben, freiwillig oder unfreiwillig? Bei manchen Sachen ist es nicht einfach zu spät und ist man nicht einfach zu alt, um es wieder aufzunehmen und noch zu Ende zu führen. Wenn es sich um Neuland handelt, das Gott dir schenken will, dann nimm den Lauf dort wieder auf, wo du damals aufgegeben hast. Bleib dran.**

## SICH DER WAHRHEIT VERSCHREIBEN

Eine Herausforderung für das Dranbleiben ist, dass wir gar nicht so stark nach Wahrheit lechzen, wie wir es immer meinen. Oft überwiegt die Sehnsucht nach Bequemlichkeit. Wir nehmen sogar in Kauf, dass wir selbst, andere Menschen oder eine Situation uns Falsches vorgaukeln dürfen – einfach, weil es bequem ist. Dabei gehört Wahrheit zum Grundrauschen einer neuländischen Kultur. Wenn wir nicht wahr mit uns selber, anderen Menschen oder Gott sind, verhindern wir Neuland.

Genau diese zwei Pole entdecken wir bei Joschafat, dem König von Juda, und Ahab, dem König von Israel (2. Chronik 18/1. Könige 22). Die beiden waren miteinander verschwägert und eines Tages wollte Ahab Joschafat dafür gewinnen, mit ihm nach Ramot in Gilead in den Krieg zu ziehen. Irgendwie schien ihm so ein bisschen Krieg förderlich für ihre Bromance. Joschafat war sofort dabei, wollte aber noch wissen, was Gott zu ihrem Vorhaben meinte. Das ist nie schlecht, wenn es um zentrale Entscheidungen im Leben geht … Ahab sammelte daraufhin gleich vierhundert Propheten und diese sprachen einstimmig: »Zieh hinauf! Gott wird es in des Königs Hand geben« (Vers 5).

Für viele Menschen wäre das genügend überzeugend gewesen. Joschafat ließ sich jedoch nicht von der Masse beeindrucken. Seine Frage war vielmehr, ob es da nicht noch irgendwo einen richtigen Propheten gäbe, einen Propheten des HERRN.

»Der König von Israel sprach zu Joschafat: Es ist noch ein Mann hier, durch den man den HERRN befragen kann; aber ich bin ihm gram, denn er weissagt über mich nichts Gutes, sondern immer nur Böses, nämlich Micha, der Sohn Jimlas« (Vers 7). Wie ich diese Aussage liebe – sie trieft so von Wahrheit über unser menschliches Denken. Ahab wollte Micha nicht hören, weil dieser ihm unangenehme Dinge sagte. Also ließ er den vierhundertköpfigen »Chor« auftreten, der ihm unisono ein nettes Lügen-Liedchen trällerte. Er hörte lieber angenehme Unwahrheiten statt der unangenehmen Wahrheit.

Als man Micha holen ließ, drückten die Propheten vor Joschafat und Ahab noch einmal heftig aufs Stimmungspedal, indem sie den Königen Schlachterfolge verhießen. Der Bote, der Micha holen sollte, versuchte diese Partystimmung nicht zu verderben, indem er Micha instruierte: »Siehe, die Worte der Propheten sind einmütig gut für den König. Lass doch auch dein Wort wie ihr Wort sein und rede Gutes« (Vers 12). Micha jedoch war auf diesem Ohr taub und entgegnete: »So wahr der HERR lebt: Was mein Gott sagen wird, das will ich reden« (Vers 13).

Für Micha stand fest, dass er die Wahrheit weder verwässern noch verbiegen würde. Witzigerweise war seine Antwort dann aber genau die, die der König hören wollte: »Ja, zieht hinauf! Es wird euch gelingen, sie werden in eure Hände gegeben werden« (Vers 14). An Angst kann es kaum gelegen haben, dass Micha diese Antwort gab – er hatte dem Boten ja unmissverständlich klargemacht, dass er dem König nicht nach dem

Mund reden würde. Ich nehme an, dass ein süffisantes Lächeln die Mundwinkel von Micha umspielte, denn König Ahab bemerkte sofort, dass Micha nicht die Wahrheit sagte, sondern ihn wohl einfach hochnahm. »Wie oft soll ich dich beschwören, dass du mir im Namen des HERRN nichts als die Wahrheit sagst!« (Vers 15).

Also packte Micha die schonungslose Wahrheit aus, nämlich dass ein Krieg nicht in Gottes Sinne war – worauf Ahab eingeschnappt in Richtung Joschafat schnauzte: »Sagte ich dir nicht: Er weissagt nichts Gutes über mich, sondern nur Böses?« (Vers 17).

Micha erhob den Vorwurf, dass die anderen Propheten Lügen erzählten – was den Propheten Zidkija ziemlich wütend machte, hatte er doch vorher noch mit höchstem Einsatz den König zu überzeugen versucht. Er wollte Micha mit einer Ohrfeige ruhigstellen, doch der beharrte einfach darauf, dass der Ausgang des Krieges ihm recht geben würde.

Ahab hörte schließlich auf seine vierhundert Sängerknaben und es war das letzte Mal, dass er überhaupt irgendeinen Ratschlag von Propheten benötigte. Er starb in der verhängnisvollen Schlacht, die er sich schöngeredet hatte, die aber von Gott nicht für ihn bestimmt gewesen war.

Vielleicht belächelst du Zidkija und seine 399 peinlichen Propheten, die von Micha in ihrem kläglichen Versuch, Ahab glücklich machen zu wollen, entlarvt und bloßgestellt wurden. Dabei stecken in jedem von uns solche Zidkija-Ansätze. Ich habe einmal einer Person, die ich ziemlich toll fand, nickend zugestimmt, als sie mir leidenschaftlich überzeugt ihre Ansichten über die Verschmelzung von Religionen und transzendenten Reisen unterbreitete – bis ich mitten im Nicken realisierte, wie schräg diese Situation eigentlich war. Nur weil ich keinen Bock auf ausgedehnte Diskussionen hatte und irgendwie wollte, dass mein Gegenüber mich mochte, saß ich nickend da! Ich war der Zidkija-Versuchung erlegen, jemanden glücklich zu machen.

»Denn mein Volk tut eine zwiefache Sünde: Mich, die lebendige Quelle, verlassen sie und machen sich Zisternen, die doch rissig sind und das Wasser nicht halten« (Jeremia 2,13). Die meisten Menschen haben sich irgendwo in Teilbereichen ihres Lebens Ersatzquellen gebuddelt, von denen sie sich ein bisschen Leben erhoffen. Ein bisschen Durststillung.

**Welche Personen sind dir zu einer Quelle geworden? Damit meine ich nicht die Quelle der Inspiration, sondern eine dieser Ersatzquellen ... Gibt es eine brüchige Zisterne, deren Wasser dir sehr wichtig geworden ist und wo du in ein ungesundes Abhängigkeitsverhältnis gefallen bist? Hast du in bestimmten Bereichen deines Lebens die lebendige Quelle verlassen?**

Wenn du wie dieser Zidkija versuchst, andere happy zu machen und ihnen zu gefallen, wird das eine Person aus dir machen, die du gar nicht bist. Und auch gar nicht sein willst.

Manchmal sind wir auch wie König Ahab. Wir wollen eigentlich von Gott wissen, wo es mit unserem Leben hingehen soll, aber machen ihm Vorschriften, was er uns zu antworten hat und was nicht. Wir wollen die Wahrheit nicht hören, sondern die Antwort bekommen, die am angenehmsten ist. Ich nenne das den Micha-Komplex. Er kommt immer dann zum Vorschein, wenn wir Gottes Antwort ablehnen – und unsere Meinung über die von Gott stellen. Wir leben manchmal lieber mit einer Lüge, als uns ehrlich mit der Wahrheit auseinanderzusetzen. Oder wie es Ahab wohl ausdrücken würde: »Lieber sterben, als der Wahrheit ins Gesicht blicken!« Und genau das tat er. In seinem Falle hatte die Wahrheit tatsächlich ein Gesicht, nämlich das von Micha.

**In welchen Bereichen bist du in Gefahr, Gott vorzuschreiben, was er dir antworten soll? Wo holst du »Micha« nicht einmal, im Sinne von: Wo fragst du Gott gar nicht nach seiner Meinung, weil du latent befürchtest, etwas Unangenehmes hören zu müssen?**

Dies ist kein Plädoyer dafür, deinen Verstand an der Garderobe abzugeben und dann das Nümmerchen zu verlieren. Aber ein Weckruf, Gott nicht einfach aus Teilbereichen deines Lebens herauszuhalten, weil es irgendwie bequemer wäre.

Es ist unglaublich wichtig, dass wir uns nicht von Angst oder anderen falschen Motiven treiben lassen, sondern in allem die Wahrheit suchen. Wir gewinnen am Ende immer, wenn wir uns nach ihr ausstrecken. »Wahrheit ist dein Freund«, wie es Uli Eggers mal gesagt hat. Das setzt ganz viel Lebensenergie frei, auch wenn es nicht immer der bequemste Weg ist.

Die vier Charaktere in dieser Geschichte sind bezeichnend für die verschiedenen Positionen, zwischen denen wir immer wieder schwanken. Ich entdecke Tendenzen von allen vieren in mir selbst. Manchmal bin ich Ahab und will nicht wirklich hören, was Gott mir sagen möchte. Und manchmal habe ich mich in der Vergangenheit dabei ertappt, dass ich drauf und dran war, wie Zidkija Dinge zu tun und zu sagen, um Menschen zu gefallen. Je mehr ich höre wie Joschafat und spreche wie

Micha, umso kraftvoller wird mein Leben. Auf dem Ahab-Zidkija-Level verliert man sehr viel Energie, um Lügen-Konstrukte aufrechtzuerhalten. Falls du dich in Situationen dort widerfinden solltest, ist die Entwicklungsrichtung hin zu Christus, der die Wahrheit ist (Johannes 14,6), absolut befreiend.

**Wo in deinem Leben entdeckst du am ehesten Ahab- und Zidkija-Energie? Was kannst du ganz konkret in den nächsten Tagen anpacken, um sie in Joschafat- und Micha-Dynamik umzuwandeln?**

Wenn du in deinen neuländischen Lebensstil den Faktor Wahrheit einbaust und kultivierst, wird dich diese Wahrheit immer wieder automatisch in neues Land hineinführen.

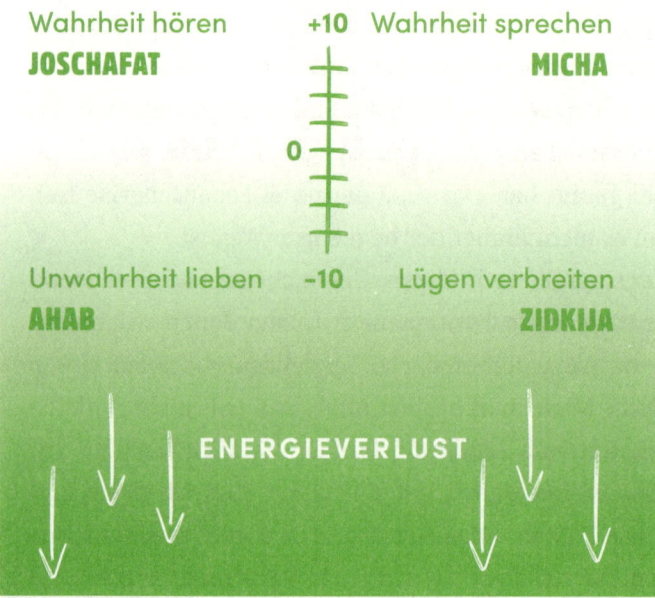

# MIT DEM HORIZONT-BLICK LEBEN

Eine wichtige Komponente des neuländischen Spirits ist der Horizont-Blick. Nach einem mehrwöchigen Einsatz in Uganda verbrachte ich noch ein paar Ferientage mit Tamara auf der malerischen Insel Sansibar. Gemeinsam fuhren wir mit einem kleinen Fischerboot zu einem nahegelegenen Riff, wo wir schnorchelnd in eine unvergleichlich farbenprächtige Unterwasserwelt versinken wollten. Als das Boot friedlich mit den Wellen auf und ab schaukelte, bemerkte ich plötzlich, dass mein Körper den stetigen Ausgleich nicht mehr schaffte. Nach einer halben Stunde konnte meine Gesichtsfarbe locker mit den fantastischen Farben einiger grasgrün-gelben Korallen mithalten. Ich rettete mich hoffnungsvoll aus dem Boot ins Wasser, was die Situation aber nicht verbesserte. An der Wasseroberfläche mit dem Kopf nach unten liegend schwankte alles weiter. Irgendwann brach ich die Übung ab, weil ich kurz davor war, meinen Schnorchel mit etwas anderem zu füllen als Luft.

Als ich wieder im Boot saß, begann ich verzweifelt, meinem Magen Dinge zuzuführen, von denen ich mir ein wenig Boden erhoffte – das Einzige, was ich jedoch an Bord finden konnte, waren Wassermelonen und Bananen. Da man in solchen Situationen nicht wählerisch sein kann, drückte ich mir also eine halbe Wassermelone und zwei Bananen ins Gesicht, während ich versuchte, den Horizont im Auge zu behalten. Halb beduselt bekam ich mit, wie in unserem kleinen Boot Euphorie ausbrach, da wir plötzlich von einem Rudel Delfine umgeben waren. Meine Mitschnorchler sprangen enthusiastisch ins Wasser, um mit den Delfinen zu schwimmen – sicher ein unvergessliches Erlebnis. Ich jedoch saß mit bleichem Kopf in meinem schwankenden Boot, klammerte mich an die Bank und versuchte krampfhaft, das Bananen-Melonen-Mus in mir drinzubehalten. Von Delfin-Fütterung hatte mir bei der Buchung des Ausfluges niemand etwas gesagt. Normalerweise hätten mich diese Viecher natürlich auch begeistert – aber in dem Moment nervten sie mich nur, da ich mich krampfhaft darauf konzentrierte, den Horizont nicht aus den Augen zu verlieren. Und irgend so ein ADHS-Delfin sprang mir tatsächlich immer wieder genau durchs Bild. Dieser Horizont bewahrte mich am Ende aber doch vor Üblerem.

Wenn es im Leben ein wenig stürmischer wird und alles auf und ab geht, dann hilft oft nur noch eins: Behalt den Horizont im Auge! Vieles im Leben wird erst durch diesen Horizont-Blick erträglich. Genau wie die Übelkeit im Boot. Wenn liebe Menschen sterben und ich sie loslassen muss, dann wäre das unglaublich viel trostloser, wenn es einfach nur einen Schlussstrich gäbe. Aber für Menschen, die mit Christus leben, ist es ein Doppelpunkt. Wir werden unser gemeinsames Leben wieder aufnehmen, wenn wir miteinander in diesen Horizont eingetaucht sind. Auch wenn man im Leben in Phasen hineinkommt, in denen man sich damit abfinden muss, dass man bestimmte Dinge nie mehr erleben wird, hilft nur der Horizont-Blick. Wenn ich merke, dass ich zu alt geworden bin, um jemals einen dreifachen Salto auf dem Trampolin hinzukriegen, wenn ich mit einem geliebten, aber verstorbenen Menschen gerne viel mehr Zeit verbracht hätte, wenn ich mit Krankheiten oder Limitierungen durchs Leben gehe … ohne Horizont-Blick, ohne Blick auf das Kommende, das Noch-Nicht, wäre vieles trost- und hoffnungslos.

Als ich noch klein war, habe ich immer wieder den Satz gehört: »So Gott will und wir noch leben«, oder auch: »Wenn Jesus nicht vorher wiederkommt«. Irgendwie vermisse ich diese Denkweise heute. Wir müssen innerlich nicht mit dem Leben abschließen und uns auf Jesus und den Himmel wartend auf eine Parkbank setzen. Aber es ist gut, wenn wir den Horizont-Blick nicht verlieren. Denn er ist das, was unserem Leben die richtige Blickrichtung verpasst und selbst den stürmischsten Stunden noch eine hoffnungsvolle Note abzuringen vermag.

Ich habe die Erfahrung gemacht, dass es so etwas wie eine Lebens-Seekrankheit gibt. Der Brechreiz auf den Wellen kommt ja eigentlich daher, dass unser Gehirn die Orientierung verliert, weil von verschiedenen Sinnesorganen widersprüchliche Informationen geliefert werden. Im Leben geschieht genau dasselbe. Es gibt eine Alltagsrealität, die wir als maximale Realität betrachten, und dann aber auch diese manchmal nicht richtig greifbare Ewigkeit. Wenn wir den Blick nicht auf diesen stabilen Horizont gerichtet halten, ist unser Hirn verwirrt und es führt zu »Übelkeit«.

Wenn wir über Neuland nachdenken, müssen wir die Hoffnung, die wir Christen haben, wieder neu in den Mittelpunkt rücken. Mit einer europäischen Prägung des 21. Jahrhunderts und all den damit verbundenen Annehmlichkeiten ist unser Glaube extrem stark auf das Hier und Jetzt konzentriert. Wir haben viel zu stark den Aspekt verloren, den Jesus immer wieder gepredigt hat: das kommende Reich! In all unseren Glaubensbemühungen und Alltagsabenteuern vergessen wir manchmal, dass wir hier nur vorübergehend zu Gast sind (Psalm 119,19) und unser Leben auf etwas zuläuft, das ungleich viel größer ist als alles, was wir uns erdenken können – etwas, wonach wir als Fremde und Gäste Ausschau halten (Hebräer 11,14).

Es ist eine euphorisierende Tatsache, dass dieses Leben nahtlos in ein nächstes übergeht. Dass ich im Hier und Jetzt nichts verpassen kann, weil ich in der Zukunft genau dafür Zeit haben werde. Was ich in dieser begrenzten Welt nicht kann, werde ich in der Zukunft ausprobieren und weiterführen können.

»Denn hier auf der Erde gibt es keinen Ort, der wirklich unsere Heimat wäre und wo wir für immer bleiben könnten. Unsere ganze Sehnsucht gilt jener zukünftigen Stadt, zu der wir unterwegs sind«, sagt Hebräer 13,14. Ich mag diesen Vers, aber selbst für Menschen, die neuländisch ticken, scheint er manchmal zu übersteuert. Viele sehnen sich nicht wirklich nach dem Himmel. Man will bis ins hohe Alter leben, klammert sich ans Hier und Jetzt und die ganze Sehnsucht gilt den Dingen, die man hier noch erleben kann. Ich wache am Morgen nicht mit der unglaublichen Sehnsucht nach der zukünftigen Stadt auf. Ich habe mir mein Leben eingerichtet und wäre im Moment mehr enttäuscht als erfreut, wenn ich für heute Abend die Aufforderung zur unverzüglichen Abreise erhalten würde.

Das ist definitiv ein Wohlstandsproblem. Weil wir uns das Leben leisten können. Auf meinen Reisen in den ärmeren Regionen der Welt ist jedoch die Hoffnung auf das Zukünftige sehr viel stärker spürbar. Und diese himmlische Perspektive prägt dort auch das Jetzt mit Hoffnung und Vorfreude. Manche finden es weltfremd bis lächerlich, dass man sich auf die Ewigkeit ausrichtet – vielmehr aber ist es weltfremd und lächerlich, dies nicht zu tun. Das Verhältnis Leben zu ewiges Leben spricht eine deutliche Sprache. Wenn dieses Buch die Ewigkeit symbolisiert, dann ist dein jetziges Leben bloß der Buchstabe »N« von »Neuländisch« auf der Titelseite. Wir müssen weder eine Todessehnsucht entwickeln noch weltfremd unterwegs sein. Aber es ist gut, wenn wir den Blick für das große Ganze nicht verlieren. Erst die Einbindung unserer Zukunft bringt die richtige Dynamik in unsere Gegenwart. Sie erfüllt diese mit dem Grundrauschen der Freude, die bei uns spürbar sein sollte.

Bei einer Konferenz stellte eine Journalistin Fragen über Fragen. Als ich ihr vorsichtig zu verstehen gab, dass ich eigentlich wegmüsste, legte sie mit sanfter Verzweiflung den Stift zur Seite und meinte: »Es ist nicht mehr für die Zeitung. *Ich* habe noch Fragen! Warum spürt man hier überall so eine Freude? Müssen die Leute fröhlich sein?« Sie bemerkte, was durch den Horizont-Blick unabhängig von Umständen in uns wummert: das Grundrauschen der Freude und der Hoffnung. Manchmal habe ich das Gefühl, als würden wir vor dem Eingang zum spektakulärsten Vergnügungspark der Welt stehen, mit atemberaubenden Bahnen, wunderschönen Gärten, speichelproduzierenden Restaurants … und wir entladen unsere ganze Energie, Freude, unseren Frust und jede Frage bereits am Drehkreuz beim Eingang. Wir versuchen dort möglichst reibungslos durchzukommen, feilschen um das Eintrittsgeld und ärgern uns über alle, die sich irgendwie vordrängeln. In der Schlange stehend holen wir uns ungeduldig bereits das erste Eis, starren über den Zaun auf die schöne Natur und drehen uns ein bisschen im Kreis, damit schon mal ein Karussell-Feeling aufkommt. Dabei verlieren wir völlig die Relation aus den Augen. An diesem Drehkreuz halten wir uns ein paar Sekunden, höchstens Minuten auf. Für den Park haben wir eine zeitlich unlimitierte Eintrittskarte gekriegt. Fokussiere dich also nicht nur auf das Drehkreuz! Auch wenn es sich nicht so anfühlt: Das ewige Leben ist eine Realität, genauso wie das Leben im Jetzt.

Mir hilft es, neuländisch mit Blick auf diese himmlische Perspektive zu leben. Wenn ich mich im Alltag einmal heftig über irgendetwas aufrege, rückt mir der Blick Richtung Himmel tatsächlich oft wieder die Relationen zurecht. Das Kommende entspannt mich auch in meiner Erwartungshaltung an das Leben. Da ich weiß, dass nicht alles einfach irgendwann fertig sein wird, sondern es dann erst so richtig losgeht, lebe ich nicht mit dem ständigen Gefühl, noch mehr aus meinem Leben herauspressen zu müssen. Diese Haltung ist anstrengend und erinnert an diese Trinkpäckchen, aus denen man mit dem Strohhalm laut röhrend versucht, auch noch den letzten Tropfen rauszusaugen. Total unentspannt, vor allem für alle rundherum, die sich das mit anhören müssen.

Der neuländische Horizont-Blick verhilft dir zu einer angenehmen Gelassenheit im Leben, weg vom Drang, alles erleben und alles perfekt hinkriegen zu müssen.

## DEM WASSER FOLGEN

Die Ténéré-Wüste ist nicht der Platz der Welt, den man mit rauschenden Poolparties verbindet, bei denen man relaxt mit eisgekühlten Drinks die Sonne genießt. Sie ist ein Glutofen, der sich tagsüber bis zu 50 Grad Celsius aufheizt, um dann in den Nächten auf Minustemperaturen zu fallen. Würde sie sanft rotieren, könnte man meinen, man wäre in einer überdimensionierten Mikrowelle gelandet. »Wüste der Wüste« wird dieser südliche Teil der Sahara genannt, und die sonnengebleichten Kamelknochen bezeugen, dass hier kaum etwas überleben kann. Kaum. Denn genau das machte eine Akazie so einzigartig.

Inmitten der 400 000 Quadratkilometer großen Sahara stand sie einsam und allein. Einheimische wussten von dem Baum seit Jahrzehnten. Er wurde gleichermaßen verehrt wie auch gefürchtet, da seine Existenz inmitten dieses höllischen Glutofens surreal anmutete. »Man muss den Baum gesehen haben, um seine Existenz zu glauben«, notierte der in Französisch-Westafrika stationierte Kommandant Michel Lesourd am 21. Mai 1939.[30] Wie hatte der einsamste Baum der Welt über all die Jahre dort überlebt?

1973 wurde er von Fahrern einer Citroen-Wüstenrally abgestorben aufgefunden. Sein Ableben umranken verschiedene Geschichten. Gut möglich, dass ihm ein heftiger Wüstensturm das Genick brach. Einheimische erzählen sich auch, dass ein Betrunkener seinen Lastwagen gegen den Baum setzte. Eine weitere Version vermutet die Ursache viel früher. 1939 wollte die französische Armee dem Geheimnis auf den Grund gehen, wieso der Baum in der Wüste überlebte. So begannen sie direkt daneben einen Brunnen auszuheben. Sie schaufelten monatelang erfolglos – die einzigen Glücksmomente waren, die vor Erschöpfung beim Baum verendeten Vögel zu braten. Nach neun Monaten und sagenhaften 35 Metern stießen sie jedoch endlich auf Grundwasser. Und: Wurzeln des Baumes. Wurzeln so hoch wie der Cristo Redentor, die monumentale Christusstatue in Rio. Und mehr als elfmal tiefer, als der Baum selbst hoch war. Der 3 Meter kleine Baum war wohl ein letzter Überlebender einer früheren Oase, die von der Wüste verschluckt worden war, und der mit seinen Wurzeln dem immer tiefer versickernden Wasser gefolgt war.

Die unglaubliche Dummheit: Bei der Grabung wurden Teile der Wurzeln abgetrennt – ein mögliches Puzzleteil, warum der Baum Jahre später abstarb.

Es gibt auch im Neuland Momente, da findest du dich in einem völlig fremden und feindlich anmutenden Terrain wieder. Du hast eine Aufgabe bekommen, für deren Erledigung dir so ziemlich alle Fähigkeiten zu fehlen scheinen, bist mit einer Lebenssituation konfrontiert, für deren Bewältigung du keine Erfahrung hast – der Diagnose Kinderlosigkeit oder dem Ausfall wichtiger Personen in der Firma, der Teenagertochter mit einer Essstörung oder einfach mit einer eigentlich tollen Aufgabe, die du aber noch nie gemacht hast. Vielleicht findest du dich auch in einer Lebensphase wieder, in der du ziemlich einsam bist und niemand in Sichtweite ist, der dir helfen kann. Du fühlst dich wie diese Akazie inmitten einer lebensfeindlichen Wüste. Dein Überleben hängt davon ab, ob du treu dem

Wasser gefolgt bist. Gerade weil es in schwierigen Zeiten tiefer versickert, ermöglicht es dir, deine Wurzeln tiefer zu treiben, sodass du heftige Stürme schadlos überstehen kannst. Du hast einen festen Halt.

Wer diesem einfachen geistlichen Prinzip folgt, gleicht dem Baum aus Psalm 1, der an Wasserbächen gepflanzt ist, Früchte trägt und dessen Blätter nicht verwelken. »Was ein solcher Mensch unternimmt, das gelingt« (Psalm 1,3). Die Voraussetzungen für so einen Baum sind, dass er Verlangen nach dem Wort Gottes hat und »Tag und Nacht« darüber nachdenkt. Dass deine Glaubenswurzeln tiefer wachsen, hat also ganz konkret mit deiner Beziehung zu Gott zu tun. Damit, dass du Zeit mit ihm verbringst und dass du immer wieder seinen Wahrheiten folgst. Dabei ist es wie in einer Ehe: Man tut sich nicht nur nette Dinge und Liebestaten, weil man eine unglaubliche Sehnsucht nacheinander verspürt – sondern weil man sich nette Dinge und Liebestaten zukommen lässt, wächst die Sehnsucht und die Liebe erneuert sich.

Natürlich darfst du in der Nacht auch ab und an schlafen und musst nicht pausenlos nachsinnen. Letztlich geht es darum, dass unser ganzer Alltag, unser ganzes Leben von dieser Gottesbeziehung und von diesen göttlichen Wahrheiten durchdrungen sind. Gott und sein Wort sind nicht einfach eine Randnotiz, wie die Fußnote in einem Buch. Eine gesunde Glaubensbeziehung merkt man einer Person an. Es ist ein Unterschied, ob ein Anbetungsleiter jeden Sonntag erzählt, dass er gerade über die schöne Natur gestaunt hat – was er natürlich darf –, oder ob Wahrheiten aus der Bibel und die kraftvolle Dynamik einer gelebten Gottesbeziehung in die Anbetung einfließen.

Dazu gehört, dass wir uns auch gegen den Zeitgeist und die weit verbreitete Fastfoodkultur stemmen. Denn in vielen Bereichen haben wir uns angewöhnt, nicht mehr tief zu graben, sondern uns mit Oberflächenwurzeln zu begnügen. Das betrifft auch unsere Gottesbeziehung: Alle haben Zugang zu Gottesdiensten, sei es lokal oder online, wo man von weltbesten Rhetorikern Supermessages kriegt. Wir sitzen wie die Eichhörnchen auf Nusshaufen und haben mehr Nahrung, als wir je verdauen können. Weshalb wir vieles unverdaut schlucken, was zu geistlichen Blähungen führen kann. Wir lesen die Bibel im Superquick-Modus – ein paar Sekunden für einen einzelnen Bibelvers auf dem Smartphone. Mit einem Wort oder auch einer längeren Textpassage mal eine halbe Stunde zu verbringen und zu schauen, was Gott in uns dadurch auslöst, sind wir oft nicht mehr gewohnt. Dabei wären das oft die Momente, in denen wir zu Gott vorstoßen und unsere Wurzeln in die Tiefe treiben könnten.

Wie wäre es, diese Woche mal eine Meditationszeit einzuplanen? Such einen Ort, wo dich niemand und nichts unterbrechen kann, schalt dein Handy auf Flugmodus und dann nimm dir Zeit, einfach nur in der Gemeinschaft mit Gott über eine bestimmte Bibelstelle nachzudenken. Psalm 1 wäre definitiv nicht ganz unpassend.

Schlag deine Wurzeln tiefer. Wenn es eine Rangliste an geistlichen Tipps gäbe, dann wäre dieser hier definitiv ungebrochen in den Top 5: Folge dem Wasser. Treibe deine Herzenswurzeln in die Tiefe und folge dem lebendigen Wasser, in welche Richtung auch immer.

# FUTU
# RIST
# ISCH

## Der Epilog

Wir leben in einer komplexen Welt, die ständig noch komplexer wird. Diese Entwicklung ist schon in der Bibel erkennbar. Die ganze Weltgeschichte startete in einem Garten und wird in einer goldenen Stadt enden. Das Leben entwickelt sich immer mehr von der Einfachheit in eine unglaubliche Komplexität hinein. Das verlangt uns Christen ab, dass wir uns mitentwickeln. Es ist definitiv richtig und wichtig, aus der Geschichte heraus zu leben. Aber manchmal entscheiden wir falsch, welche Dinge bewahrt werden sollen und wo es Zeit für Neuland wird.

Ein zweiter Punkt ist aber noch viel verheerender: Wir glauben nicht mehr wirklich, dass der einfache Jesus die Antwort auf die komplexen Herausforderungen unserer Gesellschaft ist. Viele Christen haben, ohne es zu merken, das Vertrauen in das Evangelium verloren, von dem Paulus sagt: »Mit der Botschaft vom Kreuz ist es nämlich so: In den Augen derer, die verloren gehen, ist sie etwas völlig Unsinniges; für uns aber, die wir gerettet werden, ist sie der Inbegriff von Gottes Kraft« (1. Korinther 1,18).

Jesus sagte von sich, dass er das »Licht der Welt« ist (Johannes 8,12) und nicht nur etwa das Licht von ein paar Frommen, von ein paar Naiven, von einer bestimmten Religion, einer geographischen Region, ein paar nostalgischen Westlern … er ist das Licht der Welt. Und dann ging er einen Schritt weiter und hat uns stellvertretend für sich eingesetzt, in dieser Welt zu leuchten: »Ihr seid das Licht der Welt!« (Matthäus 5,14; LUT). Wir haben den Auftrag, Hoffnung in die Gesellschaft hineinzutragen – oder zumindest in unsere eigene »kleine Welt«. Das darf man nicht unterschätzen! Wann immer sich eine Gesellschaft, eine Organisation oder eine Gruppe mit einer herausfordernden Situation konfrontiert sieht, gilt: Wer Hoffnung verbreitet, leitet. Gerade in Umbruchzeiten wie diesen ist es mehr denn je wesentlich, dass die Kirche eine profilierte Stimme der Hoffnung ist. Und damit meine ich nicht eine Hoffnung im Sinne von »Hoffentlich wird das Wetter morgen besser als heute!«. Hebräer 6,19 spricht von einer Hoffnung, die ein sicherer und fester Anker ist. Hoffnung ist keine verzweifelte letzte Option, sondern ein Überzeugtsein von der Wirklichkeit des Noch-nicht-Sichtbaren, eine direkte Frucht aus dem Glauben.

Hoffnung ist die treibende Kraft des Lebens. Meine Kinder kennen noch keine Hoffnungslosigkeit – Papa kann alles richten. Ist ein Spielzeug kaputt, bring es zu Papa, der klebt es wieder zusammen. Ist die kleine Schwester kaputt, Papa klebt sie zusammen. Papa kann alles! Genau so eine Haltung gegenüber unserem Papa im Himmel täte uns manchmal sehr gut. Denn das Einzige, was uns langfristig in Bewegung halten kann, ist diese Hoffnung. Hätte ich keine Hoffnung, dem Tag irgendetwas Positives abringen zu können, würde ich nicht mal aus dem Bett steigen. Hätte ich keine Hoffnung, dass meine Indisch-Kochkünste sich verbessern können, hätte ich nach dem einen kläglichen Versuch, bei dem das Essen dermaßen ungenießbar war, dass wir es wegschmeißen mussten, für immer abgebrochen. Würden meine Mädels nach den ersten schmerzhaften Fahrradfahrversuchen nicht die Hoffnung festhalten, dass sie es irgendwann doch noch schaffen, würden sie es nie lernen. Es ist Hoffnung, die uns antreibt. Und es lohnt sich, sich daran zu klammern: »Ferner wollen wir unbeirrbar an der Hoffnung festhalten, zu der wir uns bekennen; denn Gott ist treu und hält, was er zugesagt hat« (Hebräer 10,23).

Walter Cannon hat 1942 in seinem Buch »Voodoo Death« festgestellt, dass Menschen an Dingen starben, die gar nicht tödlich gewesen wären. So starben Leute an einem Schlangenbiss, obwohl die Schlange gar nicht giftig gewesen war und sie das nur fälschlicherweise angenommen hatten. Sie starben in

Situationen, in denen sie absoluter Hoffnungslosigkeit verfielen und den Tod als unausweichliche Konsequenz vor Augen zu haben glaubten. Der Sozialforscher Curt P. Richter[31] nahm diese Gedanken auf und machte verschiedene Experimente mit Ratten. Er setzte sie in ein glattwandiges Gefäß mit Wasser, aus dem es kein Entkommen gab, und ließ sie schwimmen. Viele Ratten ertranken bereits innerhalb der ersten 15 Minuten, obwohl sie eigentlich gute Schwimmer waren. Einzelne Ratten, die nach wenigen Minuten nahe am Ertrinken waren, nahm er wieder heraus. Als sie sich erholt hatten, setzte er sie wieder hinein. Diese Ratten schwammen bis zu 80 Stunden – das ist 320 Mal länger! Allein schon die Erfahrung, dass Rettung möglich war, löste dermaßen viel Hoffnung aus, dass sie so lange durchhielten. Andere, die von Anfang an davon ausgehen mussten, aus diesem Gefäß nie mehr herauszukommen, ergaben sich nach wenigen Minuten ihrem unausweichlichen Schicksal und ertranken. Wer nicht mehr hoffen kann, stirbt. Und wenn du für Bereiche deines Lebens oder auch Beziehungen keine Hoffnung mehr hast, sind sie ebenfalls zum Tod verurteilt.

Dieses als »Sudden Death« bekannte Phänomen zeigt sich überall. In Schweden sind seit den frühen 2000er-Jahren immer wieder Flüchtlingskinder in eine komaähnliche Starre gefallen, nachdem ihre Familien den Bescheid erhalten hatten, dass sie ins Herkunftsland abgeschoben würden. Eine Gesellschaft, die nicht mehr hofft, wird an sich selbst zerbrechen. Eine Kirche, die keine Stimme der Hoffnung mehr ist, wird an ihrer eigenen Profillosigkeit ersticken. Hoffnung hingegen ist eine unglaubliche Kraft, die Gott auch in uns Menschen hineingelegt hat.

Wir brauchen Hoffnung zum Leben wie die Luft zum Atmen. Gerade in festgefahrenen und hoffnungslosen Situationen ist die gewaltige Perspektive des Horizontes, den wir in und dank

Christus haben, eine Hoffnung, die unser Leben zutiefst beeinflusst und trägt.

**In welchen Bereichen ist bei dir Hoffnungslosigkeit eingekehrt? Welche Beziehung fühlt sich an wie ein Wasserglas? Wo wäre es wichtig, noch ein paar Runden weiterzuschwimmen? Oder dich in eine Hand sinken zu lassen, die dich aus der ganzen Situation herausheben kann? Sprichst du Hoffnung in Beziehungen und Situationen hinein oder nicht? Für wen könntest du zum Hoffnungsträger werden?**

Gib nicht auf! Lass die Hoffnung nicht los! Egal wie klein der Funke auch sein mag: Er reicht, um ganze Wälder in Brand zu setzen. Hoffnung ist ansteckender als jede Epidemie. Und die hoffnungsvolle Sehnsucht nach dem langersehnten »Land in Sicht« lässt einen die Strapazen der bevorstehenden Stürme überstehen.

Echte Hoffnung hat auch etwas Derbes an sich. Die Hoffnung, die mit unserer Ewigkeit verbunden ist, besteht nicht aus übergewichtigen Putten auf rosa Zuckerwattewolken. Sie existiert, weil Jesus am Kreuz auf grausame und unmenschliche Art und Weise für dich und mich sein Leben hingegeben hat. Beschmutzt mit Spucke und Blut, den Körper mit Wunden übersät, mutet dieses Ereignis zu deiner und meiner Erlösung erschreckend an. Düster, chaotisch, frustrierend und verstörend – alles andere als romantisch-kuschelig. Aber genau diese verruchte Situation hat am Ende Hoffnung in einer Dimension in unsere Welt hineingetragen, die mit nichts anderem zu vergleichen ist.

Hoffnungslosigkeit ist auch Identitätslosigkeit. Und diese führt automatisch zu ganz vielen Kollateralschäden, zu einer Schieflage in der Gesellschaft. Wenn es in Europa an Hoffnung fehlt, dann ist es nicht einfach »die Kirche« als neutrale Institution, die versagt, oder der Staat oder ein bestimmtes Finanz- oder Flüchtlingssystem. Wenn es in Europa an Hoffnung fehlt, dann versage ich als Christ. Ich persönlich. Ich, indem ich nicht aus meiner neuländischen Identität heraus lebe, die mir von Gott eigentlich gegeben ist. Die Hoffnungslosigkeit meiner Mitmenschen ist auf meine Faulheit in Bezug auf meine Nachfolge zurückzuführen. Der Mangel an Hoffnung von »ihr« und »ihm« entspringt meinem Mangel an Identität in Christus. Dafür muss ich mir nun nicht selbstkasteiend mit einem Gürtel den Rücken blutig schlagen, sondern darf mich ergeben in Gottes Arme fallen lassen. Christus in mir kann nicht versagen. Aber ich gebe ihm oft nicht genügend Raum und lebe nicht immer meine Identität als Hoffnungsbringer aus.

Wir Christen kennen zwar das Leben unseres Christus, aber identifizieren uns oft zu wenig mit ihm.

Ich habe einmal gelesen, dass der verstorbene US-Psychotherapeut M. Scott Peck bei einer Rede vor 600 christlichen Ärzten, Therapeuten und Pastoren die Geschichte der blutflüssigen Frau vorgelesen hat, um dann zu fragen, mit welcher Person oder Personengruppe sich die Menschen am meisten identifizieren können. Mir gefiel der Gedanke – also habe ich bei einer Versammlung in Deutschland den rund 3000 christlichen Besuchern die Geschichte aus Lukas 8,40-56 ebenfalls vorgelesen. Danach ließ ich sie aufstehen, je nachdem, mit welcher Personengruppe sie sich am meisten identifizieren konnten. Einige Dutzend fanden sich in der beobachtenden oder auch weinenden Menschenmenge wieder, noch mehr in der Tochter von Jairus. Ein paar Hundert waren es jeweils bei Jairus und der blutflüssigen Frau; die Mehrheit fand sich in den Jüngern wieder – wie zu erwarten war. Als ich am Ende fragte, wer sich mit Jesus identifizierte, stand gerade eine Handvoll Menschen auf. Dasselbe Bild sah damals auch Scott Peck vor sich – nur sechs Personen hatten sich Jesus ausgesucht, obwohl das Thema Heilen den Ärzten und Therapeuten doch eigentlich hätte nah sein sollen.

Wir vergessen oft, dass Christus-Ähnlichkeit ein Ziel unseres Lebensweges ist (Römer 8,29) und dass die Hoffnung nicht von irgendwoher in das Leben unserer Mitmenschen hineinbricht, sondern sie bereits in uns pulsiert.

In Römer 15,13 steht: »Der Gott der Hoffnung aber erfülle euch mit aller Freude und Frieden im Glauben, dass ihr immer reicher werdet an Hoffnung durch die Kraft des Heiligen Geistes« (LUT). Ich mag diesen gewaltigen Vers. Er scheint mir von Paulus völlig überladen worden zu sein mit voluminösen Wörtern, ähnlich wie der Süßigkeitenladen am Flughafen Zürich, bei dem ich im Vorbeigehen jedes Mal allein vom Anschauen einen Zuckerschock kriege.

»Gott, Hoffnung, erfüllen, Freude, Friede, Glaube, reich werden, Hoffnung, Kraft, Heiliger Geist« – alles in nur einen Satz zu packen, ist entweder geistliche Völlerei oder es ist eben einer dieser vielen Verse, den man immer wieder genüsslich durchkauen sollte. Mir gefällt die Dynamik des Immer-reicher-Werdens an Hoffnung. Da geht es darum, unterwegs zu sein, es ist ein stetiges Wandeln und Wachsen, ein Zunehmen – genau wie Paulus es beschreibt.

Auch im Bereich Hoffnung beschreiten wir täglich Neuland – wer aufhört zu hoffen, der hört auf zu glauben. Und wer aufhört zu glauben, der hört auf zu leben. Dein Leben ist darauf ausgerichtet, dass du immer reicher wirst an Hoffnung. Sie nimmt zu, sie wächst. Entweder orientierst du dich an all den nichterfüllten Gebeten, an all dem Negativen, das du durchleben musstest, und lässt dir dadurch deine Hoffnung rauben – oder aber du hängst dich gemäß Hebräer 10,23 erst recht an die Hoffnung ran.

Dieses Buch habe ich in einer Zeit geschrieben, in der große politische Umwälzungen stattfanden, die weltweit für Aufsehen und Aufschreie gesorgt haben. Ich wurde auf Facebook mit vor Frustration und Hoffnungslosigkeit triefenden Einträgen regelrecht zugemüllt. Vieles scheint zu zerbrechen. Die Geschichte lehrt mich jedoch (und auch beim Volk Israel wird das mehr als deutlich): Gute Könige folgen auf schlechte Könige, folgen auf gute Könige, folgen auf schlechte Könige, folgen auf … und am vorläufigen Ende von all diesen Geschichtskreisläufen stehen wir, mit unserem Leben. Alles war und ist zumindest nicht ganz so deprimierend und hoffnungslos, wie es manchmal klingt. Denn das Resultat sind du und ich. Auch in Zukunft werden gute Könige auf schlechte Könige, auf gute Könige, auf schlechte Könige folgen. Selbst wenn es sich manchmal anfühlen kann, als würde es gesellschaftlich nur noch abwärts gehen: Das Rad der Zeit hat keine endlos langen Speichen.

Ich bin nicht bereit, die Hoffnung niederzulegen und passiv zu warten, bis die neblig-schleichende Dunkelheit die letzte Kerze aufgefressen hat. Im Gegenteil: Das Positive an der Dunkelheit ist, dass das Licht dort noch kräftiger leuchtet. Und genau das ist die wundervolle Aufgabe von Menschen, die neuländisch glaubend Jesus nachfolgen.

Du bist ein Hoffnungsbringer, weil du einen Gott der Hoffnung hast. Rechne mit ihm in deinem Leben und auch in der Weltgeschichte. Häng dich an ihn, den Gott, der Neues schafft. Verbreite Hoffnung, indem du andere segnest, sie ermutigst und nie aufhörst, sie immer und immer wieder mit dem Gott der Hoffnung in Kontakt zu bringen.

Lass uns an der Wirklichkeit dieser Hoffnung festhalten und sie überall hinaustragen. Gott hat auch mit Europa noch nicht abgeschlossen, sondern wartet sehnsüchtig, dass wieder ganze Nationen zurück zu seinem Herzen finden. Dazu braucht es Hoffnungsträger. Halte an der Hoffnung fest und trage sie überall hin.

## EINE NEULÄNDISCHE ENTSCHEIDUNG

Durch einen neuländischen Lebensstil Hoffnung zu verbreiten und mit einem Neuland-Spirit unterwegs zu sein, hat mit einem Paradigmenwechsel zu tun. Gott möchte uns helfen zu entdecken, wie man neuländisch denkt, fühlt, handelt, hofft, redet, betet, liebt – lebt und glaubt. Für dieses Umdenken müssen wir uns bewusst entscheiden. Viele Dinge im Leben kommen in Bewegung, verändern sich, weil man an einem Punkt eine bewusste und mutige Entscheidung fällt. So wie Ingenieur Stanislaw Jewgrafowitsch Petrow.[32] Er war am 26. September 1983 als Oberstleutnant im supergeheimen sowjetischen Serpuchow-15-Bunker im Einsatz – rund 50 km südlich von Moskau. Hier befand sich die Zentrale des satellitengestützten Raketenwarnsystems »Oko«, dessen Computerprogramme er entwickelt hatte. Selbst seine Familie wusste nichts von seiner Arbeit und der Ort war auf keiner Landkarte verzeichnet. Der kalte Krieg mit den USA steuerte auf seinen Höhepunkt zu. Alle hatten den Finger am Abzug. Seit Mitte der Siebzigerjahre waren zwei Drittel von den mehr als 400 Raketen des Typs SS-20 »Saber« auf Ziele in Westeuropa ausgerichtet – Städte wie London, Paris, Bonn. Eine einzelne Rakete verfügte über eine Sprengkraft von bis zu einer Megatonne – zum Vergleich:

Die 1945 über dem japanischen Nagasaki abgeworfene Atombombe »Fat Man« war fünfzig Mal schwächer. Auch der Westen hatte aufgerüstet und die Situation war sehr angespannt.

Mit dem Abwehrsystem »Oko« konnte man einen nuklearen Angriff zwar nicht verhindern, aber es gab genügend Zeit, um einen Gegenschlag einzuleiten, ganz nach dem Motto: Macht ihr uns kalt, machen wir euch kälter!

An diesem Septemberabend trat Petrow seinen Dienst an. Doch es sollte alles andere als eine gewöhnliche Schicht werden. Kurz vor Mitternacht leuchteten rote Buchstaben über den 30 Meter breiten Bildschirm: »START!« Der Spionagesatellit Kosmos 1382 hatte den Abschuss einer Atomrakete von einer US-Basis aus registriert. In 25 Minuten würde irgendwo in Russland ein Einschlag erfolgen, gerade genug Zeit, um einen Gegenschlag einzuleiten. Im Kontrollzentrum richteten sich 200 Augenpaare auf Petrow.

Obwohl das »Oko«-System als unfehlbar galt, beschlich Petrow das Gefühl, dass irgendetwas nicht stimmte. Niemand löffelt einen Wassereimer langsam mit einem Teelöffel aus, dachte er sich. Ein nuklearer Anschlag der USA auf die UdSSR würde mit Hunderten Raketen erfolgen und nicht nur mit einer. Sicher war er sich dabei nicht, aber es war einfach ein Gefühl. Seinen Mitarbeitern befahl er, sich hinzusetzen und weiterzuarbeiten, und dem Vorgesetzten meldete er per Telefon, dass es sich um einen falschen Alarm handle.

Als er den Hörer auflegte, heulten die Sirenen erneut los. Das System meldete die Starts der Raketen zwei, drei, vier und fünf. Petrow hätte laut Befehlen und Reglement sofort den Gegenschlag einleiten müssen. Das hätte bedeutet: 750 Millionen Tote, 340 Millionen Verletzte und jede größere Stadt in Westeuropa eingeäschert. Ein Regen aus Sprengköpfen wäre über Nordamerika, Europa und Asien niedergegangen und hätte 1124 Städte, praktisch alle Zentren mit mehr als 100 000 Einwohnern, ausgelöscht. Niemals war die Welt der atomaren Vernichtung näher als in dieser Nacht, sagte ein US-Abrüstungsexperte einmal. Aber Petrow verließ sich auf sein Gefühl und verhinderte damit, dass die Welt im dritten Weltkrieg und im Chaos versank. Wie sich herausstellte, war der Satellit wohl von auf Wolken reflektierten Sonnenstrahlen getäuscht worden und hatte die Lichtblitze fälschlicherweise als Raketenstarts gedeutet.

Petrow hat durch seinen Instinkt und seine unglaublich mutige Entscheidung Spuren in der Geschichte hinterlassen. In der Weltgeschichte, aber auch in deiner. Seiner Frau durfte er nichts erzählen, weil alles streng geheim war – und anstatt Orden gab es vorerst nur Tadel, weil er vergessen hatte, die ganze Sache ordentlich im Dienstbuch festzuhalten.

Unsere Entscheidungen beeinflussen unser Leben und das Leben von Menschen um uns herum stärker, als wir oft annehmen. Doch wir unterschätzen häufig ihre Macht. Stattdessen nicken wir nur innerlich und sind dann erstaunt, dass sich in unserem Leben doch nichts verändert. Wir haben uns nicht bewusst entschieden, irgendwo an einem Rädchen zu drehen oder einen Kurswechsel vorzunehmen.

Bei Josua beeindruckt mich am meisten, was am Ende von ihm berichtet wird. Er ruft das ganze Volk in Sichem zusammen, erinnert es im Schnelldurchlauf noch einmal daran, was Gott in der Vergangenheit für sie getan hat, und dann fordert er die Israeliten heraus, eine Entscheidung zu treffen: Wollen sie den alten Göttern ihrer Väter dienen oder dem einzig wahren Gott. Seine Entscheidung macht er klar: »Ich aber und mein Haus wollen dem Herrn dienen« (Josua 24,15). Diese gewaltige Aussage und diese klare Entscheidung inspirieren mich total. Bei uns zu Hause hängt nicht an jeder Wand irgendein Bibelvers –

aber diesen einen haben wir an unserem Hauseingang montiert. Es ist eine bewusste Entscheidung. Und Entscheidungen entfalten eine geheimnisvolle Kraft, weil Gott sie ernst nimmt.

An diesem Tag damals entschied sich das ganze Volk, dem Herrn zu dienen, und Josua erneuerte den Bund zwischen dem Volk und Gott. Es klingt fast wie eine gigantische Hochzeit. Am Ende dieses Buches bleibt deshalb nur noch diese eine Frage: Was ist deine Entscheidung? Wo genau möchtest du mit und in deinem Leben hin? Wo darf dieses »Neuländische« in deinem Leben neu sichtbar werden? Klapp das Buch zu und triff eine Entscheidung. Gott nimmt sie ernst und wird mit dir sein.

Werde neuländisch.

Noch was für die Kategorie »unnützes Wissen« – falls du von all den »-isch« nicht genug bekommen haben solltest: Meine Lektorin heißt Gabrisch.

# FAKT ISCH

## Die Anmerkungen

1 http://www.wiwo.de/technologie/forschung/nasa-technologien-im-alltag-diese-erfindungen-verdanken-wir-der-weltraumforschung/12474036.html; https://www.philips.ch/c-w/malegrooming/philips-space/space/10-raumfahrterfindungen-die-uns-im-alltag-nutzen.html (zuletzt aufgerufen am 13.9.2017).

2 https://www.youtube.com/watch?v=W3X-NJFoAdE (zuletzt aufgerufen am 14.7.2017). Es handelt sich um Baba Amar Barati, der dies seit 1973 tut.

3 https://www.sciencedaily.com/releases/2008/02/080207091859.htm oder https://www.psychologytoday.com/blog/the-third-age/201405/use-it-or-lose-it (zuletzt aufgerufen am 15.9.2017).

4 Infos aus: http://www.spiegel.de/wissenschaft/natur/unbekannte-orte-die-letzten-weissen-flecken-der-erde-a-937606.html (zuletzt aufgerufen am 14.7.2017).

5 Wuppertaler Studienbibel. Der Brief des Paulus an die Epheser. Erklärt von Fritz Rienecker. Taschenbuch-Sonderausgabe 1994. S. 86.

6 Kommentar zum Neuen Testament. Willam MacDonald. 2. Auflage 1997. S. 901.

7 Überrascht von Gott. Uli Eggers. 2014. S. 16.

8 Ein moderner Mythus: Von Dingen, die am Himmel gesehen werden. C. G. Jung. 1958.

9 Strong's Exhaustive Concordance http://biblehub.com/hebrew/3467.htm (zuletzt aufgerufen am 14.7.2017).

10 Mein Äußerstes für sein Höchstes. Oswald Chambers. 2012. S. 259.

11 https://de.wikipedia.org/wiki/ORGAN%C2%B2/ASLSP (zuletzt aufgerufen am 2.8.2017).

12 Was mir am Herzen liegt. Henri Nouwen. 2016. S. 17-19.

13 Briefe 123 und 252. Elisabeth von Dijon.

14 Zitat von Meister Eckhart, deutscher Mystiker und Dominikaner.

15 Hier noch mal schön langsam zum Mitrechnen: 100 000 Haare wachsen je 1 mm in drei Tagen, also 100 000 mm. An einem Tag ist das ein Drittel, also rund 33 000 mm = 30 m. In einem Monat sind das also rund 1000 m = 1 km frisches Haar.

16 http://www.srf.ch/play/radio/mailbox/audio/verlor-charlie-chaplin-bei-einem-chaplin-double-wettbewerb?id=81e5982d-d0bc-4783-b079-49a8e3b9140c (zuletzt aufgerufen am 2.8.2017).

17 Band 11. Marie von Ebner-Eschenbach. 1928.

18 https://de.wikipedia.org/wiki/Fu%C3%9Fballkrieg (zuletzt aufgerufen am 13.9.2017).

19 https://de.wikipedia.org/wiki/Weihnachtsfrieden_(Erster_Weltkrieg) (zuletzt aufgerufen am 9.8.2017).

20 https://de.wikipedia.org/wiki/The_K%C3%B6ln_Concert (zuletzt aufgerufen am 9.8.2017).

21 http://www.wasistwas.de/archiv-wissenschaft-details/wie-schnell-dreht-sich-die-erde-eigentlich.html (zuletzt aufgerufen am 9.8.2017).

22 http://www.20min.ch/immobilien/story/15313483 (zuletzt aufgerufen am 9.8.2017).

23 Das Antlitz der Barmherzigkeit. Raniero Cantalamessa. 2016. S. 166.

24 Ebd.

25 https://www.welt.de/geschichte/zweiter-weltkrieg/article146745903/Bedienfehler-in-Toilette-brachte-U-Boot-zum-Kentern.html (zuletzt aufgerufen am 10.8.2017).

26 https://de.wikipedia.org/wiki/Lazarus-Effekt (zuletzt aufgerufen am 15.9.2017).

27 https://de.wikipedia.org/wiki/Stephenschl%C3%BCpfer
(zuletzt aufgerufen am 15.9.2017).

28 http://www.watson.ch/Unvergessen/Leichtathletik/
513939525-54-Jahre-f%C3%BCr-einen-Marathon-
%E2%80%93-und-alle-dachten-er-w%C3%A4re-
l%C3%A4ngst-tot (zuletzt aufgerufen am 10.8.2017).

29 http://www.spiegel.de/einestages/akazie-in-der-sahara-
der-einsamste-baum-der-welt-a-1115058.html
(zuletzt aufgerufen am 10.8.2017).

30 On the Phenomenon of Sudden Death in Animals
and Men. C.P. Richter. Psychosomat. Med. XIX 1957,
S. 191-198.

31 https://de.wikipedia.org/wiki/Stanislaw_Jewgrafowitsch_
Petrow (zuletzt aufgerufen am 10.8.2017).

**Auch als Hörbuch (MP3)**
**ISBN 978-3-7751-5750-6**

Andreas Boppart

# Unfertig
Jesusnachfolge für Normale

Andreas „Boppi" Boppart findet, dass immer mehr Christen sich nicht auf das Abenteuer der Nachfolge einlassen, weil sie auf ihre Unfertigkeit sehen – ihre Ecken, Kanten und Schwächen – und sich dadurch ausbremsen lassen. Er ermutigt dazu, ein Ja zur eigenen Begrenztheit und Sündhaftigkeit zu finden, gleichzeitig aber daran festzuhalten, dass Gott im Leben Dinge verändern kann und will – und vor allem auch durch uns! Entspannend und herausfordernd: Jesusnachfolge für Normale!

**Gebunden, 14 x 21,5 cm, 240 S.**
**ISBN 978-3-417-26723-5**
**Auch als E-Book**

## SCM
R.Brockhaus